Doß · Reichsminister Adolf Köster

Kurt Doß

# Reichsminister Adolf Köster

1883-1930

Ein Leben
für die
Weimarer Republik



Droste Verlag Düsseldorf

Umschlagentwurf: Helmut Schwanen
Gesamtherstellung: Poeschel & Schulz-Schomburgk, Eschwege/Werra
ISBN 3-7700-0512-0

# Inhalt

# Vorwort

Daß Politiker wie Adolf Köster, Ulrich Rauscher und auch Gustav Stresemann im Laufe des Jahres 1929/1930 starben, in einer Zeit, in der die Weimarer Republik sich in höchster Gefahr befand, war mehr als ein zeitgebundenes Unglück, es war eine politische Katastrophe. In der Biographie von Adolf Köster spiegeln sich die verheißungsvollen Zukunftsaspekte und der verhängnisvolle Kampf gegen die Mächte von gestern wider, denen diese erste deutsche Republik ausgesetzt war. Dem Verfasser kam es darauf an, mit den Mitteln seines Faches, der Geschichtswissenschaft, einer Persönlichkeit gerecht zu werden, die als handelnder und als schreibender homo politicus die neue Staatsform der Republik seinen Landsleuten sichern wollte

Dieses Buch kann als eine Ergänzung zu dem im Jahre 1977 erschienenen Werk des gleichen Verfassers »Das deutsche Auswärtige Amt im Übergang vom Kaiserreich zur Weimarer Republik« aufgefaßt werden. Während dort im Vordergrund des Interesses die strukturelle Veränderung des bedeutendsten Reichsamts der kaiserlichen Zeit in einer Übergangsepoche stand, soll in diesem Buch durch eine politische Biographie der Versuch unternommen werden, den Typus einer Diplomaten- u. Politikergeneration vorzustellen, die nach Ansicht der Reformer im Auswärtigen Amt eine neue Epoche deutscher Außenpolitik hätte repräsentieren können.

Das Leben und das Wirken von Adolf Köster sind symptomatisch für jene in der damaligen Zeit nicht allzu häufig auftretenden Persönlichkeiten, die – über die Parteipolitik hinausschauend – die neue deutsche Republik als die einzig mögliche Staatsform in einer sich wandelnden Industriegesellschaft betrachteten.

Die Persönlichkeit Kösters war bis vor kurzer Zeit völlig im Nebel der Vergangenheit verschwunden. Aus den Akten des Auswärtigen Amtes war verstreut manches über den Politiker und Diplomaten Köster zu erfahren. Für die großzügige Hilfe bei der Bereitstellung des Materials habe ich wieder dem Leiter des Politischen Archivs im Auswärtigen Amt in Bonn, Herrn Dr. Weinandy, und vor allem Frau Dr. Keipert zu danken. Dank sagen möchte ich auch dem Hamburger Staatsarchiv und seinem Leiter, Herrn Dr. Loose, für die freundliche Hilfe bei der Beschaffung von Archivalien aus der Hamburger Zeit Kösters. Gleichzeitig danke ich dem Archiv der sozialen Demokratie in der Friedrich-Ebert-Stiftung Bonn-Godesberg und seinem Leiter, Herrn Dr. Bludau. Hier wurde mir großzügig die Möglichkeit gegeben, den gerade aufgenommenen Nachlaß von Adolf Köster zu benutzen.

Weiterhin gilt mein Dank Frau Marie-Elisabeth Köster, der Witwe des verstorbenen ältesten Sohnes Adolf Kösters, des Botschafters a. D. Kajus Köster, und den beiden jüngeren Söhnen Adolf Kösters: Hans Köster und Dr. Peter Köster. Sie alle haben mir in eingehenden Interviews ihre Zeit geopfert und mir wertvolle Hinweise und Einsichten zum Lebenslauf Adolf Kösters gegeben.

Mein Dank gilt auch Herrn Immanuel Birnbaum in München, der Köster schon als Privatdozenten, später als Minister und als Gesandten gekannt hat und mir wichtige Erkenntnisse über den Politiker und Menschen Köster vermitteln konnte.

Zu aufrichtigem Dank bin ich Herrn Professor Dr. Hillgruber aus Köln für die wohlwollende Durchsicht des Manuskripts verpflichtet.

Dieses Buch schrieb ich in häufigem Gedenken an meinen Großvater Johannes Amandus Brumme aus Hamburg, der mir schon in früher Kindheit durch seine lebendigen Erzählungen die erste Begegnung mit »selbsterlebter Historie« schuf – aus einer Zeit, da Hamburg noch an Dänemark grenzte.

Nicht zuletzt habe ich wiederum meiner Frau Meta Doß, geb. Günther, Oberstudienrätin a. D., für ihre stetige selbstlose Mitarbeit und fördernde Mitgestaltung an dieser Studie zu danken.

Hamburg, den 16. 12. 1977 Kurt Doß

# Einführung

»Das Schrifttum über die Weimarer Republik ist Legion.« Mit dieser resignierenden Feststellung wird das Auswahlverzeichnis zur Literatur über diese Epoche in einer bekannten Darstellung der Geschichte der Weimarer Republik, die sich an einen breiten Leserkreis wendet, eingeleitet[1]. In diesem Auswahlverzeichnis finden sich in der Rubrik »Erinnerungen und Biographien« elf Autobiographien und nur zwei Biographien – eine über Hindenburg von Walter Görlitz und eine über Stresemann von Anneliese Thimme, während immerhin 16 »Einzelstudien« verzeichnet sind.

Dieses zahlenmäßige Mißverhältnis zwischen sachbezogenen Einzelstudien und politischen Biographien ist nicht etwa darauf zurückzuführen, daß der Autor jenes Buches bewußt das biographische Element in den Hintergrund stellen wollte. In der kleinen Auswahl spiegelt sich exemplarisch die Tatsache wider, daß der Verfasser sich mit zwei Titeln begnügen mußte, da für diesen Zeitraum so wenig an relevantem biographischem Schrifttum vorhanden ist. Wer sich eingehender mit der Geschichte der Weimarer Republik beschäftigt, wird schnell erkennen, daß dieses Mißverhältnis zwischen sachbezogenen Einzelstudien und biographischen Darstellungen der politisch handelnden Menschen dieser Zeit auch in den großen Bibliographien ähnliche Disproportionen aufweist wie in der hier angeführten »Mini-Bibliographie«.

Diese Tatsache kennzeichnet die in der jüngeren deutschen Historiographie erkennbare Scheu – im Gegensatz zur angelsächsischen und auch zur französischen Geschichtsschreibung – bei der Darstellung geschichtlicher Ereignisse dem handelnden Menschen in seiner persönlichen, in seiner gesellschaftlichen und in seiner politischen Einstellung die notwendige individualbezogene Berücksichtigung einzuräumen.

»Der Satz, daß Männer Geschichte machen, ist in den letzen Jahrzehnten weitgehend von der Auffassung abgelöst worden, die Geschichte und die von ihr bedingten sozialen und politischen Umstände seien es, durch die umgekehrt die Menschen geprägt würden. Diese zweite Auffassung ist auch gegen den Wert der historischen Biographie ausgespielt worden, aber

1 Heiber, H.: Die Republik von Weimar, München 1966, S. 277

zu Unrecht. Das hier angezeigte Werk ... ist ein Musterbeispiel dafür, was eine gründlich gearbeitete politische Biographie zu leisten vermag ...«[2] Mit diesem Satz beginnt eine Besprechung von Immanuel Birnbaum, dem Senior der deutschen politischen Journalisten und ehemaligem Chefredakteur der Süddeutschen Zeitung über die neu erschienene Biographie des preußischen Ministerpräsidenten Otto Braun.

Die Leerstellen auf dem Felde der politischen Biographie gerade für die Weimarer Zeit sind unübersehbar. Sie reichen von Ebert und Scheidemann über Brockdorff-Rantzau und Stresemann, von Noske und Wirth bis Schacht und Brüning, um nur einige Namen der in der vordersten Linie des historischen Interesses stehenden Politiker jener Epoche zu nennen. Immerhin liegen von und über jene Spitzenpolitiker so viele Einzelveröffentlichungen vor, daß der Historiker – aber auch nur er – sich ein gewisses Bild von diesen Menschen, ihren Motivationen und ihren Handlungsentschlüssen rekonstruieren kann.

Zum »Verstehen« eines historischen Zeitabschnitts gehören aber nicht nur Kenntnisse über Handlungen und Entschlüsse weniger »Leitfiguren«, nicht nur das Wissen über generelle Abläufe der politischen, der wirtschaftlichen, der sozialen, der kulturellen Ereignisse, nicht nur die Erforschung der Aktionen der Massen- und Klassengesellschaft in einem Industriestaat in einer bestimmten Epoche, es gehört dazu auch, möglichst viele Kenntnisse und Erkenntnisse zu sammeln über Menschen [und ihre Lebensschicksale], die kürzere oder längere Zeit eine politische Führungsfunktion in einer bestimmten Epoche inne hatten. Es erscheint deshalb notwendig, auf das Defizit hinzuweisen, das gerade in unseren Kenntnissen und Erkenntnissen über jene Menschen besteht – und zwar aus den verschiedensten politischen Lagern der Weimarer Epoche – die bereit waren, das Wagnis und die Verantwortung für den in der deutschen Geschichte einmaligen Neuanfang mit einem demokratisch konzipierten, republikanischen Staat zu übernehmen – nach einem verlorenen Krieg und nach dem Ende einer durch das deutsche Volk bis dahin mit einer gewissen Selbstverständlichkeit getragenen halb autoritären monarchischen Staatsform.

Was waren das für Menschen, die bereit waren, diesem neuen in der Geschichte des Landes unerprobten Regierungssystem zu dienen? Aus welchen Gesellschaftsschichten kamen sie? Wie war ihr bisheriges Leben verlaufen? Welche politischen, aber auch welche persönlichen Antriebe ließen sie jetzt so handeln? Mit welchen Kräften und mit welchen Gegenkräften mußten sie sich auseinandersetzen? Welche Erfolge und welche Mißerfolge trugen sie davon? Dieses historische »Nach-Fragen« kann zum

2 Rezension über Hagen Schulze: Otto Braun oder Preußens deutsche Sendung, Süddeutsche Zeitung – 28. 10. 1977

Teil durch die politische Biographie, durch den Versuch, den handelnden *Menschen* in seiner Zeit darzustellen, beantwortet werden.

Die Wiedergewinnung der »Vermenschlichung« der Geschichte wäre danach das Ziel der Biographie. Ihre Berechtigung wird nicht abgeleitet aus dem oft mißverstandenen Satz: »Männer machen die Geschichte.« Falsch interpretiert wurde dieses Wort, wenn darunter die eigenwillige Verherrlichung eines persönlich unbeschränkten Machtwillens sich abzeichnete. So hat es nicht einmal Heinrich von Treitschke, der Autor dieses Satzes, gemeint. Im Kontext heißt es: »Dem Historiker ist nicht gestattet, nach der Weise der Naturforscher das Spätere aus dem Früheren einfach abzuleiten, Männer machen die Geschichte. Die Gunst der Weltlage wird im Völkerleben wirksam erst durch den bewußten Menschenwillen, der sie zu benutzen weiß[3].«

Diesen »bewußten Menschenwillen« in der »Gunst« oder auch in der Ungunst »der Weltlage« darzustellen, ist im weitesten Sinne die Aufgabe der politischen Biographie. An einem heute Vergessenen[4] bzw. auch in weiten Historikerkreisen Unbekannten soll der Versuch unternommen werden, durch die Darstellung seines Lebens und seines politischen Handelns Verständnis zu gewinnen für jene Menschen, die zur Zeit Weimars zwar ein politisches Mandat für diesen Staat besaßen und wahrnahmen, zugleich aber in einem immer aussichtloser werdenden Kampf mit den wachsenden Gegenkräften dieser Zeit standen.

Dr. Adolf Köster, Philosoph und Schriftsteller, Reichsminister, Reichstagsabgeordneter und Staatskommissar im ersten deutschen Abstimmungskampf nach dem Friedensvertrag von Versailles, dann als Außenseiter im diplomatischen Dienst, deutscher Gesandter in Riga und Belgrad, als Mensch und Politiker geprägt durch einen humanistisch begründeten Sozialismus, stand zu keiner Zeit seiner Laufbahn so in der vordersten Reihe des politischen Geschehens, daß er die große politische Geschichte seines Landes hätte entscheidend bewegen können. Durch sein politisches Engagement und durch seine amtlichen Stellungen war er aber so eng mit dem

3 Treitschke, H. v.: Deutsche Geschichte im neunzehnten Jahrhundert, 6. Aufl., Bd. 1, Leipzig 1897, S. 28

4 Ein kleines, aber bezeichnendes Beispiel hierfür weist die sonst so zuverlässige Aktenpublikation über die Reichskanzlei auf. In dem Band »Das Kabinett Müller I«, Boppard/Rh. 1971, S. 343, erscheint in der Kabinettsliste der damalige Minister der auswärtigen Angelegenheiten *Adolf* Köster unter dem Namen *Roland* Köster. Diese Vornamenverwechslung geschah schon zu Kösters Lebzeiten. Köster hat sie mit Humor bei Geschenkverwechslungen und anderen Anlässen getragen. Beispiele finden sich im Nachlaß Köster.
Roland Köster, der spätere deutsche Botschafter in Paris, war im Jahre 1919 Adolf Kösters Vorgänger als preußischer Geschäftsträger in Hamburg, eine Tatsache, die der Namenverwechslung weiteren Vorschub leistete.
Nachlaß Köster IV –

Schicksal dieser Republik verbunden, daß vielleicht durch die Darstellung seines Lebens, seiner politischen Anschauungen und seiner Aktivitäten sich ein weiterer Blick auf das Panorama der gesamten politischen Szene der Weimarer Zeit ermöglichen läßt.

# Zwischenfall in Riga

Am 14. Dezember 1922, kurz vor Mitternacht, spielte sich auf dem Bahnhof in Riga in und vor dem Schnellzug Riga-Berlin eine turbulente Szene ab[1]. Kurz vor Abfahrt des Zuges wurde die deutsche kommunistische Reichstagsabgeordnete Frau Klara Zetkin, die sich auf der Rückreise von Moskau nach Berlin befand, von lettischer Polizei aus dem Zuge herausgeholt und gezwungen, zusammen mit ihrer Sekretärin das Gepäck auf den Bahnsteig zu einer »Durchsuchung« zu stellen.

Die Sekretärin bat in größter Aufregung einen deutschen Mitreisenden um Schutz und Hilfe. Sie hatte Glück, daß sie in der Person des sofort zur Hilfe bereiten Herrn einen im deutschen publizistischen Leben bekannten Vertreter fand. Es war Geheimrat Cleinow, der langjährige Herausgeber des »Grenzboten«, ein Mann, der den Osten vom Herkommen und von der beruflichen Tätigkeit her genau kannte und während des Ersten Weltkrieges Chef der Presseverwaltung Ober-Ost gewesen war. Nachdem er festgestellt hatte, daß der Paß und die Durchgangspapiere von Frau Zetkin in Ordnung waren, forderte er von den Polizisten die sofortige Freilassung der Reichstagsabgeordneten.

In diesem Augenblick mischte sich in die Szene ein lettischer Oberstleutnant ein, der die ganze Angelegenheit aus nächster Nähe beobachtet hatte: »Die Schweine, die Bolschewisten und Kommunisten müßten alle aufgehängt werden, man sollte sie aus dem Lande jagen, und die Menschen seien ihm verächtlich, die diesem Pack helfen.« Die Auseinandersetzung mit dem lettischen Offizier wäre fast zu Tätlichkeiten ausgeartet. Schlimmes konnte verhindert werden, da lettische Polizeibeamte sich weigerten, dem Befehl des »Kommandeurs der lettischen Kavallerie« – als solcher wurde er identifiziert – zu folgen. Eine Militärpatrouille der Armee, die er herbeirufen wollte, erschien ebenfalls nicht, und so konnte nach Verhandlungen mit der Polizei Frau Zetkin wieder den Zug besteigen, da die Beamten sich bereit erklärten, die Durchsuchung des Gepäcks im Zuge vorzunehmen.

In einem energisch gehaltenen Brief an das AA protestierte Geheimrat Cleinow gegen das Vorgehen der Polizei »gegenüber der Reichsdeutschen

1 Vgl. für das folgende: Geheimrat Cleinow an AA, 19. 12. 1922; Köster an AA, 7. 2. 1923; AA – Lettland, Pol 2 Bd. 3

Zetkin« sowie gegen das Verhalten des lettischen Offiziers, »der es wagen darf, eine Reichsdeutsche öffentlich anzupöbeln«. Das AA reagierte sehr schnell auf die Beschwerde des einflußreichen Pressevertreters. Die deutsche Gesandtschaft in Riga war zwar im Moment vakant, aber der neue deutsche Gesandte, der im Januar 1923 sein Beglaubigungsschreiben dem lettischen Präsidenten der Republik überreichen wird, fand gleichsam als erste Amtshandlung die Weisung vor, »der dortigen Regierung von dem Vorfall Mitteilung zu machen«, außerdem aber zu verlangen, »daß die Lettische Regierung über das Betragen des lettischen Offiziers ihr Bedauern ausspricht und denselben disziplinarisch bestraft«.

Unter Berücksichtigung der Tatsache, daß der junge Staat gerade erst in einem schweren Existenzkampf gegen das bolschewistische Rußland seine Eigenständigkeit gewonnen hatte und daß in weiten Teilen der Bevölkerung die emotionelle Abneigung gegen alles, was nach Kommunismus aussah, unverhältnismäßig groß war, erschien die Erfüllung der Forderung der deutschen Regierung fast aussichtslos zu sein, vor allem, wenn man bedenkt, daß der neue deutsche Gesandte in Riga ein Außenseiter im diplomatischen Dienst war und seinen ersten Auslandsposten bezog.

Dr. Adolf Köster, der der deutschen Republik schon als Reichskommissar für die Abstimmung in Schleswig gedient hatte, der kurze Zeit im Kabinett Müller I das Außenressort inne hatte und im 2. Kabinett Wirth das Innenressort führte, war dieser neue Gesandte, der jetzt wenige Wochen nach seiner Ankunft in Riga seine diplomatische Bewährungsprobe lieferte.

Die Beschwerde Cleinows datierte vom 19. 12. 1922. Lakonisch meldete der Gesandte am 10. Februar 1923, daß die Lettische Regierung mit einer Note vom 7. Februar 1923 die wesentlichen drei Forderungen erfüllt habe. »Damit dürfte der Zwischenfall erledigt sein.« Köster hatte erreicht, daß die Regierung sich entschuldigte sowohl für den Zwischenfall als solchen als für das Verhalten des Offiziers. Ein Disziplinarverfahren werde gegen ihn eingeleitet. Hinsichtlich der Rechtmäßigkeit der Durchsuchung des Gepäcks von Frau Zetkin wies man allerdings auf die Notwendigkeit hin, bei der feindseligen Haltung Moskaus gegen Lettland so handeln zu müssen. Ein für die beiden Länder sich unangenehm hätte auswirkender Zwischenfall war auf diese Weise schnell, fast geräuschlos aus der Welt geschafft worden.

Wer aber war dieser Mann, der die Kunst des Verhandelns so meisterhaft beherrschte?

# Jugend und Entwicklungsjahre

### *Herkommen, Schul- und Studentenzeit*

Adolf Köster wurde am 8. 3. 1883 in Verden/Aller geboren als Sohn des Sergeanten Hermann Köster im »noch hiesigen 2. Hannoverschen Ulanen Regiment«[1a]. Der Vater, der als Kapitulant in der Armee gedient hatte, wurde kurz nach der Geburt des Sohnes in den Zolldienst übernommen und nach Hamburg versetzt, wo er im Freihafen seinen Dienst versah. Beide Eltern waren Norddeutsche, der Vater stammte aus Holstein, die Mutter aus dem Harz[2]. Die Familie des kleinen Zollbeamten lebte in bescheidenen Verhältnissen. Köster besaß noch drei Geschwister, zwei Brüder und eine Schwester. Seine geistige Beweglichkeit und seine hohe Begabung zeichneten ihn schon als Schüler aus. Vor allem die Mutter »eine feingliedrige alte Dame«, wie sie im Alter geschildert wurde, setzte sich mit Tatkraft für den Besuch einer höheren Schule ihres Ältesten ein. Er war dort der »Primus omnium«, wie ihm neidlos in den zwanziger Jahren zwei ehemalige Klassenkameraden bescheinigten. Der für die Familie finanziell nicht leichte Weg bis zum Abitur konnte durchgehalten werden.

Daß dieses Ziel nicht von Anfang an vorgesehen war, ergibt sich aus seinem schulischen Werdegang. Köster hatte zuerst eine Realschule besucht, die er im Jahre 1899 mit dem »Einjährig-Freiwilligen-Zeugnis« abschloß. Erst jetzt erfolgte der Übertritt auf das humanistische Matthias-Claudius-Gymnasium in Wandsbek. Die dürren Zahlen aus seinem Lebenslauf sprechen für die ungewöhnliche Begabung und Energie des jungen Menschen. Ein halbes Jahr nahm er Privatstunden, trat dann zum Herbst 1899 in die Obersekunda des Gymnasiums ein, konnte nach einem weiteren halben Jahr in die Unterprima versetzt werden und bestand 1902 die Reifeprüfung[3].

Die Frage der Berufswahl erfolgte sicherlich nicht ganz im Einverständnis mit den Wünschen des jungen Mannes. Wieder war es die Mutter, die

1a Nach frdl. Auskunft des Stadtarchivars in Verden/Aller

2 Die im folgenden aufgeführten familiären Einzelheiten verdankt der Verfasser der freundlichen Auskunft von Frau Marie-Elisabeth Köster, der Witwe des verstorbenen ältesten Sohnes von Adolf Köster, Botschafter a. D. Kajus Köster.

3 Nach frdl. Auskunft der Philosophischen Fakultät in Erlangen.

offensichtlich den weiteren Weg bestimmte. Für sie, eine gläubige Frau, bedeuteten Amt und Persönlichkeit eines Pfarrers sehr viel. Außerdem erschien es für einen Studenten ohne größere Mittel am ehesten möglich, das Studium der Theologie mit Hilfe von Stipendien durchzuhalten.

Köster studierte in Heidelberg, Halle, Zürich (hier allerdings »ohne Testat«) und Marburg Theologie und in immer stärkerem Maße Philosophie. Eine intensive Arbeitskraft zeichnete den Hochbegabten aus, der es sich leisten konnte, vier Universitäten zu besuchen und in einer Mindestzeit das theologische Brotstudium, dem er Stipendien verdankte, abzuschließen. Weihnachten 1905 bestand er in Marburg die erste theologische Prüfung, nachdem er im gleichen Jahre den Preis der Fakultät für die Bearbeitung der Aufgabe »Die Ethik Pascals« gewonnen hatte. Über sein Theologiestudium schrieb er, er habe es mehr durch die Lektüre der entsprechenden Fachliteratur bewältigt als durch den Besuch von Vorlesungen und Übungen[4].

Der Mann, der sich später in verantwortungsvollen Führungsstellen als ein Charakter von großem Pflichtgefühl erweisen sollte, hatte es schon in diesen frühen Entwicklungsjahren verstanden, eine ihm sicher lästige, aber notwendige Aufgabe, hier das ungeliebte Theologiestudium, rationell und erfolgreich abzuschließen. Mit knapp 22 Jahren war Köster Kandidat der Theologie. Da er nicht beabsichtigte, die geistliche Laufbahn einzuschlagen, nahm er im Winter 1905/06 und wieder im Herbst 1906 eine Hauslehrerstelle an.

Es gibt kaum persönliche Zeugnisse, die den Entwicklungsgang des jungen Wissenschaftlers erhellen könnten. Nur indirekt kann man aus einigen biographischen Tatsachen und im Spiegel seiner literarischen Produktion erahnen, wie sich sein Weg in der sozialen und in der politischen Welt gestaltet hat. In dem schon erwähnten kurzen datenmäßigen Lebenslauf, den er für seine Promotion in Erlangen einreichen mußte, wird für den Sommer 1906 eine Reise nach Brasilien erwähnt zum Studium des »sittlich sozialen Milieus«. Wie er diese Reise finanzieren konnte, wissen wir nicht. Unter denkbar bescheidenen Verhältnissen, wie es später heißt[5], hatte er bis zum Ausbruch des Ersten Weltkrieges weitere große Reisen nach Asien und Afrika durchgeführt.

Bezeichnend für die Begründung seiner ersten großen Reise sind die Begriffe »sittlich« und »sozial«. Sie werden die Leitlinien für seine philosophische Grundhaltung und für seine politische Tätigkeit werden. Sein philosophischer Standort war im wesentlichen durch den Neukantianismus der Marburger Schule Natorps und Hermann Cohens bestimmt. Seinem ethischen Rigorismus entsprach die Lösung der Preisaufgabe über die

4 Handschriftlicher Lebenslauf Kösters. Vgl. Anm. 3.
5 Mündliche Familienüberlieferung. Vgl. Anm. 2.

Ethik Pascals. Entscheidend für Köster war allerdings die sittliche Forderung, daß der Philosoph vom Katheder heruntersteigen müsse, um seine Philosophie in verantwortungsvolle Handlung umzusetzen. Wenige Jahre später wird er mit dieser Begründung sein Amt als Privatdozent der Technischen Hochschule in München niederlegen[6]. Vorerst allerdings mußte Köster sich auch äußerlich von der theologischen Fakultät lösen, wenn er die Laufbahn eines Dozenten der Philosophie einschlagen wollte. Seine Arbeit über die Ethik Pascals war inzwischen im Druck erschienen[7] und wurde von der Philosophischen Fakultät in Erlangen als Dissertation angenommen.

### *Promotion, politische Entscheidungen, erste literarische Versuche*

Am 22. Juli 1907 bestand er das Rigorosum. Wir wissen nicht, warum Köster in Erlangen promovierte und nicht in Marburg, wo er geistig beheimatet war und auch wohnte. Sein Doktorvater, Professor Falckenberg, war kein bedeutender Philosoph, sondern ein Philosophie-Historiker, von dem Karl Jaspers behauptete, er habe zwar »ein nützliches Kompendium geschrieben«, aber »nie einen eigenen Gedanken gehabt«[8]. Es kann sein, daß Köster den Weg des geringsten Widerstandes gewählt hatte, um schnell das Promotionsverfahren durchzuführen, damit er sich weiteren Aufgaben zuwenden könne, von denen die Habilitation nur eine war. Es kann aber auch sein, daß Köster, der ein besonderes Verhältnis zu musischen Menschen hatte, diesen »kleinen Herrn mit den dicken Brillengläsern« wirklich schätzte, »der in Erlangen das ganze musikalische Leben bestimmte, (der) die Konzerte organisierte und es sich nicht nehmen (ließ), an Kammerabenden persönlich neben der Pianistin zu stehen, um ihr die Blätter umzuwenden«.

Als Doktorvater bedurfte Köster sicherlich eines Professors, der Sinn und Verständnis dafür aufbrachte, daß die philosophische Abhandlung des Doktoranden in einem anderen Stil geschrieben war als sonst wohl für wissenschaftliche Erstlingsarbeiten üblich. Köster muß in jenen Jahren sehr von Nietzsche beeinflußt worden sein. Die Diktion seiner Arbeit erinnert stark an den Hymnenstil des großen Philosophen. Falckenberg konzedierte diese Besonderheit an der »schönen, von großem Talent, edlem Menschentum und Gründlichkeit zeugenden Studie«. Das Ergebnis der Prüfung lautete »magna cum laude«.

6 Nach frdl. Auskunft der Technischen Universität München.
7 Adolf Köster: Die Ethik Pascals, Tübingen 1907.
8 Hierfür und für das folgende: Glockner, Hermann: Heidelberger Bilderbuch, Bonn 1969, Seite 36 und Seite 51.

Nicht unwesentlich wird es auch gewesen sein, daß Falckenberg politisch ein liberaler Mann war[9], denn Kösters politischer Standpunkt konnte im Jahre 1907 nicht verborgen bleiben. Er selbst gab später an, daß er seit dem Jahre 1906 »in der sozialdemokratischen Partei schriftstellerisch und agitatorisch tätig war«[10]. Gerade in den Tagen, an denen er sein Rigorosum bestehen sollte, erging eine polizeiliche Zeugenvorladung an »Adolf Köster, cand. theol.« vom 17. 7. 1907 in Erlangen. Er sollte vernommen werden »in der Sache Drews, Heinrich, lediger Schriftsetzer in Hannover, und Genossen wegen Übertretung und Vergehens gegen das badische Vereinsgesetz«[11]. Es kann sich hierbei nur um die Teilnahme an einer nicht genehmigten Versammlung der sozialdemokratischen Partei gehandelt haben, die in Mannheim oder Heidelberg stattgefunden hatte.

Über Kösters politische Beweggründe lassen sich schon eher Aussagen machen. Sein stark ausgeprägtes soziales Empfinden, sein immer wieder bezeugtes Bemühen, den Schwachen Schutz zu geben[12], und die eigene Erfahrung mit den Schwierigkeiten bei dem sozialen Aufstieg als Hochbegabter mögen die verschiedenen Komponenten gewesen sein, die ihn schließlich den Weg in die sozialdemokratische Partei finden ließen. Ein gewisser Rückschluß ist vielleicht aus Bemerkungen möglich, die sich verstreut in seinem ersten schöngeistigen Werk, der Novellensammlung aus dem Jahre 1909, finden. In der Novelle »Jan Steenbocks Wahlrede« heißt es:

»Jan Steenbock stammte aus einem pietistischen Proletarierhause der Lüneburger Heide und hatte sich an einem merkwürdigen Oktobermorgen seines zehnten Lebensjahres in den Kopf gesetzt, daß Gerechtigkeit sein müsse auf der Welt, einfach ›Gerechtigkeit in bezug auf alles, was durch Gottes Hand geht,‹ wie er zu sagen pflegte. Schulgeld kam vom Pastor, und die Stipendien kamen aus der Stadt. Jan wurde klug und war gern gesehen, nicht nur bei Professoren, sondern auch bei höherem Kunst- und Literatenvolk. Einige mühten sich um ihn, und er wurde seinen Eltern und seiner Armut fast fremd. Aber fremder auch blieb er den anderen. Die Sache war doch die, daß ihr Reichtum ihn zum Widerspruch reizte. Ob das aus seinem Proletarierblut stammte, oder ob es ein frommer Versuch der Treue zum Hause war, Tatsache ist, daß nichts dagegen half[13].«

Ohne daß man aus diesem Novellenband, der eine literarische Aussage bietet, das biographische Moment überbetonen möchte, scheint doch diese Stelle eine persönliche confessio zu sein, die Kösters Entwicklungsgang

9 Vgl. »Wer ist's« Jahrgang 1908, Seite 328.
10 Reichstagshandbuch 1920 – Nachtrag S. 16.
11 Nachlaß Köster I, 2.
12 Vgl. Anm. 2.
13 Köster, Adolf: Die zehn Schornsteine, München 1909, S. 107.

skizziert. Der pietistische Glaube des Elternhauses, besonders der Mutter, und der Rigorismus einer auf Kant und Pascal beruhenden Ethik scheinen entscheidende Kräfte gewesen zu sein, die den jungen Philosophen in den Kreis einer tätigen Nächstenliebe trieben, in einen Ort, der außerhalb der verordneten Kirche, der sein Brotstudium gegolten hatte, lag.

Kösters Betätigungsfeld sollte nicht die Kirche, sondern jene politische Partei bilden, die damals am stärksten der sozialen Verpflichtung sich bewußt war, die sozialdemokratische Partei. Bemerkenswert ist, daß der Weg zu dieser Partei auch philosophisch offensichtlich nicht über Karl Marx gegangen ist. Eine Auseinandersetzung mit der Philosophie von Karl Marx ist jedenfalls nicht nachweisbar. Wichtiger erschien dem Philosophen Köster die praktische Arbeit in der großen Organisation und als Grundlage dieser Arbeit das Studium der sozialen Bedingungen der Arbeiterschaft. Auf die »Ethik Pascals« folgte bezeichnender Weise im Jahre 1907 eine »Untersuchung über die Heimarbeit in Vogelsberg, Rhön und Spessart«[14]. Für einen Akademiker, der ein Universitätslehramt anstrebte, war diese Entscheidung auch in den letzten Jahren der Vorkriegszeit ungewöhnlich – und gefährlich. In einem Gedenkartikel des »Vorwärts« vom 19. 2. 1930 anläßlich seines Todes wird Köster ausdrücklich bescheinigt, daß er zu jener kleinen Schar von Akademikern gehört hatte, die »schon lange vor dem Weltkrieg und der Revolution zum Sozialismus gekommen und in die Reihen des kämpfenden Proletariats eingetreten waren.«

Äußerlich sah sein bürgerlicher Lebensweg zunächst keineswegs so aus, als ob er Führer »des kämpfenden Proletariats« werden wollte. Der »Kandidat« Köster war, wie schon erwähnt, 1905 und 1906 als Privatlehrer bei der Familie Mahr in Wandsbek bei Hamburg für den ältesten Sohn des Hauses engagiert worden. Während dieser Zeit lernte er die junge Schwester Käthe kennen und lieben[15], sehr zum Mißfallen der Familie, besonders des Vaters, dem offenbar die Verbindung seiner Tochter mit dem jungen Philosophen ohne Einkommen zu gewagt erschien. Das junge Paar aber setzte seinen Willen durch und heiratete im Jahre 1910. In Käthe Mahr, einer begabten Malerin, hatte Köster eine Lebensgefährtin gefunden, die durch Anmut und Klugheit ihm in den Jahren seines politischen Aufstiegs eine verständnisvolle Partnerin war und die nach seinem frühen Tode auch in bedrängten Lebensumständen es verstanden hat, sich und die fünf Kinder mit Hilfe ihres Berufes als Kunstmalerin durchzubringen.

Durch die Verbindung mit der Familie Mahr, die in sehr guten bürgerlichen Verhältnissen lebte mit eigenem Haus, Garten und Pony, öffnete

14 Die Untersuchung konnte leider nicht eruiert werden.
**15 Hierfür und für das folgende vgl. Anm. 2.**

sich für den jungen Mann eine Welt, die sich von seinen eigenen bescheidenen wirtschaftlichen Verhältnissen unterschied. Verständlich ist der Versuch, durch Habilitation und Einstieg in die akademische Laufbahn eine »bürgerliche Karriere« zu beginnen. Das Jahrfünft von 1907 bis 1912 wurde für Kösters menschliche und politische Entwicklung von entscheidender Bedeutung. Die Verbindung mit der Tochter aus einer wohlhabenden Hamburger Familie war sicherlich eine Voraussetzung, den Weg zur Habilitation und damit zu einer späteren gesicherten Existenz zu beschreiten. Auf der anderen Seite waren Kösters Interessen so weit gefächert, daß die einseitige Bindung an diesen Weg keineswegs gesichert erschien. In diese Jahre fallen Publikationen, die dem Habilitanden sicherlich nicht unbedingt als Empfehlung auf dem Wege eines zukünftigen beamteten Staatsdieners in kaiserlicher Zeit nützten.

Köster stand dem bekannten Sozialwissenschaftler Robert Michels (* 1876 in Köln, † 1936 in Rom[16]) nahe, der in seiner Frühzeit als Sohn einer reichen Kölner Kaufmannsfamilie den Weg zum Sozialismus gefunden hatte, sich aber später von der deutschen Sozialdemokratie distanzierte, weil er sich dort »an der Überbewertung der Organisation, am kompromiß-geneigten Parlamentarismus und an der Herrschaft des quasi-permanenten Parteiverstandes« störte. Er neigte jetzt mehr den französischen und italienischen Syndikalisten zu. Sehr bald zog er sich, der 1914 Professor in Basel und 1928 Professor in Rom wurde, auch enttäuscht aus der sozialistischen Partei Italiens zurück, da er auch hier den »oligarchischen Charakter«, der nach seiner Meinung zur »Degeneration des Sozialismus« führte, ablehnte. Sein Weg ging dann in Italien konsequent zum Faschismus.

Im Winter 1906/07 hatte Michels »mit einigen gleichgesinnten Freunden in Marburg in öffentlichen Diskussionsversammlungen sozialistische Agitation getrieben« und damit erhebliches akademisches Ärgernis verursacht. Die Folge war, daß die Marburger Habilitationspläne sich zerschlugen. Michels verließ endgültig Deutschland, zog nach Italien, »als dessen ›Adoptivsohn‹ er sich gern bezeichnet hatte«[17], und habilitierte sich in Turin 1907 als Privatdozent für Nationalökonomie.

Es ist anzunehmen, daß Köster spätestens in der für Michels spektakulären Zeit in Marburg diesen kennengelernt hat. So wenig Köster mit der späteren politischen Entwicklung von Michels einverstanden gewesen sein kann, so wenig er auch die Kritik von Michels am parlamentarischen

16 Vgl. Michels, Robert: Zur Soziologie des Parteiwesens ... Neudruck 1957, hsg. u. Nachwort von Werner Conze. Hieraus die Zitate nach Conze, S. 385/386, dessen Darstellung des Lebensganges von Michels der Verfasser verpflichtet ist.

17 Vgl. Anm. 16, a.a.O., S. 385.

Charakter des Parteiwesens (sprich hier ›der sozialistischen Partei‹) geteilt haben mag, so sehr werden ihn die wissenschaftliche Begabung und der politische Aktionsmut des 7 Jahre älteren und ihm in der akademischen Laufbahn – um eine ganze Stufe – vorauseilenden Kollegen angezogen haben. Im Jahre 1910 erschien eine Gemeinschaftsarbeit von Michels und Köster, die Übersetzung eines der Hauptwerke des italienischen Sozialwissenschaftlers Alfredo Niceforo »Anthropologie der nichtbesitzenden Klassen – Studien und Untersuchungen«. Weitere Zeugnisse über eine spätere Zusammenarbeit von Köster und Michels sind nicht zu belegen.

Für Köster bleibt diese Übersetzungsarbeit ein Beweis dafür, wie sehr er bemüht war, von seinem Kernfach Philosophie her sozialwissenschaftliche und anthropologische Aspekte in seine Forschungsaufgaben einzubeziehen. Für Michels muß dieser junge Doktor der Philosophie mehr gewesen sein als nur ein Übersetzungspartner. Im gleichen Jahre wie diese Übersetzungsarbeit (1910) erschien die erste Auflage von Michels' Werk »Zur Soziologie des Parteiwesens ...«. In einer Anmerkung zu dem Kapitel über die »Akzessorischen Eigenschaften der Führer« finden sich folgende Sätze: »Die Macht der Rede des gebildeten Führers auf die Masse wird von einem, der sie im hohen Grade besitzt, trefflich geschildert. (Adolf Köster, Die zehn Schornsteine, München 1909, S. 113)[18]« Michels verweist hier auf die Darstellung von »Jan Steenbocks Wahlrede«, jener Novelle, die gewisse autobiographische Züge Kösters zu tragen scheint. Daß Michels ausgerechnet diese Novelle des doch in der Öffentlichkeit unbekannten Partners als Belegstelle für politische Eloquenz heranzieht, dürfte ein Zeugnis der Sympathie und der Achtung aus der Zeit gemeinsamer Arbeit sein.

Zwei außergewöhnliche Menschen hatten sich für eine kurze Frist zu dieser gemeinsamen Arbeit getroffen. Ihre Wege mußten sich wieder trennen, da es bald keine Brücke mehr gab zwischen dem Sozialisten Köster, der fest auf dem Boden einer dem parlamentarischen System verpflichteten Partei stand, und dem sozialistischen Skeptiker Michels, dessen Kritik am Parteienstaat gerade vor den sozialistischen Parteien nicht halt machte. Der konsequente Weg von Michels mit den Begriffen der Minoritäten, der neuen Eliten oder der Führungskreise, die zur Herrschaft berufen seien[19], führte in das Italien Mussolinis, der Weg Kösters in die politische Verantwortung Deutschlands, das nach einer Revolution nicht von »sozialistischen Eliten« geführt wurde, sondern den harten Weg eines parlamentarisch begründeten Parteienstaates ging. Der Weg Kösters in die *praktische* Politik war in den letzten Vorkriegsjahren noch nicht eindeutig festgelegt,

18 Vgl. Anm. 16, a.a.O., S. 426.
19 Vgl. Anm. 16, a.a.O., S. 341.

wenn auch die Zeichen sich mehrten, wo letztlich sein Hauptinteresse lag.

Die Jahre nach der Promotion (1907) bis zu seiner Habilitation (1912) sind ausgefüllt mit Arbeiten und Aktivitäten von sehr divergierender Art. Der Schriftsteller Köster, der Wissenschaftler Köster und der Politiker Köster, der in sozialdemokratischen Parteiversammlungen sprach, (dies läßt sich allerdings nur aus seinen belletristischen Schriften erschließen – vgl. hier die schon genannte Novelle »Jan Steenbocks Wahlrede«) standen in einer gewissen Konkurrenz zueinander, und ein weniger begabter Mensch als Köster, aber auch ein weniger arbeitsbesessener als er, wäre an dieser Dreiheit der Interessen zerschlissen oder hätte resigniert sich auf *ein* Interessengebiet zurückgezogen.

### *Der Weg zum Schriftsteller – Mitarbeit an der Zeitschrift »März« – Novellenband »Die zehn Schornsteine« – Roman »Die bange Nacht« – Das wissenschaftliche und das politische Engagement*

Nach dem Abschluß seines Universitätsstudiums stellte der junge Doktor der Philosophie die wissenschaftliche Arbeit vorerst etwas zurück (allerdings nicht ganz, wie die Übersetzungstätigkeit mit Michels zeigt) und widmete sich intensiver der literarischen Produktion. Im Jahre 1907 hatte der Münchener Verleger Albert Langen die Wochenzeitschrift »März« gegründet, deren Herausgeber Ludwig Thoma, Hermann Hesse, Kurt Aram (Hans Fischer) und Albert Langen selbst waren. Die nobel ausgestattete Zeitschrift verstand sich als Ergänzung des Simplizissimus. »Dort Satire, hier Aufbau fördernde Kritik, tiefere Bedeutung[20].«

Das politische Gesicht des »März« bestimmte der freisinnige Reichstagsabgeordnete Dr. Conrad Haußmann. »Wer das deutsch-französische Verhältnis, die Ereignisse der Haager Friedenskonferenz, die Bündnissysteme nach der Jahrhundertwende, technische und Rüstungsfragen studieren will, der wird den »März« als Quelle nicht außer acht lassen können[21] . . .« Die Zeitschrift war nach links geöffnet. Schon damals gehörten neben dem berühmten Katheder-Sozialisten Lujo Brentano der sozialdemokratische Journalist Dr. Breitscheid und der Berliner sozialdemokratische Rechtsanwalt und Reichstagsabgeordnete Wolfgang Heine zu ihren politischen Mitarbeitern. Den literarischen Teil leitete Hermann Hesse. »Es ist erstaunlich, mit welchem Qualitätsgefühl die einzelnen epischen Beiträge ge-

20 Hierfür und für das folgende vgl. Geiger, Hans Ludwig: Es war um die Jahrhundertwende, München 1953, Seite 65.
21 Geiger, H.L., a.a.O., Seite 66.

wählt wurden ... Die erzählerischen Arbeiten, die im ›März‹ erschienen, haben noch heute, von wenigen zeitgebundenen abgesehen, ihre Leuchtkraft erhalten[22].«

Köster war es gelungen, Zutritt zu dem März-Kreis und dem Verleger Albert Langen in München zu gewinnen. Für die Mehrschichtigkeit in Kösters Wesen spricht die Tatsache, daß in diesem Schwabinger Kreis nur der Literat Köster, nicht aber der zukünftige Politiker zu Wort kam. 1908, also im zweiten Jahre ihres Bestehens, brachte die Zeitschrift »März« eine Novelle von Köster »Die schöne Brilaide«. Die Erzählung, die gewisse Erlebnisse des Verfassers aus seiner Reise nach Brasilien verwertet, ist völlig unpolitisch und in einer psychologischen Sicht gehalten, die in der Nähe Stefan Zweigs angesiedelt ist. Köster schildert die flüchtige Liebesbegegnung zweier Menschen auf der Fahrt eines Schiffes zwischen Santos und Teneriffa. Schon im nächsten Jahre (1909) erscheint bei Albert Langen die erste große belletristische Publikation »Die zehn Schornsteine«, eine Sammlung von elf Erzählungen. Neben der ›schönen Brilaide‹ sind hier Erzählungen aufgenommen wie die »Geschichte vom stolzen Jesus«, die nach Inhalt und sprachlicher Gestaltung einen unverwechselbaren Ton zeigte. In einer an Wilhelm Raabe erinnernden »gemütlich-ungemütlichen« Erzählhaltung wird dem verlotterten Kandidaten der Theologie die Geschichte von jenem Jesus in den Mund gelegt, der sich einen Augenblick am Kreuz gegen Gott aufbäumt und damit fast die Weltordnung umwirft. Der Ort der Erzählung ist eine Klippschule in Holstein, die Zuhörer sind Bauernjungen, deren halbe Zuneigung jener seltsame Kandidat gewonnen hat. Die »Neue Hamburger Zeitung« schrieb: »Der erste Band eines neuen Mannes, aber erstaunlich in seiner Reife und von starken Vorzügen, daß eine Reihe altbekannter Namen davor erblaßt[23].«

Köster hatte damit sein erfolgreiches Debut in der literarischen Welt Münchens gegeben. Er hatte seinen Verlag gefunden, mit dem er in den kommenden Jahren ebenso erfolgreich zusammenarbeitete. Im Jahre 1911 erschien im »März« noch eine größere Novelle »Der verlorene Ton«, und der Abschluß seiner literarischen Vorkriegsarbeit war ein Entwicklungsroman »Die bange Nacht« (Albert Langen, München 1913), eine kraftvolle Schilderung vom Aufstieg eines jungen Menschen bis zum Abschluß seiner akademischen Laufbahn. Der Roman trägt einige autobiographische Züge, ohne eine Autobiographie zu sein. Die Kritik in der Presse war im wesentlichen positiv. (»Hannoverscher Courir«, »Norddeutsche Allgemeine Zeitung«, »Hamburger Fremdenblatt«) Köster selbst hat sich später von diesem Roman distanziert. Dem Minister und Diplomaten war er wohl

22 Geiger, H.L., a.a.O., Seite 66.
23 Zitat aus einem Prospekt des Verlages Langen-Müller 1916.

häufig in neugieriger Schnüffelei als »Schlüsselroman« für die eigene vita vorgehalten worden[24].

Die erzählerische Leistung aber bleibt bestehen. Das Urteil des »Hamburger Fremdenblattes« kann heute noch gelten: »Man liest das Buch, das reich an Schönheiten, Poesien und Nachdenklichkeiten ist, mit einer herzlichen Freude an der Kraft und Fülle des Lebens, die es strahlend offenbart.«

Der Verfasser aber strahlte selbst einen Teil dieser Fülle des Lebens und der Lebenskraft aus, wie zahlreiche Berichte von Zeitgenossen bezeugen. Hierfür seien zwei Zeugnisse gebracht: »Als Köster Reichsminister des Inneren war, trafen wir ihn einmal im Restaurant Sauer, wir eine Bande von Theaterleuten und Schriftstellern. Um 1 Uhr nachts lud er uns ein, im Ministerium schwarzen Kaffee zu trinken. Der Portier des Ministeriums machte große Augen, als wir hier aufmarschierten. Aber Köster war nun einmal kein Mann im Gehrock. Eine gewisse Saloppheit und Formen-Souveränität konnte auch durch den Ministertitel nicht aus ihm vertrieben werden.« – »Aber so souverän und inoffiziell er sich gab, er war doch nie Bohemien, auch nicht zur Zeit, als er in München als junger Privatdozent und in Stuttgart als sozialistischer Redakteur lebte[25].«

Diese Vorurteilslosigkeit im Umgang mit Menschen jeden Standes, verbunden mit einer unbekümmerten Freude an den schönen Dingen des Lebens mögen zu jenem ähnlich lautenden Urteil geführt haben, das einer der noch lebenden Zeitgenossen gefällt hat: »Um Köster und Rauscher (der zweite erfolgreiche diplomatische ›Außenseiter‹, der aus den Reihen der Sozialdemokratie hervorgegangen war) war bei aller Würde des Amtes ein Hauch von Schwabing[26].«

War Köster in jenen letzten Jahren vor dem Ersten Weltkrieg auf dem Wege, ein erfolgreicher Romancier zu werden? Die Begabung hierzu schien er zu haben. Jedenfalls waren seine ersten Versuche auf diesem Gebiet ermutigend und zukunftsversprechend. Er hatte bewiesen, daß er als ein »Mann der Feder« Erfolg haben konnte. Aber neben dem Schriftsteller Köster stand der Philosoph Köster, dessen Ehrgeiz in die akademische Karriere drängte. Neben dem Philosophen Köster aber stand der Politiker Köster, dessen Ehrgeiz zur Aktion drängte. Noch war nicht entschieden, welche der drei Seiten des Kösterschen Wesens dominierend sein würde, der Schriftsteller, der Philosoph, der handelnde Politiker. Noch probierte er wie im Spiel seine Kräfte auf den verschiedenen Feldern. Bevor wir uns seiner weiteren akademischen Karriere zuwenden, mag hier ein bezeich-

24 Rüdiger, Wilhelm: Aus dem letzten Kapitel deutsch-baltischer Geschichte in Lettland – Hannover 1955 – Seite 33.
25 Berliner Boulevard-Zeitung ›Tempo‹, 19. 2. 1930.
26 Immanuel Birnbaum in einem Gespräch mit dem Verfasser im April 1977.

nendes Zeugnis für seine innere Unsicherheit in Bezug auf die eigene Berufung zum Schriftsteller stehen, eine Unsicherheit, die letztlich aber doch schon auf den entscheidenden Weg in die Zukunft hinweist. Die Titelnovelle »Die zehn Schornsteine« bringt ein Schlußgespräch über Wahrheit und Phantasie in der Dichtung, das dem Dichter die Forderung zur Askese auferlegt. »Du sollst wieder Köster sein.« – »Ein Werkzeug Gottes. Eine kleine Feile nur ...« – »Dann darf ich auch nicht mehr Geschichten schreiben?« – »Nein, vielmehr Flugblätter gegen den Mammon, und gegen die Gewalthaber sollst du reden und die Menschen verachten, auch die du lieb hast ...« – »Ja, das will ich ... nichts mehr dichten.« – »Denn lieber Köster, frage doch deine Seele, was ist denn das Dichten?« – »Eine Freundlichkeit für die Menschenkinder.« – »Nein.« – »Ein schöner Traum, um den Kummer zu vergessen.« – »Nein.« – » ... Ein schädliches Schlafmittel für alle Kämpfenden.« – »Nein.« – » ... Lüge!« – »Ja[27].«

Diese rigorose Absage an die dichterische Phantasie zugunsten des realistischen politischen Kampfes mit der Feder ist im Jahre 1908 sicher noch ein Spiel mit den Möglichkeiten der eigenen Berufung. Und doch wirkt es aus der historischen Rückschau wie ein prophetisches Wort für die Zukunft des gerade erfolgreich werdenden Schriftstellers. Köster wird nach wenigen Jahren als schöngeistiger Literat verstummen. Was er dann noch schreibt und in die Öffentlichkeit bringt, wird nur noch dem politischen Kampf und seinem Streben nach politischer Wahrheit dienen.

### *Habilitation und Privatdozententätigkeit in München*

Da die Entscheidung hierfür aber noch nicht eindeutig gefallen war, betrieb Köster auch weiter den Weg zur Habilitation, um die Laufbahn des Hochschullehrers einzuschlagen. Es ist nicht mit Sicherheit festzustellen, ob er diese Entscheidung der großbürgerlichen Familie seiner Frau zuliebe fällte, um eine geachtete Lebensstellung zu erringen, oder ob ihm wirklich die Position eines akademischen Lehrers erstrebenswert erschien, da sie Einflußmöglichkeiten auf junge Menschen eröffnete, wie er kurze Zeit später schreiben wird. Wenn die zuletzt angedeuteten Erwägungen auch nicht lange vorhielten, so liegt kein Grund vor, sie bei der Entscheidung für diese Laufbahn nicht ernst zu nehmen. Im April 1911 bewarb er sich um eine Habilitation an der Technischen Hochschule in München[28].

Die Entscheidung für die Technische Hochschule war eine typisch Köstersche Entscheidung. Er wollte eine Philosophie lehren, die dem Leben

27 Köster, Adolf: Die zehn Schornsteine, S. 83/84.
28 Die folgenden Daten und Tatsachen nach freundlicher Auskunft der Technischen Universität München.

nahe war. Sein Interesse galt den wirtschaftlich-sozialen Fragen und den modernen technischen Errungenschaften dieser Zeit. Er wünschte die akademische Tätigkeit bei denen zu versuchen, die doch die Philosophie zuerst oder nur aus ihrem Zusammenhange mit den Lebensrealitäten begreifen wollen. In diesem Sinne jedenfalls schrieb er an Professor Du Moulier-Eckart, den Historiker der Geisteswissenschaftlichen Abteilung. Wahrscheinlich war er mit diesem Mitglied des akademischen Lehrkörpers persönlich bekannt. Denn auch später, bei seinem Ausscheiden aus der Hochschule, wird Professor Du Moulier-Eckart als derjenige genannt, mit dem Köster persönlichen Kontakt gehalten habe.

Ungeklärt bleibt die Frage, ob der Bewerber sich nicht doch an der Technischen Hochschule mit ihrem modernen Geist eine größere Chance ausgerechnet hatte, ein Lehramt zu erhalten, als an der konservativen Münchener Universität.

Der »Vorwärts« jedenfalls schrieb nach 1930, daß er »von der bayerischen Regierung mehr versehentlich als wissentlich bestätigt« worden sei. Seit dem »Fall Arons« sei er »der erste deutsche Universitätslehrer, der sich offen zur Sozialdemokratie bekannte[29]«.

Köster verfügte über erstklassige Referenzen, die er angab: Max Weber in Heidelberg, Paul Natorp in Marburg und Edgar Jaffé in München. Als Habilitationsschrift reichte er eine Untersuchung über das Thema ein: »Der junge Kant im Kampf mit der Geschichte«. Diese Untersuchung erschien 1914 im Verlag Mohr in Tübingen. Im Wintersemester 1911/12 wurde das Habilitationsverfahren durchgeführt. Am 12. II. 1912 hielt Köster seine Probevorlesung unter dem Titel »Die Pädagogik und ihre Beziehung zu Friedrich Nietzsche«. Ab Sommersemester 1912 war Adolf Köster als Privatdozent für Pädagogik und Philosophie Mitglied des Lehrkörpers der Technischen Hochschule in München. Man sollte meinen, daß hiermit der 29-jährige junge Akademiker, der sich als literarischer Schriftsteller und als Wissenschaftler bewährt hatte, seine ›Sturm- und Drangjahre‹ abgeschlossen hatte und nun in einem geachteten bürgerlichen Beruf als Ehemann und Familienvater (Köster hatte Käthe Mahr 1910 geheiratet, die beiden ältesten Söhne waren 1911 und 1912 geboren) zu einer gewissen Ruhe kommen würde.

Kösters Lehrtätigkeit in München sollte aber nur drei Semester dauern. Aus dem Vorlesungsverzeichnis der Technischen Hochschule können wir seine Vorlesungen und Übungen für das Wintersemester 1912/13 und für das Sommersemester 1913 entnehmen. Für das Sommersemester 1912 liegen keine Angaben vor, da Kösters Lehrveranstaltungen erst nach dem Druck dieses Vorlesungsverzeichnisses eingereicht werden konnten. (Die

29 »Vorwärts«, 19. 2. 1930.

Technische Hochschule hatte Jahresverzeichnisse, die immer zu Beginn des Wintersemesters erschienen.)

Kösters Lehrveranstaltungen beschränkten sich nur auf Fragen der Pädagogik. Im Wintersemester ›Allgemeine Pädagogik‹ (dreistündige Vorlesung), ›Besprechung der wichtigsten pädagogischen Streitfragen der Gegenwart‹ (zweistündige Übung). Im Sommersemester ›Geschichte der Pädagogik‹ (zweistündige Vorlesung), ›Übungen über Pestalozzi‹ (zwei Stunden). Sein Lehrauftrag lautete: Pädagogik und Philosophie. Die Philosophie kam aber überhaupt nicht zum Zuge. Gebraucht wurde an der Technischen Hochschule offensichtlich ein Pädagoge, der die zahlreichen Kandidaten für das Höhere Lehramt betreute, die damals in den naturwissenschaftlichen Fächern, aber auch in einigen geisteswissenschaftlichen Disziplinen an der Technischen Hochschule ihr Studium absolvieren konnten. Die Lehrveranstaltungen hatten also die Grundlage für das Regelstudium abzugeben. Nur eine einstündige Vorlesung im Wintersemester 1912/13 mit dem Titel »Die soziale Frage im Lichte der Pädagogik« läßt erahnen, was der junge Privatdozent an eigener Neigung und Interesse eigentlich an diese Hochschule einbringen wollte.

### *Ausbruch aus der Hochschullaufbahn*

Am Ende des Sommersemesters 1913 legte er seine Tätigkeit als Privatdozent nieder, »um seinen politischen Interessen nachzugeben[30]«. Mit offensichtlich leichter Hand löste Köster die Bindung an eine Laufbahn, die ihn nicht ausfüllte. Viele Jahre später äußerte er noch, daß die Aussicht, ein Leben lang als Professor zu leben, ihn nicht befriedigen konnte[31].

Eine innere Unruhe muß ihn in diesen letzten Jahren vor dem Kriege umgetrieben haben. Er wandte sich am 2. Juli 1913 in einem direkten Schreiben an den damaligen Staatssekretär des Reichskolonialamtes Dr. Solf und bat um ein Reisestipendium zum Besuch der deutschen Kolonien, besonders von Deutsch-Südwest-Afrika. Köster gibt als seine »Spezialinteressen« Kolonialpolitik und auswärtige Politik an. Er habe Reisen in Europa, Amerika und Asien gemacht »zuletzt noch während der Kriegswirren in der Türkei[31a]«. Das Vortasten nach neuen, politisch orientierten Berufsmöglichkeiten wird hier erkenntlich.

Erstaunlich wirkt in diesem Schreiben das offene Bekenntnis zur sozialdemokratischen Partei. Er begründet sein Gesuch damit, daß er großes In-

30 Vgl. Anm. 28.
31 Vgl. Anm. 2.
31a Vgl. Anm. 28.

teresse für die Kolonialpolitik besitze und daß er bemüht sei, eine durch größere Sachkenntnis vertiefte sozialdemokratische Kolonialpolitik zu betreiben und dieser »eine bisher leider von der Partei verschmähte Grundlage zu geben«. Die Studienreise solle sachlichen Zwecken dienen und »unserer deutschen Kolonialpolitik zugute kommen«.

Bemerkenswert an diesem Dokument ist die Sicherheit, mit der ein Jahr vor Ausbruch des Ersten Weltkrieges die Mitgliedschaft zur sozialdemokratischen Partei als eine durchaus legitime politische Haltung angesehen wird. Der Erfolg der Reichstagswahlen von 1912, aus der die Sozialdemokratie als stärkste Partei hervorgegangen war, hatte ohne Zweifel das Gewicht dieser Partei vergrößert. Zu den einzelnen Vertretern einer liberalen Richtung, die bis in den obersten Kreis der Staatssekretäre vorgestoßen waren, gehörte sicherlich Solf. Ihm konnte es nur recht sein, wenn in der jungen zukünftigen Führungsschicht der sozialdemokratischen Partei sich Männer fanden, die der deutschen Kolonialpolitik nicht von vornherein feindlich gegenüberstanden. Im übrigen kann Köster sehr geschickt wiederum zwei hervorragende Referenzen angeben, »meinen Freund« Gustav Frenssen, den zu dieser Zeit vielleicht bekanntesten Schriftsteller deutscher Sprache (Köster hatte mit ihm, wie aus dem Nachlaß Kösters zu ersehen ist, enge menschliche Kontakte) und den bekannten Hamburger Rechtsanwalt Dr. Siegfried Heckscher, der seit 1907 die Deutsche Fortschrittspartei im Reichstag vertrat.

Staatssekretär Solf forderte von der Technischen Hochschule München ein Gutachten über den Bewerber an. Dieses Gutachten, das am 1. VIII. 1913 nach Berlin ging, fiel für den jungen Privatdozenten äußerst günstig aus, obgleich man in München schon wußte, daß er der akademischen Laufbahn den Rücken kehren würde. Köster wurde bescheinigt, daß er sich mit einer auf breiter Wissensgrundlage basierenden Selbständigkeit bewegt habe und »eine nicht gewöhnliche Anlage zum Dozenten« besitze. Es ist nicht mehr nachweisbar, aber anzunehmen, daß Köster ein Reisestipendium erhalten hat. In der mündlichen Überlieferung der Familie wird auch eine Reise nach Afrika erwähnt[32]. Außerdem nimmt er eine Stellung als Redakteur bei dem sozialdemokratischen Presseorgan in Stuttgart, bei der »Schwäbischen Tagwacht« an, aber er schreibt auch vereinzelt Artikel über philosophische, nicht politische Fragen in der liberalen »Frankfurter Zeitung«.

32 Vgl. Anm. 2.

# Die große Wende durch den Ersten Weltkrieg

*Köster als ein Kriegsberichterstatter besonderer Art – Sein Verhältnis zu Oberstleutnant Nicolai, dem Chef der Nachrichten-Abteilung im Großen Hauptquartier*

Köster war zwar Sozialdemokrat, aber nichts deutete darauf hin, daß er eine parteipolitische Karriere anstrebte. Sein Unabhängigkeitsbedürfnis, das ihn weder in der Fessel der Fakultät noch für längere Zeit in der einer Redaktion gehalten hatte, ließ ihm ein Leben verlockend erscheinen, das die freie Schaffenswelt des Schriftstellers mit der unabhängigen Stellung eines freien Mitarbeiters an Zeitungen verband. Der Ausbruch des Weltkrieges, der für viele Männer seiner Generation einen radikalen Bruch mit der beruflichen Vergangenheit bringen sollte, gab Köster eine neue Chance für seine besondere Begabung.

Wegen eines Herzfehlers wurde Köster nicht zum Kriegsdienst eingezogen. Er ließ sich als Kriegsberichterstatter verpflichten. Während des ganzen Krieges arbeitete er im Westen und im Osten in dieser Eigenschaft für sozialdemokratische Zeitungen, vor allem für den »Vorwärts«, aber auch für das »Berliner Tageblatt«. Eine Auswahl dieser Kriegsberichte erschien in einer Reihe von Veröffentlichungen des Langen-Verlages in München und erreichte z.T. hohe Auflagen – so die Bücher »Der Tod in Flandern« (1916 – 6. Auflage), »Brennendes Blut« (1916 – 5. Auflage), »Wandernde Erde« 1917 und andere.

Die Kriegsberichterstattung Kösters zeichnet sich durch einen prägnanten unpathetischen Stil aus. Es gab keine »Erbfeinde« und keine Herabsetzung des Gegners in seinen Schilderungen. Der Krieg war für ihn eine zwar unausweichliche, aber harte und bittere Auseinandersetzung, bei der Freund und Feind in gleichem Maße litten. Wohltuend unterscheidet sich diese Berichterstattung von dem üblichen einseitigen vaterländischen Hurra-Patriotismus, dem auch bekannte ›Volksschriftsteller‹ wie Ganghofer, Walter Bloem, Rudolf Herzog und andere erlegen waren. Er weicht dem Grauen des Krieges nicht aus. Die Titelerzählung »Der Tod in Flandern«, Ende 1914 erschienen (!), berichtet von dem Sturm auf Langemark aus der Sicht von vier jungen Primanern. Die Schlußsätze dieser Schilderung wirken so ambivalent und erschütternd, als seien sie 1928 von Remarque und nicht 1914 von einem deutschen Kriegsberichterstatter unmittelbar nach dem Ereignis zu Papier gebracht worden:

»Einen Tag lang sprach Europa von der Tapferkeit der deutschen Jungmannschaft. Aber von den Tapferen selber hörten nur wenige ihr eigenes Lob. Und von den vier jungen Primanern kein einziger.

Budde Beermann lag mit offener Schädeldecke im feindlichen Graben. Den jungen Pens fand man mit durchschossener Brust dreißig Meter davor – sein Gesicht eine Grimasse. Frerichs hatte ein Zuavenmesser im Leib – seine Fäuste umklammerten wie Eisenringe den Hals seines erwürgten Gegners. Der Sohn des Pastors sah die Sonne dieses Tages aufgehn. Aber auch er sah ihren Untergang nicht mehr. Gegen Mittag schon starb er dem Arzt unter den Händen.

So starben die vier auf einen Schlag. Sie waren immer beisammen gewesen – nun auch im Tode. Sie waren sehr verschieden – nun waren sie alle gleich. Sie waren jung und tapfer – nun waren sie kalt und tot[33].«

Unmißverständlich wird der eigene Standpunkt dem Phänomen Krieg gegenüber in dem Vorwort eines Büchleins ausgedrückt, das er Ende 1914 mit dem damaligen sozialdemokratischen Reichstagsabgeordneten Noske zusammen verfaßte: »Kriegsfahrten durch Belgien und Nordfrankreich 1914«:

»Militärisch-strategische Interessen kamen für uns nicht sonderlich in Betracht. Noch beabsichtigen wir, Kriegsgreuel zu sammeln oder die Schrecken des Krieges durch mildernde Feuilletons vergessen zu machen. Wir wollten nichts weiter, als diese große Massenaktion, die man Krieg nennt, möglichst nahe und möglichst vorurteilslos auf uns wirken zu lassen – und zwar den Krieg nicht nur als militärisches, sondern auch als soziales Phänomen, in seiner Wirkung auf Wirtschaft und Staat, auf Land und Menschen, auf die Psyche der Sieger und Besiegten[34].«

Wenn man diese Sätze Kösters als eine Art Leitlinie für seine journalistische Arbeit im Kriege auffaßt, so kann festgestellt werden, daß er sich weder vom Rausch der Siegesparolen des Jahres 1914 noch von den Annektions- und Durchhalteparolen der späteren Jahre hat einfangen lassen. Er blieb der genau hinschauende Beobachter, der den Menschen in seiner Ausnahmesituation zu schildern hatte, mit seinen Ängsten, mit seinen Hoffnungen, mit seinen Wünschen. Deshalb sind Kösters Kriegsbücher noch lesbar. Deshalb konnte 1929, als Köster in Jugoslawien deutscher Gesandter wurde, in einer Belgrader Zeitung wörtlich abgedruckt der Kriegsbericht erscheinen, in dem Köster im Frühjahr 1916 die Einnahme von

33 Köster, Adolf: Der Tod in Flandern, München 1914, S. 28/29.
34 Köster-Noske: Kriegsfahrten durch Belgien und Nordfrankreich, 1914, S. 3.

Belgrad durch die Truppen der Zentralmächte geschildert hatte. Das serbische Blatt betonte dabei, daß es diesen Artikel ausgegraben und übersetzt habe als Beweis dafür, »wie der jetzige deutsche Gesandte in Jugoslawien auch mitten im Kriege objektiv über die erlebten Geschehnisse und über die feindlichen Truppen berichtet hätte[35]«.

Die Eigenständigkeit Kösters in seiner Kriegsberichterstattung, seine Artikel, die s. Zt. auch im »Berliner Tageblatt« erschienen und die durch die Sammelbände ein weites Echo im deutschen Publikum fanden, ließen ihn im Laufe des Krieges auch für die Oberste Heeresleitung als interessante und in der Publizistik einflußreiche Persönlichkeit erscheinen. Einige Zeit war er ins Große Hauptquartier abgeordnet worden. Seine hier verfaßten Berichte erschienen unter dem Titel »Die stille Front«. Eine persönliche Begegnung mit Hindenburg, die ihren Niederschlag in einer menschlich positiv wertenden Skizze im ›Berliner Tageblatt‹ fand, veranlaßte die Presse-Abteilung im Großen Hauptquartier zu einem werbenden Brief an Köster mit der Aufforderung, die sozialdemokratische Presse mit ähnlichen Artikeln zu versehen[36].

Der national gesinnte Sozialdemokrat wurde um so wertvoller, je länger der Krieg dauerte und je mehr es darauf ankam, die Massen der Arbeiterschaft zum »Durchhalten« und für deutsche Kriegsziele zu gewinnen. Im Nachlaß Kösters finden sich eine Reihe von Briefen aus dem Jahre 1917, die in der höflichsten und verlockendsten Form, verfaßt vom Chef der Abteilung III B im Großen Hauptquartier, Oberstleutnant Nicolai, versuchen, den Umworbenen auf die Seite der Durchhalte-Front zu ziehen. »Wirken Sie, so viel Sie können, gerade in Ihren Kreisen dahin, daß sich jeder der Forderung um einen Frieden um jeden Preis schämt und die Forderung nach einem absoluten Verzichtfrieden aus Klugheit und Erkenntnis der Weltlage unterläßt[37].« »Ich würde Wert darauf legen von Ihnen einmal eine Äußerung zu meinen Ansichten zu erhalten und ob Sie glauben, in dieser Richtung erfolgreich wirken zu können.«

Köster befand sich in keiner beneidenswerten Position. Auf der einen Seite brauchte er das Wohlwollen der militärischen Instanzen, um weiter so schreiben zu können wie bisher. Auf der anderen Seite war er aber nicht bereit, seine Gesinnung zu ändern, nur um sich dieses Wohlwollen zu erhalten. Der Briefwechsel zwischen dem »Chef« im Großen Hauptquartier und dem Kriegsberichterstatter wird fortgesetzt. Kösters Briefe sind nicht erhalten, aber seine Meinung ist deutlich aus den Briefen seines Partners festzustellen. Aus einem Schreiben vom 1. 7. 1917 geht hervor, daß Köster sich kritisch über umlaufende Annektionsprogramme geäußert und außer-

35 Berliner Zeitung ›Tempo‹, 19. 2. 1930.
36 Oberstleutnant Nicolai an Köster, Großes Hauptquartier 26. 9. 1916, Nachlaß Köster IV.
37 Siehe Anm. 36. Dies und das folgende: Großes Hauptquartier 1. 7. 1917.

dem ein pessimistisches Bild über die Stimmung in der Heimat aus eigener Anschauung gezeichnet hatte. Der Ton hierauf aus dem Hauptquartier ist kühler geworden. »Ich will nicht unterlassen, Ihnen von Mann zu Mann meine Antwort kurz zu übermitteln.« Hierbei scheiden sich die Anschauungen beider Männer trotz der noch vorhandenen Konzilianz in der Form. »Ich stimme Ihnen zu, daß der auf den Frieden starrende Blick des Volkes abgelenkt werden muß – aber nicht abgelenkt auf die friedliche Zukunft, auf die pflichtenreiche Gegenwart und in das harte haßerfüllte Auge unserer Feinde.« Mit einer fast komisch klingenden Phrase schlossen die Ausführungen: »Je länger der Krieg dauert, müssen wir alle wie ein Mann stehen und dem Feind in dieses Auge blicken.«

Nachdem Köster auch noch Kritik an »gewissen Vorkommnissen in Charleville«, dem Hauptquartier des Kronprinzen, geübt hatte, war er selbst der Meinung, daß seine Stellung als Kriegsberichterstatter ins Wanken geraten war. Am 2. 8. 1917 hatte deshalb Köster angefragt, ob man wegen der von ihm erhobenen Vorwürfe noch Wert auf seine Mitarbeit lege. Die Antwort aus dem Hauptquartier fiel gnädig aus (14. 8. 1917)[38]. Man wollte auf den einflußreichen, aber unbequemen Journalisten nicht verzichten. Es wurde zwar vermerkt, auf gewisse Fragen hinsichtlich des »Durchhaltens ...« ... »sind Sie mir immer noch eine Antwort schuldig«. Das aber könne dilatorisch behandelt werden – und wurde es offensichtlich auch. Wichtiger waren dem Pressechef »jetzt Männer ... die unabhängig sind und nicht gleich mit dem gedankenlosen Schlagwort ›Alldeutsch‹ außer Gefecht gesetzt werden können«. Köster konnte weiter bis zum Jahre 1918 unangefochten bei der Heeresgruppe Eichhorn im Osten verbleiben und zuletzt im Westen. Er lernte damals das Baltikum kennen und lieben, wie er es in einem Briefe ausdrückte, also dasjenige Gebiet, in dem er fünf Jahre später als deutscher Diplomat wirken sollte. Köster hatte in den vier Kriegsjahren dem Staate Wilhelms II. treu gedient, ohne von den Prinzipien seiner eigenen politischen Haltung etwas zu opfern.

Der Krieg ging zu Ende. Welche Zukunftspläne der geistreiche Intellektuelle mit dem Parteibuch der Sozialdemokraten für sich selbst aufgestellt hatte, kann quellenmäßig nicht belegt werden. Offensichtlich zog es ihn aus eigenem Antrieb nicht in das Zentrum der Macht nach Berlin, sondern in seine engere Heimat, in den Umkreis von Hamburg. In Blankenese hatte er inzwischen ein altes Fischerhaus aus dem 18. Jahrhundert erworben, es wohnlich eingerichtet für seine Frau, die Malerin, für sich und für die wachsende Kinderschar. Dieses schöne alte Haus mit Blick auf die Elbe blieb bei allem späteren Wechsel dieser Familie erhalten. Heute (1977) bewohnt es sein zweitjüngster Sohn.

38 Siehe Anm. 36. Großes Hauptquartier 14. 8. 1917.

# Ein neuer beruflicher Ansatz durch die Revolution 1918 Der Politiker Köster

*Hilfsarbeiter in der Reichskanzlei – Herausgabe der Waffenstillstands-Dokumentation – Vorarbeiten zu einem Ludendorffbuch*

Aber nicht künstlerische Intuition oder schriftstellerische Neigungen wie in der Vorkriegszeit sollten Kösters weiteres Leben in freier Arbeit bestimmen, sondern harte politische Aufgaben mit tagesbezogenen Zielsetzungen in einer dunklen Gegenwart. Kein schöngeistiges Werk wird seit dem November 1918, seit seiner Berufung als »Hilfsarbeiter« in die Reichskanzlei, mehr erscheinen, der literarische Schriftsteller ist verstummt, alles Spätere auf diesem Gebiet bleibt ein Torso. Der homo politicus Köster, der Handelnde, aber auch der Schreibende, beginnt seine Laufbahn.

Eine gute Vorschule, sich auf dem Parkett der Staatsinteressen zu bewegen, ohne auszugleiten, war die Zeit der Kriegsberichterstattertätigkeit gewesen. Ein sozialdemokratischer Journalist, der seine geistige Selbständigkeit bewahrt hatte, aber gleichzeitig sich der Bevormundung höherer Dienststellen im Großen Hauptquartier zu entziehen gewußt hatte, war durch eine schwierige diplomatische »Vor-Schule« gelaufen. Wie gefährlich das Parkett gewesen war, auf dem sich Köster bewegt hatte, mag folgende Meinungsäußerung beweisen, die sein ehemaliger Gesprächspartner Oberstleutnant Nicolai, der berühmte Chef der Nachrichtenabteilung (III B) beim Chef des Generalstabes des Feldheeres und damit oberster »Vorgesetzter« des Kriegsberichterstatters in seinen 1920 erschienenen Erinnerungen niedergelegt hat: »Mit Aufklärung oder geistiger Beeinflussung war bei der mit den zur bestehenden Staatsordnung im Widerspruch stehenden Führern gleichbedeutenden sozialdemokratischen Presse nichts zu erreichen. Ihr gegenüber konnte nur die rücksichstlose Anwendung der Machtmittel des im Lebenskampf stehenden Reiches Platz greifen[39].« Diese Nachkriegsaussage ist ein Beispiel mehr für den Aufbau jener »Schutzbehauptungen«, mit denen verantwortliche Männer der alten mili-

39 Nicolai, W.: Nachrichtendienst ... im Weltkrieg, Berlin 1920, S. 171.

tärischen Führungsschicht die Verantwortung für die »Schmach der Niederlage« dem »inneren Feinde« zuschieben mochten.

Daß Männer wie Adolf Köster, ähnlich wie Ulrich Rauscher, von der Zentrale der neuen Regierungsgewalt in Deutschland für die weitere politische Arbeit dringend benötigt wurden, ist verständlich. Beide stammten aus der dünnen Schicht jener Akademiker, die sich zur Sozialdemokratie bekannt hatten. Beide hatten sich als glanzvolle Journalisten schon ausgewiesen, und beide verfügten dank ihrer bisherigen Tätigkeit über persönliche Beziehungen, die weit ins bürgerliche Lager hinüberreichten. So wird Adolf Köster schon im November 1918 als »Hilfsarbeiter« in die Reichskanzlei berufen. Ein Vertrag in Weimar vom 28. 2. 1919 zwischen der »Regierung und Herrn Dr. Köster«, der die Unterschrift Scheidemanns trägt, sichert ihm eine jährliche Vergütung von 12 000,– M zu und das Recht »jederzeitiger Kündigung von beiden Seiten unter Einhaltung einer Frist von sechs Wochen[40]«. Diese erste lose Bindung an die zentrale Regierungsgewalt ist der Beginn des letzten Lebensabschnittes des 36-Jährigen und der Beginn einer glanzvollen, nur zehn Jahre dauernden politischen und diplomatischen Laufbahn.

Im Gegensatz zu Rauscher, der in seiner Stellung als Reichspressechef sofort in das breite Licht der Öffentlichkeit trat, verlief die Tätigkeit Kösters im Winter 1918/19 in Berlin und Weimar mehr im Verborgenen. In die Öffentlichkeit trat er nur, als er nach der Wahl Eberts zum Reichspräsidenten auf dem Balkon des Weimarer Schlosses das erste ›Hoch‹ auf das neue Staatsoberhaupt der Republik ausbrachte, eine Tat, die ihm im nächsten Jahre schon von einem Vertreter der Deutschnationalen im Reichstag vorgehalten werden sollte[41]. In der Reichskanzlei war er u. a. damit beauftragt worden, ein Dokumentarwerk über die Vorgeschichte des Waffenstillstandes herauszugeben[42]. Das Werk wird noch im Jahre 1919 ohne Verfassernamen erscheinen. Der bislang stets unter seinem Namen arbeitende Schriftsteller und Journalist hat in diesen schweren Wintermonaten eine wahre Sysiphusarbeit geleistet. Bändeweise wurden Köster in Abschriften die heute bekannten, damals noch zum größten Teil unbekannten Urkunden zur Vorgeschichte des Waffenstillstandes aus den Reichsämtern zur Verfügung gestellt. Was heute als historisches Quellenmaterial vorliegt, war damals ein Politicum von höchster Brisanz, da direkt und indirekt die Verantwortungsfrage im militärischen und politischen Handeln zum ersten Male dokumentarisch auf den Tisch gelegt wurde.

40 Nachlaß Köster – IV 3.
41 Vgl. Anm. 75. Verhandlungen der Nationalversammlung – Stenogr. Berichte. 167. Sitzung – 21. 4. 1920.
42 Dies und das folgende: Vgl. Nachlaß Köster – noch ohne Ordnungsnummer –

Für Köster selbst muß dieser Winter mit seiner Dokumentararbeit ein Stück Lernprozeß für sein politisches Weltbild gewesen sein. Er sieht die Anfänge der Vernebelungstaktik der bisher Verantwortlichen. Eine Reihe von späteren Artikeln und Flugschriften lassen sich inhaltlich auf diese Winterarbeit zurückführen. In seiner »Vorbemerkung« zu dieser Dokumentarsammlung spricht er eindeutig diese Meinung aus. »Die Veröffentlichung ist erforderlich geworden, um der Legendenbildung entgegenzutreten. Viele Kräfte sind an der Arbeit, die Wahrheit zu entstellen . . .« »Das Volk will die Wahrheit und jeder der Beteiligten hat Anspruch darauf.«

Köster konnte die Arbeit nicht vollenden, da er am 13. IV. 1919 zum deutschen Staatskommissar in Schleswig ernannt wurde. Arnold Brecht, der gerade Vortragender Rat in der Reichskanzlei geworden war, führte die Arbeit zu Ende. In einem Brief vom 14. 7. 1919[43] berichtete er über die schon damals vorhandenen politischen Schwierigkeiten bei der Herausgabe. Vom Kabinett seien Erzberger und Preuß mit der Durchsicht beauftragt worden. Einsicht erhielt Prinz Max, die Abgeordneten Gröber, Haußmann, v. Payer und Staatssekretär Hintze. Einzelne Dokumente seien ausgeschieden worden. »Kleine Streichungen sind auch deswegen vorgenommen, um dem Kaiser nicht während der schwebenden Auslieferungsfrage zu schaden.« . . .»Andererseits ist auf Wunsch von Erzberger anstelle Ihrer kurzen und amüsanten Vorbemerkung eine etwas langweilige Übersicht über den Inhalt der Sammlung gesetzt worden, die mangels Ihrer Anwesenheit ich verfassen mußte.«

Tatsächlich stammt der gedruckte erste Teil der Vorbemerkung noch von Köster[44]. Der Brechtsche Anteil ist ebenfalls ganz im Geiste Kösters gehalten, indem z. B. auf die volle Verantwortung der Obersten Heeresleitung einschließlich Ludendorffs bei der Herausgabe des Friedensangebots hingewiesen wird[45]. Welche Gegenkräfte die junge Republik offensichtlich fürchtete, geht aus dem oben zitierten Brief von Brecht hervor. Brecht spricht in seinem Brief von den »Alldeutschen« und »Ludendorff«. Wie stark diese Gegenkräfte vier Jahre später schon waren, zeigt die 2. Auflage der Dokumentensammlung, die 1923 unter dem Titel »Amtliche Urkunden zur Vorgeschichte des Waffenstillstandes 1918« erschien[46]. Der ›Fanfarenstoß‹ Kösters und die sachlich orientierende Einführung Brechts, die gesamte »Vorbemerkung« der ersten Auflage, waren weggelassen. »Einwendungen gegen die erste Auflage des Weißbuchs wurden besonders von General Ludendorff erhoben[47].«

43 Brecht an Köster – Weimar, 14. 7. 1919, Nachlaß Köster IV.
44 Vgl. Brecht, A.: Aus nächster Nähe, Stuttgart 1966, S. 280.
45 Brecht, A. – a.a.O., S. 277 ff.
46 Die erste Auflage war unter dem gleichen Titel 1919 erschienen.
47 Brecht, A. – a.a.O., S. 280.

Offensichtlich war es Köster, der durch seine Arbeit an den Urkunden zur Vorgeschichte des Waffenstillstandes, aber auch durch seine eigenen Erlebnisse an der Front nicht nur als einer der ersten Politiker der Republik einen tieferen Überblick über die Ereignisse gewann, die zum Waffenstillstand geführt hatten, sondern der auch bereit war, aus seiner Kenntnis heraus den Kampf gegen die Vernebelungstaktik und die beginnende »Dolchstoßlegende« aufzunehmen. Am 23. März 1919 erschien im »Vorwärts« ein umfangreicher Leitartikel »Ein falsches Datum« von Dr. Adolf Köster. Die Tendenz dieses Artikels kann mit dem Wort »Wehret den Anfängen« umschrieben werden, nämlich einer Legendenbildung um die Niederlage. Köster tritt scharf dem ersten Interview, das Ludendorff nach seiner Rückkehr aus Schweden einem Vertreter der deutschen Presse gegeben hatte, entgegen. »Das falsche Datum«! Nicht der 8. VIII. 1918, wie Ludendorff behauptet, sei die Schicksalswende Deutschlands, der Tag, an dem einige deutsche Divisionen der feindlichen Übermacht nicht mehr standhielten, an dem es nach Ludendorffs Auffassung Disziplinlosigkeiten gegeben hatte, an dem nicht mehr so gekämpft worden war, wie es zu erwarten gewesen wäre. K. weist nach als der Fachmann, »der die Dinge miterlebte – wenn er sie auch nicht öffentlich schreiben durfte«. Seit dem 15. Juli 1918, seit der großen Niederlage beiderseits Reims, war der Krieg endgültig verloren. »Die blutige Rückzugsschlacht ... wurde das Grab des deutschen Siegesglaubens. Wer die Truppe bei jenem Rückzug miterlebt hat, weiß es.« Aber auch hohe und höchste militärische Stellen wußten das gleiche.

Eindeutig weist Köster auf die wahren Verantwortlichen dieser Niederlage hin. Es waren nicht die Soldaten am 8. August 1918, die nicht mehr die Kraft zum Durchhalten aufbrachten. Es war die Schuld der Obersten Heeresleitung, die die eigenen Kräfte stark überschätzt hatte. Die »Suche nach dem Verräter«, die »Hetze der rechtsstehenden Blätter«, der »bemerkenswerte Versuch General Ludendorffs, ... eine gefährliche Legende« zu decken, zwingt jeden, »der den Dingen nahe stand, das Schweigen zu brechen«.

Die Gefährlichkeit des Komplexes Ludendorff, des großen Soldaten, der in diesen Monaten nach der Niederlage für viele Deutsche zum Mythos des verratenen Siegfrieds zu werden drohte, wurde von Köster erkannt. Sein intensiver Versuch zu einer »Entmythologisierung« Ludendorffs zu kommen, ist leider nicht realisiert worden. Die Last des neuen Amtes hat es verhindert. Köster hatte die Absicht, nach Fertigstellung des Urkundenwerkes, das als offizielles Quellenwerk der Reichsregierung erschien, ein nun mit seinem eigenen Namen herausgehendes Begleitbuch zu schreiben, das sich vor allem mit dem Wirken und der Persönlichkeit Ludendorffs beschäftigen sollte.

Im Nachlaß Kösters fand sich das Manuskript des Vorworts (drei Schreibmaschinenseiten) und ein Stück des Einleitungskapitels (sieben Schreibmaschinenseiten). Offensichtlich hat Köster noch als Staatskommissar in Schleswig an der Schrift gearbeitet. Dem Vorwort nach hätte das Manuskript abgeschlossen sein müssen. Dort heißt es: »Das Buch ist geschrieben im Schlosse zu Weimar zwischen Krieg und Frieden, im Stimmengewirr der Deutschen Nationalversammlung. Es ist beendet in Schleswig, zwischen Dänischen und Deutschen, in den Tagen, wo aus blutendem Schoß sich ein neues Deutschland gebiert.« Die Kompetenz zum Schreiben ergibt sich aus der Unterschrift »Dr. Adolf Köster ehemaliger Kriegsberichterstatter, zurzeit Staatskommissar für die Provinz Schleswig[48]«.

Es ließ sich bisher nicht feststellen, ob die hier gefundenen Manuskriptteile Bruchstücke eines bereits fertigen Manuskripts waren oder ob der vorhandene Manuskripttorso wirklich alles ist, was Köster geschrieben hatte und daß sein »Vorwort« der Durchführung der Niederschrift vorausgeeilt war. Immerhin ist dem Manuskriptbruchstück klar zu entnehmen, was Köster beabsichtigte und welche Rolle er Ludendorff zumaß. »Diese Schrift ist eine politische Streitschrift. Sie will eine Legende im Keime ersticken helfen, die für das künftige Nationalbewußtsein des deutschen Volkes verderblich ist.« Der Tenor dieser Schrift und auch der in den folgenden Jahren noch von Köster publizierten Veröffentlichungen kann aus heutiger Sicht für das Jahr 1919 als prophetisch bezeichnet werden. »In fünfzig Jahren wird jedermann klar sehen, daß wir durch Blockade und Übermacht seelisch und militärisch bezwungen sind, daß auch der ›Dolchstoß aus der Heimat‹ in Wahrheit der Dolchstoß des englischen Hungerkrieges war.«

Die großartige Charakteristik Ludendorffs durch Köster hält sich fern von einseitiger Polemik. Sie versucht, diesen großen »Menschenverbraucher« in der Art eines Psychogramms zu analysieren. Der außerordentlich einseitigen Begabung des nur in militärischen Kategorien denkenden Strategen wird sein völliges Unvermögen, die moderne politische Welt und ihre Machtverhältnisse zu verstehen, gegenübergestellt. »Seine Fehler, die immer größer wurden, lagen in seinem totalen Mangel am Verständnis derjenigen politisch seelischen Gewalten, die heute die Welt beherrschen.« ... »Darum konnte er Nikolajewitsch und Foch auf dem Schlachtfelde besiegen, aber gegenüber Wilson mußte er ebenso unterliegen, wie der Chef seiner Nachrichten-Abteilung von Lord Northcliffe geschlagen werden mußte.« Die letzte Bemerkung bezieht sich auf Oberstleutnant Nicolai, auf dessen ambivalentes Verhältnis zu Köster schon hingewiesen wurde. Diese nach Form und Inhalt bestechende kritische Betrachtung Ludendorffs aus dem Jahre 1919 von einem Manne, der ihn aus der Nähe

48 Dies und das folgende: Nachlaß Köster – noch nicht registriert –.

im Großen Hauptquartier erlebt hatte, wäre es wert, auch noch nach fast 60 Jahren ihrer Entstehung gedruckt zu werden.

Der arbeitsreiche Winter am Sitz der Nationalversammlung in Weimar mit der Zusammenstellung der Dokumentensammlung, mit der ersten Dolchstoßlegende war nicht nur für den äußeren Lebensweg Kösters von entscheidender Bedeutung, sondern er vollendete auch die geistige Umformung des Mannes. Aus dem Philosophen, dem Literaten, dem Journalisten, der zwar auch politisch engagiert war, aber letztlich noch aus dem schöngeistigen Bereich gelebt hatte, wie selbst seine »Kriegsschriften« beweisen, wurde jetzt der handelnde Politiker, der politische Schriftsteller, der sein politisches Handeln der Reflexion durch das geschriebene Wort unterwarf. Diese zweite Lebensphase Kösters sollte 3 1/2 Jahre dauern. Sie wurde dann abgelöst, nachdem Köster in dieser kurzen Zeit zweimal eines der höchsten politischen Ämter, das eines Reichsministers, inne gehabt hatte, durch die letzte Phase, die Zeit des beamteten Diplomaten Köster.

### *Preußischer Geschäftsträger in Hamburg – Versuch einer »Reichslösung in der Groß-Hamburger-Frage«*

Die Weimarer Episode wurde beendet durch eine Einweisung der Preußischen Staatsregierung in zwei Ämter[49]. Köster wurde zum Preußischen Staatskommissar in der Provinz Schleswig-Holstein ernannt und »gleichzeitig vorübergehend mit der Wahrnehmung der Geschäfte des preußischen Gesandten bei den Hansestädten und bei den Freistaaten Mecklenburg-Schwerin und Mecklenburg-Strelitz beauftragt.« Der zweite Posten ist entschieden der weniger wichtige. Der letzte etatmäßige preußische Gesandte bei den Hansestädten, ein Herr von Bülow, war 1915 gestorben. Seitdem wurde die Stelle nur interimistisch verwaltet, während der Revolutionszeit sogar nur durch den Kanzler der Gesandtschaft. Die Bedeutung Hamburgs als Hafen und Wirtschaftszentrum und die innenpolitisch prekäre Situation im Winter 1918/19 mit der Gefahr einer kommunistischen Machtergreifung und gewisser, zum mindesten handelspolitischer separatistischer Bestrebungen von der Stadt[50] ließen es in Berlin geraten erscheinen, wieder einen Beobachter am Ort zu haben. Zuerst wurde der Namensvetter Kösters, Legationsrat Dr. Roland Köster, aus Den Haag kurzfristig abgeordnet. Offensichtlich war aber dessen Tätigkeit in Den

49 Text der Weisung: [Preußische Staatsregierung] StR 7575, Berlin 27. 4. 1919 Unterschrift »Hirsch« [Präsident der Staatsregierung], Nachlaß Köster IV 3.
50 Vgl. AA Hamburg 1 – Innenpolitische Zustände –.

Haag, das gerade damals unter der Leitung des Gesandten Rosen, des späteren Außenministers, eine wichtige Schaltstelle deutscher Außenpolitik für die neutrale und für die noch feindliche Welt war, so wichtig, daß für Hamburg eine andere Lösung gefunden werden mußte. Es bot sich an, den Preußischen Staatskommissar für Schleswig-Holstein mit dieser Aufgabe zu betrauen, da durch die revolutionären Ereignisse auch die Frage einer Neugliederung der Bundesstaaten in Norddeutschland akut geworden war. Es ging um die Groß-Hamburg-Frage, um die mögliche Erweiterung des Staatsgebiets auf Kosten Preußens, um die Eingliederung von Harburg, Wandsbek, Altona und um die Erweiterung des Hafengebietes. Die verschiedensten Vorstellungen von kleineren und größeren Lösungen etwa bis hin zur Schaffung eines Unterelbestaates wurden heftig diskutiert, auch in den noch vorhandenen Arbeiter- und Soldatenräten[51].

Köster, der Mann aus holsteinischer Familie, der in Hamburg aufgewachsen war und im holsteinischen Blankenese seinen Wohnsitz hatte, schien deshalb besonders geeignet, die Interessen Schleswig-Holsteins nicht nur in der Abstimmungsfrage Dänemark gegenüber zu vertreten, sondern auch als Makler des Ausgleichs gegenüber Hamburger Gebietswünschen aufzutreten. Im Gegensatz zu seinem Namensvetter Roland Köster, dessen Tätigkeit in Hamburg einen lebhaften Niederschlag in Berichten an das AA über die inneren Zustände Hamburgs, besonders aber über die Verfolgungen gewisser separatistischer Bewegungen in der Hansestadt gefunden hatte, stand für Adolf Köster das Hamburger Amt ganz im Schatten seiner Tätigkeit als Staatskommissar in Flensburg. Daß er die Hamburger Angelegenheiten, besonders aber die Groß-Hamburg-Frage, trotzdem im Auge behielt, beweist die Niederschrift über eine Sitzung im Preußischen Staatsministerium[52].

Die Sitzung war auf Veranlassung Kösters einberufen worden. Der preußische Unterstaatssekretär Göhre leitete die Verhandlungen. Anwesend waren hohe Beamte der verschiedenen preußischen Ministerien. Nachdem sich Köster vergewissert hatte, daß Preußen in der Groß-Hamburg-Frage noch nicht auf eine Lösung festgelegt war, brachte er seine Vorstellungen zu Gehör, die der damaligen Zeit weit vorauseilen und bis zum heutigen Tage nicht realisiert worden sind. Der Staatskommissar weiß aus eigener Erfahrung, daß jede Gebietsvergrößerung Hamburgs den heftigsten Protest der schon durch Gebietsabtretungen an Dänemark bedrohten Provinz Schleswig-Holstein hervorrufen mußte. Auf der ande-

51 Vgl. Staatsarchiv Hamburg – Auswärtige Angelegenheiten I B 1. g. 1. Erweiterung des Hamburger Staatsgebiets. Eine Untersuchung über diese »Großhamburgfrage« in der Übergangszeit 1918/19 ist von dem Hamburger Staatsarchivdirektor Dr. Loose zu erwarten.

52 St R 606 »Verhandelt Berlin, d. 7. 10. 1919«, Nachlaß Köster IV 3.

ren Seite war ihm klar, daß die verwaltungsmäßige Erweiterung der von preußischem Gebiet umklammerten Hafenstadt ein Gebot der Vernunft war. Geschehe diese Vergrößerung im Sinne der Schaffung eines Groß-Hamburger Einzelstaates, so glaube er, daß »ein gekräftigter Hamburger Partikularstaat eine Gefahr für die deutsche Reichseinheit ist.«

In dieser Äußerung steckt ein Stück politischen Glaubensbekenntnisses. Das partikulare Denken in deutschen Einzelstaaten ist für Köster ein überwundener Standpunkt. Sein Vorschlag lautet, Hamburg mit den vernünftigen Grenzen eines großen Verwaltungsbezirkes möge vorerst in Preußen aufgehen als eine eigene Provinz. Dadurch würde auch die Aufgabe schleswig-holsteinischen Gebietes weniger schmerzlich empfunden. Der nächste Schritt allerdings müsse das Aufgehen Preußens im Reich sein. Hamburg würde dann in der Endstufe eine Reichsprovinz werden. Die Territorialstaaten lehnte er als »kleinlich und reaktionär« ab.

Die Preußische sozialdemokratische Regierung aber dachte noch genau so partikular wie die königlich preußische Regierung. Man stand allen Auflösungstendenzen des Freistaates Preußen zu Gunsten einer Reichsregelung feindlich gegenüber. Für den ersten Schritt wurde die Zusage erteilt, man möge allerdings vorsichtig arbeiten. Was den preußischen Sozialdemokraten nicht zugemutet werden sollte, die Forderung nach der Auflösung Preußens, wurde den Hamburger Genossen empfohlen: »Man werde es begrüßen, wenn die Mehrheitssozialisten, welche in Hamburg zur Zeit die regierende Partei seien, den Wunsch auf Angliederung ... bringen.« Köster schwieg hierzu. Er war so weit schon taktischer Politiker, daß er sich mit der Billigung des ersten Schrittes begnügte, wohl wissend, daß die große Lösung der Reichsreform weder in diesem Gremium noch in dieser Zeit zur Entscheidung stehen konnte. Um die preußischen Genossen nicht allzu sehr vor den Kopf zu stoßen, fügte er zwar hinzu, daß die weiteren Zukunftspläne bei »preußischen und hamburgischen Freunden« auf viel weniger Widerstand gestoßen seien als erwartet, aber diese Fragen seien »an ihn« ... » ... wegen seiner starken Inanspruchnahme durch die nordschleswigische Aufgabe nur peripherisch herangetreten«.

Kösters stark ausgeprägte Heimatliebe, seine enge Bindung an Hamburg ließen ihn zu keiner Stunde zum Hamburger oder auch zum schleswig-holsteinischen Partikularisten werden. Der Einsatz für den deutschen Gesamtstaat ging allen anderen Überlegungen voraus. Die Hamburger Frage hat den Politiker Köster auch in den kommenden Jahren nach wie vor beschäftigt. Bei seiner starken Belastung durch die Reichsämter konnte sie allerdings nur »peripher« sein. Zweimal äußerte er sich noch publizistisch zu dem Komplex.

Das erste Mal als »Reichsminister a. D.« mit einem großen Artikel, der am 5. und 6. Oktober 1920 im »Hamburger Echo«, der sozialdemokratischen Zeitung der Hansestadt, erschien. Typisch für ihn ist der politische Wunsch, das »einheitliche Reich, das mit revolutionären Mitteln zu schaffen, versäumt worden, methodisch mit legalen nachträglich zustande zu bringen«. Trotz aller optimistischen Hoffnungen weist der Artikel aus, daß ohne die Einsicht Preußens eine vernünftige hamburgische Lösung nicht zu finden ist. Die Zeit des »revolutionären Selbstbestimmungsrechtes« ist vorbei. Auch die Zeit, in der man hoffte, »daß das Reich die Machtbefugnis erhielt, von sich aus selbstherrlich die Neugliederung der deutschen Länder vornehmen zu können«, ist vorbei.

Köster ist Realist und weiß, daß die Phase des zweiten Schrittes, von der er nach 1919 träumte, nicht kommen wird. Der alte Landespartikularismus hatte gesiegt. Nichts geht gegen Preußen mehr. Nur ein Vernunftsausgleich mit finanzieller Hilfe des Reiches ist noch möglich. »Es handelt sich nämlich zwischen Hamburg und Preußen nicht um Macht und Konkurrenz, sondern um Zweckmäßigkeit und Zusammenarbeit für ein hohes Ganzes ...« »Nicht um die Minderung oder Mehrung des hamburgischen oder preußischen Staatsgedankens, sondern um den Triumph des Reichsgedankens« geht es. Der ganze Tenor des Artikels ist ein Appell, in wirtschaftlich vernünftigen Kategorien zu denken. Fast verzweifelt klingt der Schluß: »Es ist eine *deutsche* Angelegenheit. Entweder wir wollen sie – dann gibt es für jeden Politiker, der die Dinge nüchtern sieht, keinen anderen Weg als den eben beschriebenen. Oder wir haben sie nie ernsthaft gewollt – dann ist Groß-Hamburg ein kurzlebiges Phantom der Revolution gewesen, das so schnell wie möglich aus der öffentlichen Diskussion verschwinden soll.«

Wieder ein Jahr später schrieb jetzt der zum Innenminister ernannte »Dr. Adolf Köster, M. d. R., Blankenese« einen Artikel über den gleichen Fragenkreis, diesmal nicht in einer Tageszeitung, sondern im »Handbuch der Politik[53]«. Das politische Fernziel Kösters ist der »deutsche Einheitsstaat«, der allerdings nicht mit dem französischen Zentralstaat verwechselt werden darf. »Historische Grenzen innerhalb Deutschlands dürfen nicht einem wirtschaftlichen oder politischen Schematismus zuliebe zerschlagen werden.« In der Antithese heißt es dann: »Aber wir werden die Grenzen so zurückbiegen, so verlegen müssen, daß sie den wirtschaftlichen und politischen Bedürfnissen des *gegliederten* Einheitsstaates nicht zuwider sind.« Bitter stellt der Politiker Köster fest, daß die Stunde der Revolution, in der alles fließend hätte sein müssen, »dem Problem der Neugliederung des deutschen Bundesstaates ... vollkommen hilflos gegenüberstand«.

Er schont seine Partei bei dieser Feststellung keineswegs. »Wir erlebten

53 Köster, A.: Groß-Hamburg, ein Kapitel deutscher Neugliederung, im Handbuch der Politik, 6. Bd., Berlin 1922, S. 354/357.

Revolutionsführer, die durch Pflege eines kleinbürgerlich-radikalen Partikularismus dem Einheitsgedanken schwersten Schaden antaten.« Auch für Köster blieb jetzt nur noch der Weg des langen Verhandelns mit Preußen über gewisse preußische Gebietsabtretungen. Am deutlichsten wird in diesem Artikel »Groß-Hamburg« sein Zukunftsplan umschrieben, der auf keinen Fall in einen »Mittelstaat« Hamburg einmünden soll. Ihm schwebt der Gedanke eines »Reichshafen Hamburg« vor – dieses Groß-Hamburg soll wegen seiner für das gesamte Reich wichtigen Bedeutung vom Reich ausgebaut werden und nur den Reichsinteressen dienen, nicht etwa den »spezifischen Interessen des bisherigen Hamburg und der in ihm wirtschaftlich herrschenden Schichten«. An Preußen ergeht die Aufforderung, »seine historische Aufgabe, nämlich die wirkliche Einheit des Reichs zum zweiten Male und solider als das erstemal zu schaffen«.

Ist Köster ein Utopist? Sicherlich nicht im Erkennen einer zukünftigen Lösung des Problems. Sein wiederholter Appell an die Opferbereitschaft Preußens mag utopisch erscheinen. Auch Köster mußte wissen, daß das »rote« Preußen genau so wenig bereit war, territoriale Opfer zu bringen wie das königliche Preußen, in dessen Endphase das Problem schon diskutiert worden war. Kösters Plan mußte also zwar utopisch erscheinen, er beweist aber auch, daß unter Umständen die Forderung nach einem hochgesteckten Ziel die Grundlage für eine spätere Kompromißlösung sein kann. Weder Köster noch die Weimarer Republik haben eine Lösung dieser Frage erlebt. Erst die Diktatur Hitlers holte hier eine versäumte Revolutionslösung nach – allerdings unter ganz anderen Vorzeichen. Für den Demokraten und Tatmenschen Köster muß es eine harte Enttäuschung gewesen sein – und in dem hier zitierten Artikel klingt das deutlich an – eine notwendige wirtschaftliche und politische Lösung an dem Unvermögen der Politiker, in neuen Kategorien zu denken, scheitern zu sehen.

## *Preußischer Staatskommissar in der Provinz Schleswig-Holstein und deutscher Reichskommissar für die Abstimmung in Schleswig – Kösters politische Haltung in der Abstimmungszeit – Erster sichtbarer Erfolg Kösters*

Bei allem Interesse Kösters für die Groß-Hamburg-Frage und dem nicht zu unterschätzenden Engagement, eine auf die künftige Reichseinheit zugeschnittene Gebietslösung im norddeutschen Raume zu finden, stand diese politische Tätigkeit genau so wie die Wahrung des preußischen Gesandtenpostens doch im Schatten des eigentlichen Hauptamtes. Am 24. IV. 1919 war Köster zum »Preußischen Staatskommissar in der Provinz Schleswig-Holstein« ernannt worden. Dem politischen Neuling war damit eine innen- und außenpolitisch gleichermaßen verantwortungsvolle Aufgabe übertragen worden. Es ging um die Wahrnehmung der deutschen Interessen bei der Vorbereitung und Durchführung der ersten Volkstumsabstimmung in einem deutschen Grenzgebiet. Delikat war die Aufgabe für die deutsche Seite, weil man sich nicht auf einen einseitigen Zwangsakt, der durch den »Unrechtsfrieden« von Versailles aufgebürdet worden war, berufen konnte. Es ging vielmehr darum, das Unrecht, das Dänemark durch den »vergessenen« Artikel V des Prager Friedens erlitten hatte – durch das nicht eingehaltene Versprechen der Volksabstimmung im Norden der Provinz –, wieder gutzumachen. Zwar hatte der letzte kaiserliche Staatssekretär des Äußeren Dr. Solf am 24. 10. 1918 bestritten, daß der Artikel V des Prager Friedens noch rechtsverbindliche Kraft besäße, aber gleichzeitig erklärt, daß die deutsche Regierung das von ihr angenommene Wilsonsche Programm nach allen Seiten hin loyal und im Sinne voller Gerechtigkeit und Billigkeit erfüllen werde[54].

Der Weisung der Preußischen Staatsregierung an den »Preußischen Staatskommissar in der Provinz Schleswig-Holstein« Köster ist ein Hauch von Pathos und Würde nicht abzusprechen. In *einem* groß angelegten Einleitungssatz wird der ideelle Anspruch dieses Amtes umfassend erläutert: »Ihre Aufgabe ist, für die Wahrung des preußisch-deutschen Besitzstandes – besonders im Hinblick auf eine Abstimmung in Nordschleswig – mit aller Kraft an Ort und Stelle zu wirken, der bedrohten deutschen Bevölkerung mit Rat und Tat in gemeinsamer Arbeit mit ihren Ausschüssen beizustehen, die dänische Werbetätigkeit abzuwehren, das gesamte Deutschtum der Provinz zusammenzufassen und sein Zugehörigkeitsgefühl zu stärken[55].«

Im Rahmen dieser Skizze kann nicht die Geschichte des Abstimmungskampfes in Schleswig noch einmal geschildert werden, es soll nur kurz auf die Hauptschwierigkeiten hingewiesen werden, mit denen Köster als deutscher Staatskommissar, dem gleichzeitig in diesem konservativen Lande der Geruch des roten Revolutionärs anhing, zu kämpfen hatte. Eindeutig war die erste Front abgezeichnet gegen den »dänischen Gegner«. Hier galt es, die dänischen Gebietsansprüche, die sich im Laufe des Jahres 1919 immer mehr auch auf Mittelschleswig erweiterten, zurückzuweisen.

Köster stellte bald fest, daß die Propaganda hier »weniger mit ihren historischen als mit ihren ökonomischen Argumenten wirkte[56]«. Daß

54 Vgl. für die folgende Darstellung: Köster, A.: Der Kampf um Schleswig, Berlin 1921.
55 Vgl. Anm. 49.
56 Köster, A.: Der Kampf um Schleswig, Berlin 1921, S. 88.

während der Besatzungszeit durch die Internationale Kommission, unter deren Kontrolle die Abstimmung erfolgen sollte, keine deutsche Verwaltungsposition unnötig im Lande geräumt werden durfte, stellte Köster in einem Telegramm vom 16. VIII. 1919 dem AA gegenüber noch einmal mit Nachdruck fest. Es sei unbedingt notwendig, »daß alle Eisenbahn-, Bank- und Postbeamten auch die Spitzen, sowie die Kreisschulinspektoren sämtlich auf ihren Posten bleiben«. Auch die alte Zollgrenze gegen Dänemark müsse bestehen bleiben, da die Internationale Kommission »zunächst gar keine wirtschaftlichen Befugnisse habe[57]«. Dieses eine Beispiel mag für viele andere stehen, aus denen hervorgeht, wie Köster bemüht ist, keine deutsche Position zu frühzeitig zu räumen.

Mit der letztgenannten Forderung nach Aufrechterhaltung der Zollgrenze nahm Köster auch den Kampf gegen den Versuch auf, eine massenhafte Verschiebung deutschen Eigentums, das den Folgelasten des verlorenen Krieges entzogen werden sollte, zu verhindern. Daß Köster bereit war, auch dort Verantwortung zu tragen, wo sie eigentlich außerhalb seines »Ressorts« lag, bewies er gerade im Kampf an dieser Nebenfront der Wirtschaftsschiebungen. »In Nordschleswig schleiften vom Frühling [1919] an die Zügel staatlicher Ordnung in jeder Beziehung am Boden. Ich habe mich um diese Dinge mitkümmern müssen, weil manchmal niemand da war, der sie entschlossen in die Hand nahm[58].« Er faßte seine Rolle als Staatskommissar nicht auf als die eines hohen Verwaltungsbeamten, der von der Zentrale aus ›verfügte‹, sondern als Treuhänder einer Provinz, der bemüht ist, die Entscheidungen möglichst ›vor Ort‹ zu fällen. Es waren »Monate ewiger Fahrten gewesen«. ... »Ich habe wenige Akten und wenige Beamte gehabt. Mein Büro habe ich zuerst mit einer, später mit drei Hilfskräften geführt. Es wurde wenig geschrieben bei uns, viel telegraphiert, das meiste an der Strippe erledigt. Wo es irgendwie wichtiges gab, war ich persönlich zugegen.«

Kompliziert und heikel war die Stellung Kösters dadurch, daß es in der Abstimmungszeit nicht nur um die Frage deutsch oder dänisch ging, sondern auch innerhalb der deutschen Bevölkerung um das Problem deutsch ›ja‹, aber unter der Flagge Schleswig-Holsteins, wobei keineswegs klar war, ob es sich um eine Absetzbewegung von Preußen handelte oder um einen selbständigen ›Kanalstaat‹. Diese Strömungen gewannen in der Zwischenzeit zwischen Waffenstillstand bis zur Versailler Entscheidung offensichtlich an Boden. Köster betrachtete sie sehr genau. Der Ruf nach einem »ungeteilten Schleswig-Holstein« war nach seiner Meinung in gefährliche Nähe einer schleswig-holsteinischen Separationsbewegung geraten. Besorgt notiert er noch rückschauend. »Die ›Temps‹ tritt wiederum

57 AA – Delegation Köster, Schleswig-Holstein, Telegrammwechsel.
58 Dies und das folgende: Köster, A.: Kampf um Schleswig, a.a.O., S. 144.

für einen schleswig-holsteinischen Kanalstaat ein, der im Norden von Dänemarks neuer Südgrenze, im Süden von der ehemaligen Grenze zwischen Holstein und Lauenburg begrenzt sein würde (14. III. 1919).« Er vermutet, daß hierbei England die Hand im Spiel gehabt habe, um den freien Zugang zur Ostsee zu sichern. »Bei dem Kampf um den Kanalstaat Schleswig auf der Pariser Friedenskonferenz scheint England eine Zeitlang der Hauptinteressent, Amerika immer der Gegenspieler gewesen zu sein (29. III. 1919)[59].« Auch das AA unterschätzt diese Gefahr keineswegs. Kurz vor der Abstimmung in der zweiten Zone wird der deutsche Geschäftsträger in Paris auf diese Gefahr, die eventuell bei den nächsten Entscheidungen auftreten könnte, hingewiesen, und zwar auf den wieder erstarkten Autonomiegedanken in Schleswig-Holstein und auf Bestrebungen »auf die eventuelle Errichtung eines Freistaates Flensburg analog Danzig. Wahrscheinlich stecken hinter beiden Bewegungen englische Intrigen, da auf diese Weise ein englisches Festsetzen an der Ostsee bedeutend erleichtert würde[60].«

Im Widerstreit der Meinungen war Kösters Politik einfach und klar. Seine Devise lautete: »Den Deutschen, was deutsch, und den Dänen, was dänisch ist[61].« Seine verbindliche, aber klare Art im Umgang mit Menschen sollte sich hier genau so bewähren wie in der Zeit des Krieges im Großen Hauptquartier. Mit dem preußischen Verwaltungsapparat, besonders mit einer Reihe von Beamten und Landräten, »deren völlig andere politische Gesinnung mir bekannt war«, kam er sachlich und persönlich gut aus, bei der Sozialdemokratie gab es ohnehin keine Schwierigkeiten. »Die Flensburger Sozialdemokratie ist für die Haltung der Arbeiterschaft im ganzen Abstimmungsgebiet maßgebend gewesen[62].« Sie hatte von vornherein sich für das »nationale Selbstbestimmungsrecht der Dänen und Deutschen entgegen der Theorie vom ungeteilten Schleswig-Holstein« eingesetzt.

Auch Schleswig-Holsteins Bauern waren nach Kösters Erfahrung den Gedanken der Nationalpolitik gegenüber aufgeschlossener als die Ritterschaft, die »ausnahmslos auf dem starren Protestlerstandpunkt« verharrte[63]. Bei aller Verbindlichkeit in der Form konnte Köster aber dort hart und kompromißlos sein, wo er annehmen mußte, daß politische Torheit und Rückständigkeit in den eigenen Reihen den Erfolg der deutschen

59 Köster, A.: Kampf um Schleswig, a.a.O., S. 46/47.

60 AA – Berlin 29. 2. 1920 – Geheim Nr. FP $\frac{2385}{1620}$

An deu. Geschäftsträger Paris Dr. Mayer –. AA – Deutsche Friedensdelegation Versailles (Schleswig Bd. 1).

61 Köster, A.: Kampf um Schleswig, a.a.O., S. 47.

62 Köster, A.: Kampf um Schleswig, a.a.O., S. 137.

63 Köster, A.: Kampf um Schleswig, a.a.O., S. 45.

Aufklärungskampagne in den Fragen der Abstimmung schaden würden. Seine Auseinandersetzung mit dem »Deutschen Ausschuß« in Apenrade, der eine Abstimmung in Nordschleswig verhindern wollte oder, wenn dieses nicht möglich sei, eine Abstimmung en bloc für ganz Schleswig forderte, um von vorneherein eine deutsche Mehrheit zu sichern, brachte ihn in den extrem nationalistischen Kreisen in den Geruch des »Dänenfreundes«. Noch nach der Abstimmung und nach Erscheinen seines Erinnerungsbuches im Jahre 1921 wird in einem Pamphlet »Der Deutsche Ausschuß und Dr. Köster« von »Dr. Kähler – Apenrade« der ehemalige Staatskommissar in seiner politischen Haltung scharf angegriffen. Seine sachlichen Entscheidungen wurden rein persönlich ausgewertet mit der simplen Schlußfolgerung: »Er wollte nicht andere Götter haben neben sich[64].«

Dieses mochte im Politischen schon stimmen, vor allen Dingen an jenem schicksalhaften 13. März 1920, als einen Tag vor der Abstimmung morgens um 8 Uhr die Nachricht in Flensburg eintraf, daß die Regierung durch den Kapp-Putsch gestürzt sei und »der ›Deutsche Ausschuß‹ ein ihm zugegangenes Danktelegramm des Kapp-Oberpräsidenten Lindemann veröffentlichte[65]«. Köster charakterisiert den Beginn der ihm aufgezwungenen Notsituation mit dem nüchternen Satz: »Indem die Telegramme des Herrn Kapp in meinen Papierkorb wanderten, arbeiteten wir eben *ohne* eine deutsche Regierung weiter.« Der Nachrichtendienst wurde vom Staatskommissar selber in die Hand genommen, die Bevölkerung wurde durch eine Reihe von Mitteilungsblättern über die Entwicklung der Lage aufgeklärt und alle Parteien für einen Solidaritätsbeschluß in der Frage der nationalen Geschlossenheit gewonnen. An diesem 14. März 1920, der zu einem großen Abstimmungssieg der deutschen Bevölkerung in der zweiten Zone, vor allem aber in der hart umkämpften Stadt Flensburg führte, hatte der deutsche Staatskommissar Dr. Köster bewiesen, daß der ehemalige Privatdozent für Pädagogik, daß der nicht erfolglose Schriftsteller und Literat in seiner Entwicklung zu einem Politiker gereift war, der sich in einer besonderen Ausnahmesituation bewährt hatte.

Ein Stück des Geheimnisses seines Erfolges mag darin zu sehen sein, daß er stets den Maßstab für das Mögliche ansetzte, dann aber dieses mögliche Ziel auch beharrlich verfolgte. Was er an einigen seiner dänischen Gegnern hochschätzte, besonders bei H. P. Hanssen, dem ehemaligen Reichstagsabgeordneten der dänischen Minderheit im Deutschen Reichstag und jetzigen dänischen Führer in Nordschleswig, war dessen Kampf für eine vernünftige Entscheidung gegen den ausbrechenden Chauvinismus

64 Kähler-Apenrade: Der deutsche Ausschuß und Dr. Köster, Apenrade o.J., S. 24.

65 Köster, A.: Kampf um Schleswig, S. 220.

im eigenen Lager. Anerkennend stellte Köster fest, daß die verantwortliche Führung in Dänemark »bei der rein nationalen Lösung des Nordschleswig-Problems verharrte«. » . . . es ist ein Zeichen einer nicht überall vorhandenen politischen Reife, daß ein Volk gegenüber einer immer stärker werdenden und lauter tobenden Minderheit aus nüchternen politischen Erwägungen heraus einen reichen Gebietszuwachs ablehnt, den es ohne Schwertstreich bekommen kann[66].«

Im Geiste dieser gegenseitigen Achtung bei der Lösung einer nationalen Grenzfrage hatte Köster sein Amt aufgefaßt und geführt. Er wußte von Anfang an, daß die Grenze von 1866 nicht gehalten werden konnte und daß Deutschland territoriale Opfer in Nordschleswig bringen mußte. Sein Kampf galt deshalb nicht den territorialen Forderungen Dänemarks, die sich auf dänische Mehrheitsverhältnisse im Norden Schleswigs stützten. Bedeutend gefährlicher erschienen ihm jene Bestrebungen, die darauf zielten, Flensburg und Teile der zweiten Abstimmungszone zu »internationalisieren«, um aus Flensburg »einen internationalen Ostseehafen – als zweites Danzig« zu schaffen[67]. Diese letzte Phase des Kampfes, der nach der siegreichen Abstimmung vom 14. März und vor der Entscheidung der Pariser Botschafterkonferenz geführt wurde, erlebte Köster z. Teil schon als Außenminister.

Am 12. 5. 1920 fragte er bei der deutschen Friedensdelegation in Paris an, nachdem er von der Anreise einer dänisch gesinnten Flensburger Delegation nach Paris unterrichtet worden war, ob eine »größere deutsche Delegation« kommen solle, die »Bevölkerung verlangt diese dringend zu ihrer Beruhigung«. Köster aber wurde von dem Delegationsleiter Göppert beruhigt. Die Entscheidung der Botschafterkonferenz werde zu Gunsten Deutschlands ausfallen. »Camba sagte mir streng vertraulich, wir würden uns nicht zu beklagen haben[68].«

Am 15. 6. übersandte der Präsident der Friedenskonferenz Millerand Deutschland und Dänemark die Notifikation über die neue Grenzlinie. Die zweite Zone mit Flensburg verblieb bei Deutschland, während die erste Zone mit ihrer dänischen Mehrheit, aber auch mit Städten, die eine deutsche Mehrheit hatten wie Tondern und Apenrade, an Dänemark fiel. Am 16. 6. verließ der Generalsekretär der Internationalen Kommission Flensburg, und am 17. 6. wurde nach Festgottesdiensten in allen Kirchen Flensburgs in einer Begrüßungsfeier die Wiedererlangung der deutschen Souveränität gefeiert. Für Preußen war Minister Severing anwesend. Das Reich aber wurde vertreten durch den ehemaligen Reichskommissar und jetzigen Reichsaußenminister Dr. Adolf Köster.

66 Köster, A.: Kampf um Schleswig, S. 139.
67 Köster, A.: Kampf um Schleswig, S. 226.
68 AA an Köster – Telegramm Nr. 466. Berlin 12. 5. 1920 und Paris 12. 5. 1920 – Nr. 1042 – AA Deutsche Friedensdelegation Versailles (Schleswig Bd. 1).

Köster hatte den ersten Höhepunkt seiner politischen Karriere erreicht. Seine Tätigkeit in Schleswig-Holstein hatte ihn in breiter Öffentlichkeit als einen Mann ausgewiesen, der gezeigt hatte, daß die Zugehörigkeit zur Sozialdemokratie keineswegs im Gegensatz zur Durchführung einer national bestimmten Politik stehen mußte, ein Vorurteil, das weite bürgerliche Kreise den linken Vertretern der damaligen Regierungen entgegenbrachten. Bei aller persönlichen Anerkennung wurde auch ein Mann wie Köster von diesem Vorurteil niemals ganz befreit[68a]. In Schleswig-Holstein allerdings wurden seine Verdienste um dieses Land anerkannt. Zur Zehnjahresfeier des Abstimmungstages in der zweiten Zone am 13. und 14. III. 1930 wurde der nunmehrige deutsche Gesandte in Belgrad vom Oberbürgermeister in Flensburg und vom Vorsitzenden des Ausschusses des Festkommitées zu der Gedenkfeier als Ehrengast eingeladen. Gleichzeitig bat man ihn um die Übernahme der Festrede, da »Sie in jener bedeutungsvollen Zeit als Staatskommissar für das schleswigsche Grenzgebiet um das Gelingen der Abstimmung sich hervorragende Verdienste erworben haben . . .[69]«

Köster sagte zu. Die Rede konnte er nicht mehr halten, da er knapp vier Wochen vor diesem Termin starb. In den zahlreichen Nachrufen deutscher Zeitungen, auch in der bürgerlichen Presse bis in die Rechtspresse hinein wurde gerade seine Tätigkeit in der Abstimmungszeit gelobt. »Daß Flensburg inmitten der Wirren des Kapp-Putsches deutsch blieb . . ., das konnte sich Köster zum guten Teil als sein Verdienst anrechnen[70].« Selbst die der Deutschnationalen Volkspartei nahestehenden »Hamburger Nach-

68a Das Mißtrauen gegenüber einem Sozialdemokraten als Vertreter nationaler Interessen hat sich offensichtlich auch noch 50 Jahre nach der Abstimmung in Schleswig erhalten. In einer im Jahre 1969 erschienenen Untersuchung mit dem Titel »Der deutsche Ausschuß und die Abstimmung in Schleswig 1920« von H.D. Lehmann wird eine Dissertation aus dem Jahre 1923 leicht getadelt, in der Köster »etwas einseitig positiv« dargestellt sei (a.a.O. S. 198 Anm. 949). Es wird allerdings anerkannt, daß Köster ein »national eingestellter Sozialdemokrat« gewesen sei, der das Amt des Staatskommissars durch seine »unermüdliche Arbeitskraft und sein großes Organisationstalent« voll ausgefüllt habe, indem er »für eine Einigung aller deutschen Kräfte entscheidend wirkte« (a.a.O. S. 198). Ihm sei das Verdienst zuzuschreiben, »auch die sonst widerstrebenden Elemente der SPD in die deutsche Einheitsfront einzubeziehen« (a.a.O. S. 199). Erst im Laufe der weiteren Ausführungen ergibt sich dann, daß die »widerstrebenden Sozialdemokraten« sich als Vertreter einer modernen deutsch-dänischen Verständigungspolitik verstanden, die gegen ein schleswig-holsteinisches separatistisches Denken von Mitgliedern des Deutschen Ausschusses ebenso energisch Front machten wie gegen die anfänglich betriebene Stimmungsmache für einen Wahlstreik in der 1. Zone (vgl. a.a.O. S. 200), um hierdurch die klare Entscheidung für die dort zu erwartende dänische Mehrheit zu verschleiern.

69 Oberbürgermeister Flensburg an Dr. Köster i. Belgrad – Flensburg, d. 21. 12. 1929. Nachlaß Köster IV 3.

70 Frankfurter Zeitung, 19. 2. 1930.

richten« quälten sich den Satz ab: »Als Reichskommissar für die Abstimmungsgebiete der Nordmark, als der er sich bemüht hat, die deutschen Interessen wahrzunehmen, . . .[71]«

71 Hamburger Nachrichten, 19. 2. 1930.

# Köster als Außenminister im Kabinett Müller I

*Durchsetzungsvermögen als außenpolitischer Neuling im Reichstag*
*Eupen Malmedy – Verhältnis zu Polen – Gründung des Seeverkehrs nach Ostpreußen*

Das nach dem mißglückten Kapp-Putsch unter Beschuß von rechts und links geratene Kabinett Bauer konnte sich in seiner jetzigen Zusammensetzung nicht behaupten. Auf Druck der Gewerkschaften, die am Tage der Rückkehr der Reichsregierung von Stuttgart nach Berlin (20. März) den Generalstreik beendeten, mußten als »Sündenböcke« die Minister Noske und Schiffer zurücktreten. Auch Erzberger war als Finanzminister nach dem unglücklichen Ausgang seines Prozesses gegen den deutschnationalen Abgeordneten Helfferich nicht mehr zu halten. Eine Erweiterung der Koalition nach rechts scheiterte schon an der undurchsichtigen Haltung, die die Deutsche Volkspartei in den Tagen des Kapp-Putsches eingenommen hatte.

Die USPD aber forderte als Konsequenz nach dem Putsch die Bildung einer Arbeiterregierung. Die einzig mögliche und vernünftige Lösung erschien deshalb den Vertretern der Mehrheitsparteien (MSPD, DDP, Zentrum) die Fortführung der bisherigen Koalition mit einem neuen Reichskanzler und der Auswechselung einer Reihe von Ministern. Am 20. März, dem Tage der Rückkehr nach Berlin, trat das Kabinett Bauer zurück. Reichspräsident Ebert betraute aus der sozialdemokratischen Fraktion den bisherigen Reichsaußenminister Hermann Müller (MSPD) mit der Neubildung des Kabinetts[72].

Nach äußerst schwierigen Personalverhandlungen konnte am 27. März 1920 das neue Kabinett vereidigt werden. Bis auf den Reichsminister des Auswärtigen war die Kabinettsliste vollständig. Bis zum 10. April verwaltete das AA noch der bisherige Reichsaußenminister und jetzige Reichskanzler Hermann Müller. Der neue Reichsaußenminister Adolf Köster trat erst am 12. April sein Amt an. Es ist quellenmäßig

72 Vgl. hierzu: Das Kabinett Müller I – Boppard Rh. – 1971 – s. IX ff.

nicht festzustellen, woran diese 14-tägige Verspätung lag. Eine einfache Erklärung wäre die Tatsache, daß Köster noch in Flensburg kurz nach der Abstimmung unabkömmlich gewesen sei. Dem hätte aber nicht entgegengestanden, daß seine Ernennung schon am 27. März bekanntgegeben worden wäre. Auf der anderen Seite aber scheint es so, als ob Köster in der Partei nicht der Mann der ersten Wahl gewesen war. »Der ehemalige Volksbeauftragte und Justizminister Landsberg, der den Posten eines Geschäftsträgers in Brüssel übernommen hatte, lehnte es ab, Außenminister zu werden, da er sich der Aufgabe nicht gewachsen fühlte.« Für die politische Situation ist bezeichnend, daß sowohl gegen Landsberg wie gelegentlich gegen den als Justizminister genannten Demokraten Ludwig Haas Bedenken erhoben wurden, »weil sie Juden waren.«[73]

Es erscheint deshalb verständlich, daß die von rechts mehr als von links bedrängte sozialdemokratische Partei, wenn sie Wert darauf legte, das Außenministerium zu besetzen, auf einen Mann zurückgriff, der möglichst wenig Angriffsfläche der Opposition von rechts bot. In dieser Situation war Köster der richtige Mann. Er war weder Jude noch hatte er in der Revolutionszeit wie Landsberg eine führende Rolle gespielt. Seine Bücher als Kriegsberichterstatter waren auch von der bürgerlichen Presse akzeptiert worden. Außerdem hatte er sich durch seine Tätigkeit als Reichskommissar in Schleswig eine zusätzliche Publizität verschafft und sich dabei »durch geschicktes Eingreifen um die deutsche Sache Verdienste erworben«. So jedenfalls charakterisiert ihn die zeitgenössische Notiz in »Schulthess' Europäischem Geschichtskalender« auf das Jahr 1920.

Adolf Köster, nach Hermann Müller der zweite und zugleich letzte sozialdemokratische Außenminister der Weimarer Republik, war in seinem Amt wie dem gesamten Kabinett nur eine Zeit von knapp drei Monaten beschieden. Reichskanzler Müller hatte in seiner Regierungserklärung baldige Wahlen zum Reichstag in Aussicht gestellt. Damit sollte die Übergangszeit der Nationalversammlung rasch beendigt werden. Ein besonderer Zwang zu dem frühen Wahltermin (6. Juni 1920) lag nicht vor. Offensichtlich hatten die Mehrheitsparteien die innenpolitische Lage falsch eingeschätzt. Jedoch die ersten Auswirkungen des Friedensvertrages mit den anstehenden Reparations- und Entwaffnungsproblemen, der Aufstand an der Ruhr mit seinen blutigen Kämpfen und der Einmarsch der Franzosen in den Maingau als Antwort auf die im Friedensvertrag verbotene Aktion der Reichswehr in der entmilitarisierten Zone, um den Kommunistenaufstand niederzuschlagen, dies alles stärkte nicht die Regierungsparteien, sondern gab der Propaganda – vor allem der DNVP – mit der Parole, daß die Staatsumwälzung ein Verrat am Volk und ein

73 Kabinett Müller I, S. XIII.

Dolchstoß in den Rücken des Heeres gewesen sei, ungeahnten Auftrieb. Die Reichstagswahlen vom 6. Juni 1920 beendeten ein für allemal die sichere Koalitionsmehrheit der eindeutig republikanischen Links- und Mittelparteien während der Zeit der Weimarer Republik[74].

Selbstverständlich waren die 2 1/2 Monate, die Köster als Außenminister amtierte, viel zu kurz und viel zu turbulent, als daß er ein außenpolitisches Programm hätte aufstellen und verwirklichen können. Es lassen sich aber gewisse Rückschlüsse auf den Politiker und Diplomaten Köster ziehen, wenn man seine wenigen Auftritte in der Nationalversammlung betrachtet. Köster ist trotz seiner »vaterländischen Haltung« der rechten Seite der Nationalversammlung suspekt. Zum ersten gehört er einer »System-Partei« an und zum zweiten kommt er als Außenminister nicht aus der »Karriere«, ein Mangel, der vor allem von den Deutschnationalen unter gleichzeitiger Beschwörung des Geistes von Bismarck besonders hart gerügt wird. Über diese wichtige Frage kam es in der Sitzung der Nationalversammlung am 21. IV. 1920 anläßlich einer außenpolitischen Debatte, in der der neue Außenminister Frage und Antwort über das Korridorproblem und Eupen-Malmedy stehen mußte, zu einer interessanten Grundsatzdiskussion. Der außenpolitische Sprecher der DNVP in dieser Debatte Schultz (Bromberg) benutzte die Gelegenheit, den neuen Außenminister in einer dialektisch sehr geschickten, in der Form keineswegs ausfallenden, aber in der Sache vergröbernden und einseitig belastenden Art anzugreifen. Er warf dem Minister vor, ihm fehle die »Fachausbildung«. Indem er das »Berliner Tageblatt« zitierte, von dem er sich geschickt persönlich etwas distanzierte, versuchte er im Hohen Hause das Mißtrauen gegen den Republikaner Köster zu wecken. Er war es, der das »Hoch auf den ersten Präsidenten der Republik in Weimar ausgebracht habe[75]«. Immer noch das »Berliner Tageblatt« zitierend, warnte der Abgeordnete davor, »daß wir nicht nach den treuen Triariern Wilhelms die treuen Triarier Eberts als herschende Macht hinnehmen wollen . . ., daß nun sogar das Ministerium des Äußeren nicht dem erprobtesten Politiker, sondern dem erprobten Freunde in Huld verliehen wird«.

Offensichtlich aber ging es der rechten Opposition nicht in erster Linie um die Frage des »Fachmannes«, denn Schulz-Bromberg konzediert sogar

74 Kabinett Müller I, S. LXIII.

75 Hierfür und für das folgende: Verhandlungen der Nationalversammlung – Stenogr. Berichte – 167. Sitzung – 21. 4. 1920. Daß Köster das erste »Hoch« auf den neuen Reichspräsidenten ausgebracht hat, bezeugt auch Friedrich Stampfer: »Nach der Sitzung sammelten sich Abgeordnete, Tribünenbesucher und anderes Publikum auf dem Theaterplatz, um den neugewählten Reichspräsidenten zu begrüßen. Als Ebert erschien, brachte Adolf Köster, der spätere Innenminister und ausgezeichnete Diplomat ein Hoch auf ihn aus«. Stampfer F., Die ersten 14 Jahre der deutschen Republik – Offenbach/M. S. 97.

dem »Außenseiter«, daß er hoffe, seine Taten seien wirklich besser »als seine bisherige Vorbildung für den Posten, auf dem er jetzt steht«. Hinter dem Angriff mit der Frage nach der fachlichen Fähigkeit Kösters steht ein anderer Komplex, der unüberbrückbar bleiben wird, die Forderung von rechts nach einem eindeutigen deutschen »Nationalismus«. Aus dem Munde der rechten Opposition konnte es für Köster wie ein Lob klingen, wenn ihm vorgeworfen wurde, er negiere den deutschen Nationalismus zugunsten eines neuen »Volks-, Staats- und Gemeinschaftsbewußtseins in Deutschland«. Besser hätte wohl der Angegriffene selbst seine unverwechselbare Position gegenüber der Welt von gestern nicht ausdrücken können.

»Illusionspolitik« nannte der deutschnationale Vertreter jene Außenpolitik, für die Köster jetzt zum ersten Male als Minister mitverantwortlich war, eine Politik, die nach der Ratifikation des Friedensvertrages versuchte, innerhalb der Grenzen dieses Vertrages die ersten vorsichtigen Schritte in eigener Souveränität zu gehen. Es war keine Politik, wie Schulz-Bromberg meint, die »das Verfehlte ... dieses Glaubens an die Güte und Gerechtigkeit unserer Feinde« offenbart, sondern eine Politik des Überlebens.

Bei der Auseinandersetzung in der Nationalversammlung, ob der Außenminister unbedingt aus der »Karriere« kommen müsse oder nicht, fühlte sich der Reichskanzler Hermann Müller, der als Vorgänger Kösters im Amt als Außenminister der erste nicht fachgebundene Politiker in dieser Position gewesen war, persönlich herausgefordert. Auch er, dialektisch geschult, weiß die Verteidigung gegen die Vorwürfe mit seinen Angriffen gegen die unhaltbaren Stellen der Vorwürfe geschickt zu verbinden. Zum ersten sei Köster gar kein Parlamentarier, sondern »von mir dem Herrn Reichspräsidenten nur deswegen vorgeschlagen, weil ich ihn fachlich für durchaus qualifiziert halte«. Zum zweiten fordere er die Opposition auf, einen »Rechten« zu benennen, der besser sei und für das Ausland »tragbar«. Hier lag die eigentlich schwache Stelle für die Opposition von rechts. Die ehemaligen Feindmächte weigerten sich, auch nur einen deutschen Diplomaten der Vorkriegszeit, der in ihren Hauptstädten gearbeitet hatte, in führenden Stellungen der neuen deutschen Botschaften zu akzeptieren. Zum dritten aber weise er auf die Rückständigkeit der ganzen Attacke hin. Der Abgeordnete Schultz »sieht gar nicht, wie sich die Welt verändert hat. Wer sind denn die erfolgreichsten Staatsmänner des Auslandes? Sie sind zum großen Teil nicht aus der diplomatischen Karriere hervorgegangen!« Es fiel dem Kanzler nicht schwer, am Beispiel Millerands, Lloyd Georges, Nittis und anderer seine These zu erhärten. Der Reichskanzler schloß seine noble Verteidigung Kösters, die gleichzeitig das Bekenntnis zu einem Auswahlprinzip bei den Spitzenpositionen nach Leistung und nicht nach Herkommen und Karriere war, mit dem Satz: »Wenn Herr Dr. Köster Außenminister geworden ist, so nur deshalb, weil er uns unter allen Kandidaten, die wir überhaupt zu Verfügung hatten, der geeignetste zu sein schien.«

So überzeugend der Kanzler hier auch argumentiert hatte, das Vorurteil gegen einen Außenseiter im Bereich des auswärtigen Dienstes blieb bestehen, auch dann wenn es sich nicht um einen Angehörigen der an sich schon in den konservativen Kreisen als verdächtig erscheinenden Sozialdemokratischen Partei handelte. Auch dem Außenseiter, der einer »genehmeren« Partei angehörte oder ihr nahe stand, ging es nicht viel besser. Der erste deutsche Botschafter in London der Weimarer Republik, der ehemalige Hamburger Senator und Bürgermeister Dr. Sthamer, schrieb in seinen Erinnerungen resigniert: »Ich kann nicht sagen, daß ich im Laufe meiner Tätigkeit greifbare Beweise dafür gehabt hätte, daß man mir im Auswärtigen Amt gern ein Bein gestellt hätte, wenn ich auch dauernd fühlte, daß zwischen dem Amt und mir nur lose Beziehungen bestanden ...« ... » ... denn es war natürlich, daß die Bevorzugung eines Außenseiters Mißstimmung und Unzufriedenheit bringen muß[76].«

Köster, dem es später gelang, sich mit seiner »Doppelbelastung« als Sozialdemokrat und als Außenseiter auch als Beamter im Amte erfolgreich durchzusetzen, bewies schon jetzt bei den wenigen Malen, die er als Reichsaußenminister im Parlament Rede und Antwort zu stehen hatte, daß er die Materie beherrschte und daß er einen Ton im Umgang mit der Nationalversammlung gefunden hatte, in dem Konzilianz in der Form mit einem eindeutigen Standpunkt in der Sachfrage in glücklicher Verbindung standen. Er reagierte z. B. nicht verärgert auf die Angriffe des Abgeordneten Schultz-Bromberg, sondern antwortete verbindlich, indem er sich sogar für eine Reihe interessanter Dinge dieser Rede bedankte. Dann allerdings schwenkte er sofort zum Sachkern ein und behandelte Fragen einer Interpellation über Polen und Danzig. Köster erwies sich im Parlament als ein Redner, der mit Erfolg bemüht war, das Hohe Haus einschließlich der Opposition auf der rechten Seite einmal durch sachliche Argumente zu überzeugen, zugleich aber auch durch einen Appell an das nationale Gefühl, ohne diese Seite unnötig zu strapazieren, die bürgerlichen Parteien für sich zu gewinnen. Diese Art eines geschickten Taktierens zwischen ratio und sentiment wird er auch in seinen späteren Reden als Reichsinnenminister meisterlich ausspielen. Schon seine Jungfernrede als Außenminister ist in dieser Beziehung vorbildlich. Er, der keinerlei parlamentarische Erfahrung besaß, errang »lebhaften Beifall bei den Mehrheitsparteien und rechts«, wie das Parlamentsprotokoll ver-

76 Staatsarchiv Hamburg, Familienarchiv Sthamer – 9 Friedrich Sthamer.

merkt. Dies war ungewöhnlich bei der damaligen Konfrontation zwischen den »Systemparteien« und den »wahren nationalen Parteien«.

Eine Interpellation *aller* Parteien über Eupen-Malmedy lag vor. Köster hatte über die Frage des Abstimmungsverfahrens und über die Pressionen der belgischen Regierung in diesem Gebiet zu sprechen. Seit dem Inkrafttreten des Friedensvertrages am 9. Januar 1920 lief gemäß den Bestimmungen des Versailler Vertrages eine halbjährige Frist, innerhalb der die für Deutschland optionswillige Bevölkerung sich in offene Listen bei den belgischen Behörden eintragen konnte. Der Volksentscheid sollte dann gemäß der Abstimmung über den Verbleib dieses Gebietes bei Belgien oder Deutschland entscheiden.

Gegen diese jeder echten Volksabstimmung Hohn sprechende Maßnahme wandten sich die Parteien der Nationalversammlung. Vergeblich versuchte in diesen Monaten die deutsche Regierung durch Protestnoten bei der Friedenskonferenz eine Änderung im Verfahren und eine Änderung der belgischen Haltung zu erreichen. Für Belgien waren die beiden Kreise de facto schon in das neue Staatsgebiet aufgenommen. Die Beantwortung der Interpellation sämtlicher Parteien vor dem Reichstag war ein Politikum ersten Ranges. Der Protest des Reiches, der sonst durch die diplomatischen Kanäle floß, sollte hier gewissermaßen durch den Mund des Reichsaußenministers vor dem breiten Forum der Öffentlichkeit seine bekräftigende Unterstützung finden.

Köster, der außenpolitische Neuling, wußte seine Chance zu nutzen. In einer gestochenen Diktion umriß er die historischen und politischen Aspekte dieses Streitfalles zwischen Belgien und Deutschland. Er wies nach, daß diese Gebiete in ihrer tausendjährigen Geschichte noch niemals außerhalb des Reiches gewesen seien. Die vorgesehenen Eintragungen in Listen unter belgischer Aufsicht seien keine Abstimmung, sondern eine Fälschung »verzerrt, degradiert in ein rein ökonomisches Kalkül«. Gerade er als Sozialdemokrat habe, »solange er politisch denken kann, ... an den großen Wert ... der Selbstbestimmung« geglaubt. Diese Abstimmung und ihre Resultate aber kann man »niemals als rein nationale Entscheidung ansehen«. Im Gefühlsmäßigen scheute er, ähnlich wie es Stresemann bei Parlamentsreden konnte, auch nicht vor jenem ›Hauch von Gartenlaube-Pathos‹ zurück, indem er jenen »schlichten Arbeiter, von dem Sie vielleicht gehört haben«, zitierte, der »auf die Frage, warum er für Deutschland stimmen wollte, erklärt, er wolle lieber bei Deutschland trocken Brot essen als Weißbrot bei den Belgiern«. Der stenographische Bericht vermerkt: »Bravo bei den Demokraten und Sozialdemokraten.« So hatte der Minister in einer hoffnungslosen außenpolitischen Angelegenheit – denn das Abstimmungsverfahren war durch Artikel 34 des Versailler Vertrages sanktioniert – jeder der parlamentarischen Parteien das ihre gegeben und gleichzeitig ein weltweites Alibi für die zu erwartende vernichtende Niederlage der deutschen Sache in Eupen-Malmedy geschaffen.

Die kurze Zeit von Kösters Außenminister-Tätigkeit war zum Teil ausgefüllt mit der Vorbereitung und Beantwortung von Interpellationen der Nationalversammlung, die sich aus augenblicklichen Notständen ergaben, sei es die Frage nach den farbigen Truppen in den besetzten Westgebieten, seien es die Rechte der deutschsprachigen Bevölkerung in den an Polen abgetretenen Gebieten, sei es die Frage nach den polnischen Sperrmaßnahmen im Verkehr mit Ostpreußen. Köster zeichnete sich in seinen Antworten durch ein sehr feines Gefühl für Recht und Unrecht aus. Er scheute nicht davor zurück, Unrecht, das die Gegenseite beging, als solches zu bezeichnen. Er scheute aber auch davor nicht zurück, eigene politische Schwächen als solche zu bezeichnen. So warnte er davor, daß gewisse Kreise nicht unter dem »Deckmantel von nationalen Sentiments« aus dem eben nach dem Willen der Sieger entstandenen Freistaat Danzig ein ›Schiebernest‹ machten. Bei der Klage, daß die Verhandlungen mit Polen über den Durchgangsverkehr nach Ostpreußen trotz des uns zustehenden Rechtes nach Artikel 89 des Friedensvertrages noch nicht abgeschlossen seien, bemerkte er kurz: »Der Putsch vom 13. März kam uns dazwischen.« Er war aber keineswegs gewillt, jede polnische Pression bei der »Zurücksetzung der polnischen Staatsbürger deutschen Stammes«, wie die Interpellation hieß, hinzunehmen. In aller Verbindlichkeit bei dem Versuch, auf dem Vertragswege Verbesserungen zu erreichen, klang es doch wie eine versteckte Drohung, wenn der Minister ausführte: »Der polnischen Regierung muß hier zu bedenken gegeben werden, daß auch im Deutschen Reich an einzelnen Stellen sehr erhebliche polnische Minderheiten leben[77].«

Die wichtigste Aktion, die in die Außenministertätigkeit Kösters fiel, war der Beginn des Aufbaus eines Seeverkehrs nach Ostpreußen. Diese Aktion wurde gerade durch die Schwierigkeiten, die Polen im Frühjahr 1920 dem Transitverkehr der Eisenbahn bereitete, beschleunigt. Köster konnte den ›Interpellanten‹, die wegen des »Versuchs der Abschnürung Ostpreußens« im Parlament intervenierten, die Zusicherung geben, »... daß der Ausbau einer täglichen Schiffsverbindung Stettin – Pillau – Königsberg in die Wege geleitet und daß ebenfalls ein Flugverkehr, freilich zuerst nur bis Danzig vorbereitet wird«.

Diese kurze Spanne von März bis Mai 1920 gab Köster keine Gelegenheit, sich in einem auf längere Sicht geplanten Programm der deutschen Außenpolitik zu profilieren. Im Grunde – und das zeigte gerade Kösters

77 Vgl. Anm. 75.

Auftreten in der Nationalversammlung – war es ein Improvisieren von Tag zu Tag mit stets neuen und zum Teil für das Reich bedrohlichen Konfrontationen im Osten und im Westen. Deutlich war er bemüht, für die deutsche Außenpolitik eine breitere Grundlage zu gewinnen, als sie durch die bisherigen Mehrheitsparteien gebildet wurde. Sein politisches Bild war im letzten Jahr ohne Zweifel durch seine Tätigkeit als Reichskommissar in Schleswig vertieft und erweitert worden. Hier hatte er erlebt, daß eine gemeinsame Front zwischen den Sozialdemokraten und den bürgerlichen Parteien – bis hin zur gemäßigten Rechten – möglich war, wenn es um die Belange gerechter deutscher Ansprüche ging. In seiner Jungfernrede im Parlament hatte er voller Stolz festgestellt: »Es ist Ihnen bekannt, ... daß ich ein Jahr in diesem Kampf [nationaler Entscheidungen] gestanden habe.« In seiner letzten Rede als Außenminister, in der vorletzten Sitzung der Nationalversammlung am 20. Mai 1920, appellierte der scheidende Minister an das Parlament, nachdem er über einige Probleme in den besetzten Gebieten gesprochen hatte, mit einem Aufruf zur »nationalen Solidarität«, » ... wie sie sich augenblicklich in den Abstimmungsgebieten am besten und am treuesten manifestiert[78]«.

Es wäre sicherlich falsch, aus diesen Äußerungen die Schlußfolgerungen zu ziehen, daß Köster sich im Laufe seines politischen Lebens zu einem Vertreter mit bürgerlich nationalem Patriotismus entwickelt hätte. Daß er von dieser Gesinnung weit entfernt blieb, sollte gerade der nächste Lebensabschnitt beweisen, jene Zeit zwischen seiner Entlassung als Außenminister und seiner Berufung zum Innenminister im zweiten Kabinett Wirth.

Das Abschiedsschreiben Eberts vom 25. VI. 1920 an den zurückgetretenen Außenminister drückte die Zuneigung und Hochachtung des Reichspräsidenten für seinen ehemaligen Mitarbeiter in der Reichskanzlei aus. »Lieber Köster! Die Tatkraft, Umsicht und Gewandtheit, mit der Sie als Reichskommissar die deutschen Interessen in den nordschleswigschen Abstimmungsgebieten mit so schönen Erfolg wahrgenommen haben, haben Sie [auch] in der Leitung der auswärtigen Angelegenheiten gezeigt[79].« Köster war durch sein Wirken in Nordschleswig eine weithin sichtbare Profilfigur in der Vertretung deutscher Interessen geworden. Diese Profilierung, die der Reichspräsident besonders hervorhob, war für die MSPD von unschätzbarem Wert. Sie hatte gezeigt, daß auch ihre Partei Vertreter in diplomatische Spitzenstellungen entsenden konnte, die im »Nationalen« den Vertretern der Rechtsparteien nicht nachstanden, aber darüber hinaus u. U. in der Lage waren, neue Wege über die Grenzen

78 Stenographische Berichte 177. Sitzung – 20. 5. 1920 –.
79 Nachlaß Köster IV 3.

zu finden. Kösters »Offener Brief[79a]« an die dänischen Sozialdemokraten war hierfür ein guter Beweis.

Trotz dieses erfolgreichen und ehrenvollen Abgangs aus der Reichspolitik konnte Köster sich sicherlich nicht darüber täuschen, daß er vorerst in ein politisches und berufliches Vakuum geraten war. Seine Partei hatte ihn zwar als Reichstagskandidaten in Schleswig-Holstein aufgestellt, aber in den Abstimmungsgebieten von Schleswig-Holstein, Ost- und Westpreußen wurde erst am 20. 2. 1921 gewählt, während die Wahlen im übrigen Reichsgebiet schon am 6. 6. 1920 stattfanden. In Oberschlesien erfolgten die Wahlen erst am 19. 11. 1922. Das Wahlergebnis in Schleswig-Holstein war für die MSPD günstig: DNVP – 2 Mandate, MSPD – 4 Mandate, DVP – 2 Mandate, DP – ein Mandat. Köster wurde gewählt und konnte – wiederum verspätet wie schon als Außenminister – sein Mandat am 7. 3. 1921 im Reichstag übernehmen.

79a Köster, A.: Kampf um Schleswig, S. 116.

# Neun Monate ohne Amt
# Köster als politischer Schriftsteller

Für Köster waren die 9 Monate ohne eigentlichen Beruf vom Juni 1920 bis zum März 1921 keineswegs eine Periode des Müßiggangs, es war der letzte größere Abschnitt in seinem Leben, in dem er das Haus in Blankenese längere Zeit bewohnen konnte. Für kürzere Zeit ist er auch später noch als Abgeordneter, Reichsinnenminister und als Gesandter in dieses Haus zurückgekehrt. Die neun Monate waren angefüllt mit der Arbeit an politischen Themen. Nicht der Romancier kam zu seinem Recht, sondern der schreibende Politiker.

## *»Der Kampf um Schleswig«*

1921 erschien das umfangreichste Werk dieser »Mußezeit«: »Der Kampf um Schleswig«. Auf 230 Seiten schildert der Verfasser die Geschichte des Abstimmungskampfes von der Zeit des Waffenstillstandes bis zur »Festlegung der neuen Grenze«. Vor jedem Kapitel werden streng chronologisch die einzelnen Fakten gesammelt, getrennt von der nun folgenden Darstellung. Das Buch hat auch heute noch seinen Wert für denjenigen, der sich umfassend über den Abstimmungskampf orientieren will, wenn auch aus der Sicht des deutschen Abstimmungskommissars. Das Werk ist leidenschaftlich und temperamentvoll konzipiert. Das gelegentlich zu Tage tretende Pathos ist sicherlich nicht mehr unsere Sprache. »Lebt wohl, Landsleute! Wir denken Eurer Höfe und Eurer Wiesen, Eurer deutschen Straßen, Eurer Gärten ...« ... »Wir grüßen in Ehrfurcht Eure jungen Töchter. Denn wir wissen, daß sie treue Mütter werden.« Die deutsche nationale Schau wird aber dadurch erträglich, daß stets Gerechtigkeit für den Gegner gesucht wird. »Wir gedenken auch derer, die nicht mit uns einer Gesinnung waren. Sie werden Schleswiger bleiben, auch wenn sie keine Deutsche mehr sind. Unser Ziel war der Ausgleich, die Ruhe, der Friede in Nordschleswig.« Unter dieser letzten Devise steht ohne Frage

Kösters Bericht über Nordschleswig[80]. Diese Grundhaltung ist entscheidend für den Tenor des Buches.

Die Größe der Leistung Kösters wird nicht vermindert, wenn der Historiker sich davor hütet, ein Heldenmonument zu errichten. Auch eine so sehr über viele Vorurteile ihrer Zeit hinausschauende Gestalt wie Köster kommt nicht völlig ohne gewisse Vorurteile dieser Zeit aus. »Das deutsche Volk darf über den Millionen seiner unerlösten Brüder im Osten niemals die Tausende in Nordschleswig vergessen, die Deutschland deshalb nicht weniger lieben, weil sie in einer *gleichwertigen*, nicht in einer *untergeordneten* Kultur *gefangen* sitzen[81].« Der Anschauung von der »untergeordneten« östlichen Kultur huldigte also auch noch ein so fortschrittlicher und aufgeklärter Mann wie Köster, der sich kurze Zeit später intensiv gegen antisemitische Handlungen seiner Landsleute wenden wird.

Zu bedenken wäre allerdings, daß dieses Buch kein historisches Werk ist, das aus der Distanz der Zeit geschrieben wurde. Es entstand in unmittelbarem Anschluß an eine die Gemüter der Beteiligten ungeheuer erregenden Zeit. Es ist eine Rechtfertigungsschrift über Niederlage und Sieg in diesem ersten Abstimmungskampf nach dem Kriege, und es ist geschrieben von demjenigen, der eine große Last der persönlichen Verantwortung für den Verlauf dieses Kampfes zu tragen hatte. Aus dieser Sicht betrachtet, besticht das Werk auch heute noch durch seinen unbeirrbaren Willen für eine gerechte Darstellung eines für die damalige Generation »unerhörten Ereignisses« – nämlich der Loslösung eines Stückes des »Vaterlandes« aus dem gesamten Reichskörper.

### *Wilhelm als Diplomat*

In den folgenden Jahren erschienen noch vier Veröffentlichungen Kösters, von denen mindestens zwei in der Blankeneser Interimszeit entstanden sein müssen. »Wilhelm als Diplomat – Ein außenpolitischer Rückblick von Dr. Adolf Köster, ehemaliger Reichsminister des Auswärtigen«, 1921 im Verlag des ›Vorwärts‹ erschienen, ist eine innenpolitische Kampfschrift, die ausdrücklich nach den Worten des Verfassers dem Schutze der Republik dienen soll: »Der Kampf für das neue Deutschland ist der Kampf für die Republik.« Der Verfasser ist ein argwöhnischer Wächter und wacher Verteidiger der neuen Staatsform. Er hat ein Gespür für die Gefahr, die diesem neuen Staat aus der aggressiven Haltung der beiden großen Rechtsparteien droht, »... daß es heute in Deutschland zwei große Parteien

80 Köster, A.: Kampf um Schleswig, S. 3.
81 Köster, A.: Kampf um Schleswig, S. 202.

gibt, die die Wiederherstellung des Kaisertums ... öffentlich und mit allen Mitteln propagieren«. Er möchte die Kräfte auch in seiner eigenen Partei mobilisieren, die über dem Erreichten das Gefährdete vergessen. »Ich weiß, daß gewisse Arbeiterschichten Deutschlands für diese Republik zu kämpfen wenig Interesse haben. Das ist psychologisch verständlich, aber politisch ein Verbrechen[82].«

Köster hütet sich auch hier in der politischen Polemik vor einseitiger Verunglimpfung des Gegners – hier Wilhelms II. Er reiht nur die Tatsachen einer verfehlten Politik des letzten Monarchen aneinander und folgert nüchtern: »So war Wilhelm II.« ... »Vielleicht war er ein guter Familienvater, ein gutes Mitglied der Landeskirche, ein unterhaltender Bekannter. ... Aber für seinen vom Schicksal zugewiesenen Beruf war er gänzlich ungeeignet. Wir beschimpfen ihn nicht. Wir sagen nur, daß er niemals wiederkehren darf. Niemals[83].« Die berechtigte Sorge, daß Deutschland den falschen Propheten schnell erliegen könnte, hat Köster gerade in diesen ereignisreichen ersten zwei Nachkriegsjahren nicht verlassen. Der zwar mißglückte Kapp-Putsch und die Morde an profilierten Politikern dieser Republik – auch wenn sie nicht zu seiner Partei gehörten – veranlaßten ihn noch einmal und nun umfassender publizistisch gegen eine falsche Mythologisierung des alten Systems und gegen die Dolchstoßlegende anzugehen.

### *»Konnten wir im Herbst 1918 weiterkämpfen?«*

Gewissermaßen als Pendant zu der Schrift über Wilhelm II. erschien ebenfalls im Jahre 1921 eine kleine Schrift: »Konnten wir im Herbst 1918 weiterkämpfen[84]?« Köster hatte als einer der ersten für das neue System sich verantwortlich fühlenden Politiker erkannt, daß mit der Dolchstoßlegende, ja schon mit der Parole »Im Felde unbesiegt« den Gegnern der Republik eine gefährliche, ja tödliche Waffe in die Hand gegeben wurde. Sie entlastete die wahren Schuldigen am deutschen Zusammenbruch und versuchte eine untragbare Bürde von Schuld denen aufzulasten, die als Bankrottverwalter das untergegangene System zu liquidieren hatten. Sein Zorn richtet sich allerdings nicht nur gegen die militärische Führung, der es gelungen war, »die Beschimpfung und Bezichtigung des eigenen Volkes zu organisieren«, er richtet sich auch gegen die neue Führung! Die Dolch-

82 Köster, A.: Wilhelm als Diplomat ... Berlin 1921, S. 5.
83 Vgl. Anm. 82.
84 Hierfür und für die folgenden Zitate: Köster, A.: Konnten wir im Herbst 1918 weiterkämpfen? Berlin 1921 – Vorwort –.

stoßlegende ist nach Ansicht des Verfassers »eine der bösartigsten und zugleich dümmsten Legenden, die gegen die Republik mobilisiert worden sind«. Was aber tut dieser Staat gegen die Dolchstoßlegende? Nichts! »Sie wird geglaubt werden, solange die Republik in sträflicher Nachlässigkeit die ausgiebige Verbreitung der Kenntnis jener unumstößlichen Tatsachen versäumt, an denen die Dolchstoßlegende früher oder später zerschellen muß.«

Köster sieht diese Skizze nur als Teil einer großen Arbeit an, der »Prüfung der gesamten Ludendorff-Legende«. Er hoffte, das in Vorbereitung befindliche Ludendorff-Buch »in einigen Wochen abzuschließen«. Hierzu kam es nicht mehr. Wie schon erwähnt, findet sich auch im Nachlaß nur ein Torso des Werkes. Höchstwahrscheinlich haben ihn die nun einsetzende Belastung als Innenminister und der spätere diplomatische Beruf an einer weiteren publizistischen Tätigkeit gehindert. Seit 1923 erschien aus Kösters Feder kein Wort mehr außer einigen gelegentlichen Zeitungsartikeln. Die hier besprochene Kampfschrift wirkt am polemischsten im Vorwort. Geschrieben ist dieses Vorwort unter dem frischen Eindruck des Mordes an Erzberger. Aber selbst dort, wo Köster scharf polemisiert, bleibt es eine Polemik, die durch Erkenntnis zur Einsicht führen möchte. Die Tatsachen, so hofft er, mögen überzeugen, nicht die sentiments. So schließt er sein Vorwort mit folgenden Sätzen und mit folgender Unterschrift: »Möge der politische Meuchelmord, den wir in diesen Tagen schaudernd erleben, dem deutschen Volke der Anlaß zu jener Besinnung sein, die nach Aristoteles der Anfang jeder Erkenntnis ist.
Blankenese, den 26. August 1921
am Tage der Ermordung Erzbergers

Adolf Köster.«

Auf den folgenden 80 Seiten wird noch einmal die Schlußphase der militärischen und diplomatischen Ereignisse der letzten Kriegsmonate dargestellt. Überzeugend weist der Verfasser zahlreiche heute geläufige, in der damaligen Zeit für viele unbekannte Tatsachen nach, durch die erkennbar ist, daß der Krieg im Herbst 1918 militärisch eindeutig verloren war, daß die militärische Führung den Waffenstillstand forderte und daß kein »Dolchstoß« notwendig war, um dieses Volk in die Kniee zu zwingen. Provozierend für die Zeit, aber logisch und über seine Zeit hinausweisend mutet seine These an, daß dieser Waffenstillstand noch nicht der schlechteste war, den wir bekommen konnten. Der schlechteste wäre dann gekommen, wenn »auf den sagenhaften Schlachtfeldern der Ludendorff-Legende am Rhein und in Böhmen der deutsche Vernichtungskampf geendet hätte[85].« Wie in einer Vision nimmt Köster das deutsche Schicksal von 1945 voraus!

85 Vgl. Anm. 84, a.a.O., S. 29.

Köster hatte mit seiner Veröffentlichung eine der empfindlichsten Stellen der deutschen militärischen und nationalistischen Kreise getroffen. Zur Verteidigung der sich immer mehr festsetzenden Thesen von »Im Felde unbesiegt« und vom »Dolstoß in den Rücken des Heeres« fühlte sich kein Geringerer aufgerufen als Deutschlands bekanntester Militärschriftsteller General Hermann von Kuhl (1856-1958!). 1922 erschien seine Broschüre mit dem umfangreichen Titel »Die Kriegslage im Herbst 1918. Warum konnten wir weiterkämpfen? Eine Entgegnung auf die Schrift von Adolf Köster ›Konnten wir im Herbst 1918 weiterkämpfen?‹[86]«. Der zweifellos kluge und fachkundige General, der einzige Träger des Ordens Pour-le-mérite der Kriegs- und Friedensklasse, kann zwar nicht ganz ohne Gehässigkeit gegenüber dem wenig geliebten Sozialdemokraten polemisieren: »Herr Adolf Köster, früher Minister des Äußeren, jetzt des Inneren, sucht in einer auf öffentliche Kosten von der Regierung bis in die Volksschulen hinein verbreiteten Schrift ... dem In- und Auslande zu beweisen, daß wir nicht mehr imstande gewesen wären, weiterzukämpfen«, sein historisches Wissen läßt aber doch eine völlige Ablehnung der Kösterschen Hauptthese von der »vernichtenden Niederlage« an der Westfront nicht zu. Widerwillig muß er einräumen, »daß von diesen Ausführungen vieles zutrifft«. Auch die Tatsache, »daß die Donaufront nach dem Zusammenbruch der Bulgaren und Türken stark gefährdet war, ist nicht zu bestreiten[87]«. Der Krieg war verloren, auch Kuhl kann ehrlicher Weise nicht anders schreiben. Wer aber ist schuld? Hier tut sich der Graben auf zwischen Köster und seinen mächtigen Gegnern. Auch ein Mann wie Kuhl sucht die Schuld nur bei dem »ungeheuren« Abgang von Drückebergern hinter der Front«, in »den pazifistischen internationalen Bestrebungen, dem Antimilitarismus, den verschwommenen Gedanken der Völkerversöhnung und ewigen Friedens, vor allem [aber] in der von der Heimat ausgehenden revolutionären Unterwühlung des Heeres[88]«.

Wenn selbst ein so hervorragender Vertreter seines Standes wie General von Kuhl keinen Gedanken des Verständnisses für die Argumente eines so nationalen Vertreters der Republik, wie es Köster war, besaß, so deutet diese Tatsache in erschreckendem Maße darauf hin, wie schwierig oder auch unmöglich es war, eine gesicherte Basis des Vertrauens für diesen neuen Staat zu schaffen. Dabei war Köster einer der ersten führenden republikanischen Politiker, der im Interesse seines Landes für die Revision des Versailler Vertrages eintrat. Für ihn war es entscheidend – und das wird auch die Grundthese für seinen Kampf um die künftige Revision des Friedensvertrages sein –, daß Deutschland einen Waffenstillstand bekam »mit

86 Kuhl, Hermann v.: Die Kriegslage im Herbst 1918 ... Berlin 1922, S. 3.
87 Kuhl, Hermann v.: A.a.O., S. 11.
88 Kuhl, Hermann v.: A.a.O., S 39.

jenem Rechtstitel [14 Punkte Wilsons] ... der die Magna Charta unserer Revisionsforderungen bleiben wird, bis das Unrecht von Versailles ausgelöscht ist[89]«.

## *»Unser Recht«*

Die nächste politische Schrift Kösters, die er 1922 als Reichsinnenminister herausgibt, heißt folgerichtig »Unser Recht[90]«. Sie ist ganz bewußt als eine Fortsetzung der eben behandelten Broschüre gedacht. Noch ein Jahr später erscheint zum gleichen Thema ein großer Artikel Kösters »Schuldfragen und Versailler Vertrag[91]«. Immer spezieller spitzen sich seine Untersuchungen auf die Reparationspolitik der ehemaligen Kriegsgegner im Zusammenhang mit dem Artikel 231 des Versailler Vertrages zu. Verkürzt gesagt, lauten Kösters Thesen folgendermaßen: Der Waffenstillstandsvertrag, dem die Annahme der 14 Punkte Wilsons vorausgegangen war, muß die Grundlage des Friedensvertrages sein. Reparationsforderungen, die sich ausschließlich auf ein erpreßtes Schuldbekenntnis Deutschlands stützen, sind unzulässig. Hier hat der Kampf um die Revision einzusetzen, ein Kampf um »unser Recht« (wie Köster eine seiner Schriften genannt hatte – s. o.).

In einer rabulistisch gehaltenen historischen und juristischen Beweisführung, in der Köster hinsichtlich der »Schuldfrage« Vergleichsverfahren mit anderen Friedensverträgen durchführt, kommt der Verfasser zu dem Schluß, daß der Artikel 231 keineswegs einen globalen Anspruch auf endlose deutsche Reparationszahlungen als Ausdruck einer moralischen Schuld beinhaltet, sondern daß er nicht mehr fordern und juristisch absichern kann als das, was Deutschland schon vorher anerkannt habe, im wesentlichen die Entschädigung für die Zerstörungen durch den deutschen Angriff (»aggression«) in Belgien und Nordfrankreich[92].

»Wenn die Gegner sich mit ihren Reparationsforderungen quantitativ

89 Köster, A.: Schuldfrage und Versailler Vertrag – Berlin 1923, S. 29.

90 Diese Broschüre (»Unser Recht« – 1922 –) trägt die bezeichnende Widmung: »Dem Andenken der deutschen Soldaten, die zwischen dem 4. Oktober und 11. November 1918 an der Schwelle des Friedens gefallen sind.« »Unser Recht« ist nach Kösters Auffassung der Anspruch auf das, was in der heutigen historischen Forschung der »Wilson-Friede« auf der Grundlage seiner »14 Punkte« genannt wird.

91 Der Artikel »Schuldfragen und Versailler Vertrag« erschien in einem Sammelband »Deutschland und die Schuldfrage«, Hsg. Dr. Wilhelm Ziegler – Berlin 1923 –. Die Liste der Mitarbeiter reicht von den Deutschnationalen, dem Botschafter a.D. Freiherr v. Schoen und Prof. Dr. Hoetzsch, bis zu den Sozialdemokraten Dr. Ludwig Quessel und Dr. Adolf Köster.

92 Köster, A.: Schuldfragen und Versailler Vertrag, S. 184.

genau innerhalb der Grenzen des Novemberprogramms gehalten hätten, wäre gegen diese Verknüpfung (›von Verursachung und Reparierung der Schäden‹) kaum etwas zu sagen gewesen.« – »Das eigentlich Unmoralische dieses Artikels liegt vielmehr in der Zumutung, daß wir eine Ersatzpflicht für *allen* Schaden und demgemäß auch eine Verursachung *allen* Schadens durch uns anerkennen sollen. Gegen diesen Bruch des uns vertraglich verbürgten Rechts auf Innehaltung der Reparations*grenzen* des amerikanischen Novemberprogramms muß sich der Hauptstoß unseres Kampfes gegen Artikel 231 richten[93].«

Das Besondere und Faszinierende an den Ausführungen Kösters zu einem Problem, das in jenen Jahren eigentlich im ›Für und Wider‹ nur emotional gesehen wurde, ist der kühne Versuch, auch eine sogenannte »Ehrenfrage der Nation« im Rahmen einer rational fundierten Beweisführung zu sehen. Indem der Verfasser sich zur These einer beschränkten und von Deutschland auch anerkannten »Aggression« in Belgien bekennt, versucht er den Schuldparagraph als globales – vor allem französisches – Hilfsmittel »als Schuldenparagraph« zu zerstören[94].

Es kommt hier nicht darauf an, Kösters Thesen auf ihre juristische »Richtigkeit« zu untersuchen. Wichtiger scheint der politische Gehalt dieser Ausführungen zu sein. Indem der Verfasser eine deutsche Teilaggression in Belgien anerkennt, versucht er Kriegsschulden und Kriegslasten wieder in den gewohnten Rahmen der europäischen Geschichte zu stellen, einer Geschichte, die stets Sieger und Besiegte kannte, aber keine Richter, die moralisch verdammten. »Denn die Behauptung von der deutschen Verantwortlichkeit, d. h. von der deutschen Alleinschuld, hat ihre unheilvollen Wirkungen ausgeübt auch abseits vom Vertrag und vom Wortlaut des Artikels 231[95].«

Die Reaktion auf diese Schrift ist unterschiedlich. Die in ihr geäußerten Gedanken finden ein Echo über den Tag hinaus. In einem Brief an seinen Verleger Stollberg vom 15. 6. 1925 äußert Köster den Wunsch, den Aufsatz noch einmal gesondert herauszugeben. »Vor ein paar Wochen hat besonders Geheimrat Mendelssohn-Bartholdy von dieser Studie geschrieben, daß seither im Urteil des Auslandes über diese Frage eine bemerkenswerte Wandlung eingetreten sei[96].« Hochgelobt wurde die Studie von Dr. Wolgast, einem ehemaligen Angehörigen des AA und späteren Professor für Völkerrecht, der in einem Brief vom 5. 8. 1926[96a] sich zu Kösters Thesen bekennt. Auch der damalige Reichskanzler Marx, dem Köster seine

93 Vgl. Anm. 92, S. 184.
94 Vgl. Anm. 92, S. 187.
95 Vgl. Anm. 92, S. 187.
96 Nachlaß Köster IV –.
96a Nachlaß Köster IV –.

Studie zugeschickt hatte, äußerte sich uneingeschränkt positiv. »Ihre Darlegungen haben einen überzeugenden Eindruck auf mich gemacht und ich muß sagen, daß außerordentlich viel für die Richtigkeit Ihrer Ansicht spricht.« Marx nennt die Gegenüberstellung der verschiedenen Friedensverträge »auf Seite 117 der Broschüre frappierend[97]«.

Zögernd mit dem Lobe ist nur derjenige, auf dessen positives Urteil es Köster sicher am meisten angekommen wäre – der Außenminister Gustav Stresemann: »Der von Ihnen vertretene Standpunkt scheint augenblicklich in der Tat mehrfach zur Geltung zu kommen. Ich möchte jedoch nicht verfehlen, daran zu erinnern, daß von Seiten der Entente der Artikel 231 auch offiziell mehrmals als deutsches Schuldbekenntnis bezeichnet worden ist. Dabei habe ich nicht nur die Rede Poincarés im Auge, sondern auch Äußerungen anderer Staatsmänner, die uns im Weltkrieg bekämpft haben[98].« Offensichtlich ist für den Außenminister Stresemann, der sich um jene Zeit – jedenfalls schon gedanklich – auf dem Weg nach Locarno befand, die Frage nach der Kriegsschuld, mit der sich der ehemalige Innenminister Köster auseinandergesetzt hatte, im Sinne einer deutschen Rechtfertigungsschrift nicht lösbar. Vielleicht wirkte diese Frage sogar störend in seinen direkten Verhandlungen mit den ehemaligen Kriegsgegnern im Westen, wo es in erster Linie um Sicherheitsgarantien ging und um die Aufstellung eines deutschen Zahlungsplanes. Die Zeit, in der die Ideologie des Artikels 231 auf internationalen Kongressen den Hintergrund der Verhandlungen bildete, war vorbei. Die Zeit der Sachverständigungen hatte begonnen. Es stand nicht mehr die Frage im Vordergrund, warum Deutschland zu zahlen hatte, sondern was es zu zahlen hatte und wie es zahlen konnte.

Es wäre sicher nicht berechtigt, den Pragmatiker Stresemann dem Theoretiker Köster gegenüberzustellen. Ganz von der Hand weisen läßt sich die Überlegung allerdings nicht, daß ein Politiker wie Köster, der auf der einen Seite seit seiner Studentenzeit sich mit den sozialen Problemen seiner Zeit auseinandergesetzt und der seine geistige Entwicklung über die Auseinandersetzung mit der Ethik Pascals und dem Geschichtsverständnis Kants genommen hat, auch vom Politischen her ein größeres Bedürfnis empfand, sich mit der Grundsatzfrage der deutschen »Schuld« am Ersten Weltkriege auseinanderzusetzen, als der nationalliberale Stresemann, dessen politische Ausgangsposition nicht der Sozialismus, sondern der nationale Liberalismus war, dessen Denken frühzeitig von der politischen und wirtschaftlichen Wirksamkeit einer großen Industrienation geprägt war und dem deshalb der Lösungsversuch des Tages näher lag als die grundsätzliche Auseinandersetzung über Gerechtigkeit, Schuld und Sühne im

97 Marx an Köster, Berlin 9. 11. 1924. Nachlaß Köster IV –.
98 Stresemann an Köster, Berlin 2. 10. 1924. Nachlaß Köster IV 3.

Staatsleben. Daß Köster im politischen Alltag ein vorzüglicher Pragmatiker sein konnte, das hatte er in seiner bisherigen Laufbahn bewiesen. Wie sehr aber politische Grundsatzfragen für ihn in den Jahren 1920/21 an Bedeutung gewonnen hatten, versuchte diese kurze Analyse seiner politischen Schriften aufzuzeigen. In der Zeit zwischen den beiden Ministerämtern ist der Großteil dieser politischen Schriften entstanden.

# Köster als Innenminister im zweiten Kabinett Wirth

*Kurze Charakteristik der politischen Lage*

Der Mann, der am 26. Oktober 1921 im zweiten Kabinett Wirth dem Reichstag als Innenminister vorgestellt wurde, hatte nun die letzte politische Vorbereitungsepoche abgeschlossen. Der Minister, der von Amts wegen für die Verfassung verantwortlich ist, war für dieses Amt gerüstet.

»Am 12. Oktober 1921 nahm der Völkerbundsrat das von seinem Ausschuß für Oberschlesien erarbeitete Gutachten einstimmig an. Da es den deutschen Erwartungen nicht entfernt entsprach, bedeutete dieser Schiedsspruch eine empfindliche Schwächung des Prestiges der Regierung Wirth, zerschlug die schwebenden Verhandlungen über die Verbreiterung der Koalition und führte im Endeffekt zum Sturz des Kabinetts und seiner Neubildung auf verengter statt erweiterter Basis[99].«

Die sogenannte Erfüllungspolitik des Kabinetts Wirth, eine Regierung der Weimarer Koalitionsparteien, schien gescheitert. Es war weder das Reparationsproblem gelöst worden noch war es gelungen, Oberschlesien dem Reich zu erhalten. Am 22. Oktober 1922 trat das Kabinett zurück. In einer Zeit äußerster außenpolitischer Bedrängnis und innenpolitischer Spannungen, die in Eupen-Malmedy ihren weithin sichtbaren Ausdruck gefunden hatten, erschien die Verbreiterung der Weimarer Koalition zur Großen Koalition, die von der SPD bis zur DVP reichen würde, die einzige Sicherheit für den Bestand der Republik zu sein. Diese besonders von Ebert getragene Vorstellung scheiterte an dem »Nein« der Deutschen Volkspartei, obgleich »die Außenpolitik der Weimarer Republik ... in der Tat im wesentlichen getragen worden [ist] durch die Parteien von der SPD bis zur DVP, während in den innenpolitischen und sozialpolitischen Fragen die beiden Parteien niemals zu einer klaren gemeinsamen Linie fanden[100]«.

99 Laubach, E.: Die Politik der Kabinette Wirth 1921/1922, Hamburg 1968 – S. 93 –.

100 Gebhardt, Handbuch der deutschen Geschichte, Bd. IV/1, Stuttgart 1973 – S. 235 –.

Die Verlegenheitslösung des 2. Kabinetts Wirth ist nur dadurch zu erklären, daß Deutschland in einer außenpolitisch kritischen Situation nicht ohne eine aktionsfähige Regierung bleiben konnte. »Die Frist für die Benennung der Delegierten für die vorgeschriebenen deutsch-polnischen Verhandlungen lief am 27. Oktober ab. Bis dahin mußte die neue Regierung gebildet sein, größte Eile war geboten[101].« Wirth fügte sich dem ihm von Ebert erteilten Auftrag, »eine Regierung zu bilden, welche in ihrer Zusammensetzung die Gewähr dafür bietet, daß sie die nächste der deutschen Außenpolitik gestellte Aufgabe, sowie die dringlichen Probleme der Zukunft lösen kann[102].«

Eine Erweiterung der Koalition gelang nicht, höchstens eine weitere Duldung der alten Koalition im Reichstag durch die Deutsche Volkspartei. Im Grunde kehrte bis auf einige Ausnahmen das alte Kabinett zurück. Zu diesen wenigen Ausnahmen gehörte die Auswechselung des Sozialdemokraten Gradnauer gegen den Sozialdemokraten Dr. Köster im Ressort des Innenministeriums. Es ist zu vermuten, daß hier Ebert persönlich seinen Einfluß ausgeübt hat, um in dieser schwierigen politischen Situation in dem Amt des »Verfassungsministers« einen Mann seines besonderen Vertrauens zu wissen. Der Justizminister Schiffer (DDP), der ebenfalls nicht in sein Amt zurückkehrte, wurde durch den bekannten Heidelberger Rechtsphilosophen und Strafrechtsreformer Professor Radbruch (SPD) ersetzt. Die innere Sicherheit und die Justiz waren somit zwei hochqualifizierten Männern anvertraut worden, deren demokratische und republikanische Gesinnung über allen Zweifel erhaben war. Die Bewährungsprobe für diese Gesinnung sollte nicht lange auf sich warten lassen.

### *Personalpolitik im Ministerium*

Die Übernahme des Innenministeriums durch Köster bedeutete mehr als ein Personenwechsel an der Spitze einer Behörde. Das Innenministerium, das in den ersten drei Jahren der Republik mehr oder weniger eine Behörde der Verwaltung in der Übergangszeit gewesen war, sollte jetzt nach dem Willen seines neuen Hausherrn ein Ort der Gestaltung republikanischer Staatsform werden. Köster trennte sich von dem hochangesehenen Staatssekretär Lewald, »denn der junge Köster sah keine innere Möglichkeit, mit dem so viel älteren Lewald zusammenzuarbeiten und mit dieser unter der Monarchie zum Range einer Exzellenz aufgestiegenen Persön-

101 Hierfür und für das folgende siehe Laubach, a.a.O., S. 103 ff.
102 Schreiben Eberts an Wirth, Berlin 25. 10. 1921. Akten der Reichskanzlei: Die Kabinette Wirth I und II, Boppard 1973, Bd. 1 – S. 343 –.

lichkeit die demokratische Neuordnung Deutschlands glaubwürdig zu repräsentieren[103].« Zum Staatssekretär wurde der Ministerialdirektor der staatsrechtlichen Abteilung Freiherr von Welser ernannt, und an dessen Stelle trat der ehemalige Ministerialrat aus der Reichskanzlei Arnold Brecht, der noch ein Jahr jünger war als der »junge« Minister mit seinen 38 Jahren. Köster kannte Brecht schon seit dem Winter 1918/19 aus der Zeit gemeinsamer Tätigkeit in der Reichskanzlei, wo Brecht die begonnene Arbeit Kösters an der Veröffentlichung der Waffenstillstandsdokumente vollendet hatte[104].

### *Aufbau der »Abteilung für Politik und Verfassung«*

Mit Arnold Brecht hatte Köster nicht nur einen erfahrenen Verwaltungsjuristen von ungewöhnlicher Aktivität gewonnen, der seit dem Herbst 1918 viele Erfahrungen an der Spitze der Reichsverwaltung gesammelt hatte, sondern auch gleichzeitig einen aktiven Republikaner, der gewillt war, im Sinne Kösters das Innenministeriums zu einem Ort schöpferischer Impulse für den staatlichen Aufbau dieser Republik zu gestalten. Bezeichnend hierfür ist die von Köster genehmigte Umbenennung der bisherigen Abteilung I (»staatsrechtliche Abteilung«) in »Abteilung für Politik und Verfassung«. Noch vierzig Jahre später umschreibt Brecht in seinen Erinnerungen das politische Programm, das Köster und ihm vorschwebte: »Das Innenministerium sollte eine aktive Rolle in der Neugestaltung des staatlichen Lebens übernehmen. Es schien mir jetzt darauf anzukommen, daß von ihm eine ständige Initiative ausging, um dem deutschen Volke die Ideale und den Sinn der demokratischen Institution nahezubringen, der Demokratie Freunde zu gewinnen und sie gegen die Gegner geistig und, wenn nötig physisch zu verteidigen, nicht nur gegen die Bolschewisten, worauf sich die alten Beamten mit voller Kraft allein konzentriert hatten, sondern auch gegen die militante Opposition der Rechten, der gegenüber man sich aus Seelensympathie zurückhaltend und apologetisch verhielt[105].« Die beiden Männer stimmten nicht nur in ihren politischen Grundsätzen überein, sie besaßen auch beide ein feines psychologisches und künstlerisches Gefühl dafür, daß der neue Staat, wenn er Sympathien gewinnen wollte, nicht nur eine Angelegenheit des Verstandes sein durfte, sondern auch das Gefühl der Bürger ansprechen mußte.

Gegenüber dem höfischen Prunk der kaiserlichen Zeit repräsentierte sich

103 Brecht, A., a.a.O., S. 370.
104 Vgl. Anm. 43.
105 Brecht, A., a.a.O., S. 370.

die Republik schlicht und glanzlos, als ob sie sich ihrer Existenz zu schämen hätte. Die Generation von Bürgern, die für diese Republik gewonnen werden sollte, lebte stärker, als die Gründer des neuen Staates es hatten wahrhaben wollen, in der Erinnerung an die vergangene Zeit. Es ging hierbei oft weniger um ein politisches Gegenbekenntnis zur Monarchie als um ein Nachtrauern um jene Dinge, die den »Staat« als solchen für die Bürger sichtbar gemacht hatten, um Dinge, mit denen er selbst seinen Anteil am Staat identifizieren konnte. Es fehlten die patriotischen Feiern, die großen Schauspiele der Paraden, die Verleihung von Orden und Titeln, der Glanz der bunten Uniformen. Das Staatsoberhaupt im Zylinder und im Gehrock ohne den Schmuck eines einzigen Ordens, daran konnte sich eine Generation schwer gewöhnen, für die die Uniform immer noch der höchste Ausdruck der Selbstdarstellung des Staates war. Daß die republikanischen Puristen der ersten Stunde weder für Orden noch für eine farbenfrohe Darstellung des Staates viel Sinn gehabt hatten, war verständlich, wenn auch psychologisch falsch. Die zweite deutsche Republik hat in diesem Punkte von den Fehlern der ersten gelernt. Zu den wenigen verantwortlichen Vertretern aus der Frühzeit der Weimarer Republik, die ein Gefühl für die Imponderabilien eines darstellbaren Staatsgefühls besaßen, gehörten Köster und sein auch auf diesem Gebiete umsichtiger Gehilfe Arnold Brecht.

Die unter der Verantwortung des Reichsinnenministers von dem Reichskunstwart Redslob gestaltete, von Brecht durchgeführte große Trauerfeier für den ermordeten Außenminister Walter Rathenau im Sitzungssaal des Reichstagsgebäudes am 27. Juni 1922 wurde, wenn auch der Anlaß makaber genug war, die erste große und eindrucksvolle Selbstdarstellung der Republik. Graf Kessler, der zeitgenössische Beobachter und Tagebuchschreiber, hat hierüber eine eindrucksvolle Schilderung hinterlassen: »Die Tribünen selbst, ebenso wie der Saal, waren dicht gefüllt. Kein Sitz war leer, auch nicht bei den Deutschnationalen. Mittelpunkt, und alles durch seine Größe und seinen Ernst beherrschend, war unter einer mächtigen Reichsflagge mit dem Reichsadler der Sarg ...« ... »Dann spielte die unsichtbare Musik den Trauermarsch aus der ›Götterdämmerung‹ auf den erschlagenen Siegfried und diese war gefühlsmäßig der Höhepunkt der Feier im Saal. Die Wirkung war aus den Umständen heraus ungeheuer[106].« Im Anschluß an die Feier im Reichstag folgte die militärische Trauerzeremonie unter den Fahnen Schwarz-Rot-Gold. Das alles hatte bei dem kritischen, keineswegs sentimentalen Beobachter einen tiefen Eindruck hinterlassen. Die Republik war also in der Lage, wenn sie die richtigen Männer hierfür besaß, auch so zu repräsentieren, daß es ihre Bürger bewegen

106 Zitiert bei Brecht, A., a.a.O., S. 387.

konnte. Der Weg dahin allerdings war lang und mit vielen Vorurteilen versperrt, die an einem solchen Tage wie bei der Trauerfeier für Rathenau einmal kurz zurücktraten.

### *Kampf für die neue Staatsform – Das Deutschlandlied als Nationalhymne*

Die Ermordung Rathenaus, die hierdurch sichtbar werdende Bedrohung der Republik durch rechtsextremistische Kreise, der in diesem Zusammenhang stehende Kampf um das Republikschutzgesetz zwischen den Rechts- und Linksparteien und zwischen der Reichsregierung und den separatistischen Strömungen in Bayern, dazu die sich schnell verschlechternde wirtschaftliche Lage durch die Inflation, aber auch die wachsende außenpolitische Bedrohung durch die vor allem unerbittlichen französischen Reparationsforderungen ließen es Köster als Innenminister notwendig erscheinen, den Staat nicht nur durch Gesetze und Verordnungen zu schützen, sondern über das Trennende der Parteien hinweg Zeichen und Symbole zu setzen, die von der Mehrheit des Volkes verstanden würden. Unter diesem Gesichtspunkt ist sicherlich die Verkündigung des Deutschlandliedes als deutsche Nationalhymne zwei Monate nach dem Rathenaumord zu verstehen. Ob Köster oder Brecht der Initiator dieser Idee war, ist nicht mit Sicherheit festzustellen. Kösters Kabinettskollege Radbruch schreibt das primäre Verdienst dem Innenminister zu[107]. Brecht drückt es in seinen Erinnerungen etwas verklausuliert so aus, als ob er der Inspirator gewesen sei[108]. Die Priorität des Gedankens wird nicht mehr festzustellen sein. Bei dem engen und vertrauensvollen Arbeitsverhältnis, in dem Köster und Brecht standen, werden sich derartige Vorstellungen im Gespräch ergeben haben. Unzweifelhaft hat Köster durch sein besonderes Vertrauensverhältnis zum Reichspräsidenten diesen nicht nur dazu bewogen, das Deutschlandlied unter Hervorhebung der 3. Strophe am 11. August 1922 als Nationalhymne zu bestimmen, er war es auch, »der jene wundervolle Botschaft des Reichspräsidenten am Verfassungstag 1922 inspirierte, durch die das Deutschlandlied zur Nationalhymne erhoben wurde. Jetzt, in den schweren Wochen nach dem Rathenaumord, war seine (Kösters) Aktivität auf dem Höhepunkt[109]«.

Daß gerade in diesen Wochen äußerster staatlicher Bedrängung, in der eine Mitte-Links-Regierung die politische Verantwortung trug, die Ver-

107 Radbruch, G.: Der innere Weg, Stuttgart 1971 – S. 160 –.
108 Brecht, A., a.a.O., S. 395.
109 Radbruch, G., a.a.O., S. 160/161.

kündigung des Deutschlandliedes zu einem psychologisch richtigen Zeitpunkt geschah, hat Brecht in seinen Erinnerungen treffend dargestellt. »Wenn *dieser* Reichspräsident (Friedrich Ebert), *diese* Reichsregierung (Wirth, Köster), nach *diesen* Ereignissen (Ermordung von Erzberger und Rathenau) das Deutschlandlied unter Hervorhebung seiner dritten Strophe zur Nationalhymne erklärten, und zugleich richtig interpretierten, so war der Mißdeutung im Ausland und im Inland, die einer politisch rechts stehenden Regierung bei einem solchen Akt reichlich beschert worden wäre, und seine integrierende Wirkung vernichtet hätte, im voraus die Grundlage entzogen[110].«

Von den vielseitigen Aufgaben und den zahlreichen Problemen, die in dem Krisenjahr 1921/1922 speziell einer Lösung durch das Innenministerium bedurften, seien besonders drei herausgegriffen, an denen sich beispielhaft die politische Haltung Kösters veranschaulichen läßt.

In der Debatte um den Haushalt des Reichsinnenministeriums am 3. und 5. April 1921 nahm Köster die sich ihm hier bietende Gelegenheit wahr, um besonders der rechten Seite des Reichstages seine Auffassung von dem Wesen und den Aufgaben des demokratischen Staates nahezubringen. Bei aller Schärfe in der Argumentation ist Köster nicht der Mann, der sofort auf Konfrontationskurs geht: »Das Problem ist, diesen stürmisch gewordenen neuen Staat auch denjenigen Stellen innerlich und äußerlich nahe zu bringen, die sich bisher abseits von ihm halten[111].« Mit feiner Ironie weist er der unbelehrbaren Rechten nach, daß die entscheidenden Umwandlungen dieses Staates schon kurz vor der Revolution durch die letzte kaiserliche Regierung des Prinzen Max eingeleitet worden seien: »Ich sage Ihnen, daß das parlamentarische Deutschland, das Sie heute noch bekämpfen, schon in diesen Erlassen fest beschlossen war.« Auf den Zwischenruf: »Also wozu die Revolution?« antwortete der Minister: »Ich habe sie nicht gemacht. – Ich sage Ihnen also, wenn Sie dieses parlamentarische Deutschland bekämpfen, bekämpfen Sie eben etwas, was organisch im Kriege und unter der Sanktion der kaiserlichen Regierung schon beschlossen war.«

Dieses Bekenntnis zum Evolutionsgedanken, bei dem die Tatsache einer Revolution als eine quantité négligeable betrachtet wird, ist bezeichnend für Köster und für den rechten Flügel seiner Partei. Der »Staat« hat sich nicht etwa durch den einmaligen Akt einer Revolution, sondern durch den harten Lernprozeß, den der Weltkrieg ihm auferlegte, in seinem Bewußtsein verändert und entwickelt. »Die Umwandlung Deutschlands in einen Volksstaat, der an politischer Freiheit und sozialer Fürsorge hinter

110 Brecht, A., a.a.O., S. 395.
111 Hierfür und für die folgenden Zitate: Verhandlungen des Reichstages Bd. 351 – 201. Sitzung –.

keinem Staat der Welt zurückstehen soll, wird entschlossen weitergeführt.« Mit einem gewissen Triumph, vom Zuruf der Deutschnationalen unterbrochen, stellt der Redner fest, daß hier kein Revolutionsaufruf zitiert sei, sondern die Kundgebung der kaiserlichen Regierung vom 4. November 1918.

Offensichtlich wollte der Minister mit seinem Exkurs in die jüngste Vergangenheit zweierlei erreichen, einmal die Klarstellung gegenüber den Rechtsparteien, daß dieser Staat, wenn sie nur wollten, auch der ihre sein könnte. Der Versuch des Reichskanzler Wirth, die Koalition nach rechts, d. h. durch Einbeziehung der Deutschen Volkspartei zu öffnen, stand immer wieder zur Debatte. Eine klare Absage war diese Rede aber auch an die äußerste Linke des Hauses. Die Grundlagen des neuen Staates sind geschaffen. Die Aufgabe »einer staatsschöpferischen Politik« muß es sein, diesen »klassischen deutschen Staatsbegriff gegen wirtschaftliche Zerreibung und Pulverisierung des Staates zu verteidigen«. Unmißverständlich wird festgestellt: »Diese Verteidigung ist die Aufgabe der deutschen Demokratie, und wir werden diesen Staatsbegriff verteidigen nach rechts *und* nach links.«

Ein Zurück in die alte Staatsform gab es für Köster nicht. Das, was nun geworden ist, mußte erhalten und vor allem ausgebaut werden. Besonders sein Appell an die Beamtenschaft ließ keinen Kompromiß zu. Hier wird nicht gebeten, sondern verlangt, »daß diese Beamtenschaft, die eben jetzt zu einem Organ geworden ist, mit dem sich das Volk selbst verwaltet, nicht nur fest auf dem Boden der Tatsachen steht, sondern fest in diesem Boden wurzelt«. Auch bei dieser Gelegenheit vor dem Plenum des Reichstags fühlt sich der Minister von seinem Ressort her verantwortlich, »den neuen Staat auch von seinen neuen Formen im Volk fest einzuwurzeln. Ein Staat ohne Formen, ein Staat ohne Symbole ist kein Staat.« ... »... ich bin fest überzeugt, daß derjenige Teil des Volkes, der diese Symbole erfaßt hat, und zwar gerade deshalb, weil sie aus diesem Elend heraus geboren sind, sie für immer festhalten wird.« Ein fast beschwörender Appell nach Rechts und nach Links zur Gemeinsamkeit in allen Dingen, die »das Reich« angehen, beschließt die große Rede. Wie vage die Hoffnung in Wirklichkeit auf eine große gemeinsame Politik im Rahmen der bestehenden Parteiverhältnisse war, läßt sich aus den Zwischenrufen im Plenum ablesen. Köster sprach von dem Aufbau eines neuen Staatsbewußtseins und Nationalbewußtseins, anknüpfend an die reiche Tradition unserer Geschichte, allerdings unter der nicht abhandelbaren Forderung: »Dieses neue, dieses gewachsene, von unten auf gewachsene Nationalbewußtsein wird demokratisch oder es wird nicht sein.« Quittiert wurde diese Aussage mit »Lachen rechts« und dem Zuruf der DVP: »Die war nicht demokratisch« (gemeint »die deutsche Tradition«).

Die große Rede Kösters ist das uneingeschränkte Bekenntnis zu diesem Staat in seiner demokratischen Form. Man sollte meinen, daß diese selbstverständliche Art der Aussage eines Reichsinnenministers zum mindesten von den Regierungsparteien voll hätte unterstützt werden müssen. Daß dieses keineswegs so war, zeigte der folgende Redner von der Zentrumspartei, also einer Partei der Koalition. Er begann seine Ausführungen mit einer milden Rüge für den jungen Reichsinnenminister, der nach seiner Meinung manches gesagt habe »über den Staatsbegriff und die Staatsauffassung, dem wir kritisch gegenüberstehen«. Gerade aus den Bemerkungen Schreibers, eines keineswegs rechtsradikalen, aber doch konservativen Zentrumsabgeordneten, geht hervor, daß der von Köster gezeichnete Staatsbegriff nicht einmal innerhalb der Parteien, die diese Republik trugen, unumstritten war. Schreiber konkretisiert seine Einschränkungen nicht, sondern wendet sich als alter Parlamentarier nach der kurzen Ministerschelte gleich den einzelnen Positionen des Etats zu. Aber deutlich genug, halb als verklausulierte Drohung, halb als Warnung, klingt sein monitum: » . . . ich muß mich doch fragen, ob es nicht am Ende seine Stellung erleichterte, wenn er diese Dinge hier im Plenum, (und) auch vor dem Beamtenkörper seines Reichsministeriums mit einer gewissen Zurückhaltung behandelt hätte.« Der politisch versierte Prälat setzte wohl hiermit ein Zeichen, daß die mitregierende Partei, das Zentrum, keineswegs ein uneingeschränktes Votum dieser Republik erteilen wolle, jedenfalls nicht durch einen Bekenntnisakt im Forum des Parlaments. Die Basis, auf der diese Staatsform ruhte, war schmaler, als es selbst Köster erscheinen mußte.

### *Das »Gesetz zum Schutze der Republik«*

Nur gut zwei Monate nach dieser Reichstagsdebatte hatte Köster seine Bewährungsprobe als Innenminister abzulegen. Der gefährlichste Anschlag auf die Republik wurde am 24. Juni 1922 durch die Ermordung ihres Außenministers Dr. Walter Rathenau ausgelöst. Zum zweiten Male innerhalb eines Jahres fiel ein prominenter Vertreter des neuen Staates einem Mordanschlag rechtsradikaler Kreise zum Opfer. Scheidemann, das neben Ebert prominenteste Mitglied des ehemaligen Rates der Volksbeauftragten, war kurz vor der Ermordung Rathenaus nur durch Zufall einem Säureattentat in Kassel entgangen. Würde dieser Staat, der in seiner Existenz durch das ungelöste Reparationsproblem aufs äußerste gefährdet war, diese innenpolitische Herausforderung einer mehr oder minder verzweigten Terrororganisation uneinsichtiger und unbelehrbarer Nationalisten standhalten können? Welche Maßnahmen konnten ihn schützen?

Mit der Ermordung Rathenaus hatte der Hetzfeldzug gegen die Weimarer Republik seinen ersten Höhepunkt erreicht. Die Aufforderung zum Mord an prominenten Mitgliedern der Regierung war immer unverhüllter zu Tage getreten. Im folgenden seien nur einige Zitate aus der Masse der unflätigen Schmähungen und Drohungen angeführt, durch die niedrigste Haßinstinkte angeheizt werden sollten: »Kaum hat der internationale Jude Rathenau die deutsche Ehre in seinen Händen, so ist davon nicht mehr die Rede. ... Die deutsche Ehre ist keine Schacherware für internationale Judenhände! ... Die deutsche Ehre wird gesühnt werden.« Dies waren nicht die Worte eines bedeutungslosen Journalisten, sondern die Ausführungen eines deutschnationalen Abgeordneten im Juniheft der »Konservativen Monatsschrift«. In der »Hamburger Reichsflagge« fand sich der berüchtigte Satz: »Gott erhalte Ebert, Wirth und Scheidemann, Erzberger hat er schon erhalten.« Die unverhüllte Morddrohung manifestierte sich in sogenannten Kampfversen der Rechtsverbände wie »Auch Rathenau der Walter erreicht kein hohes Alter. Knallt ab den Walter Rathenau, die gottverfluchte Judensau!« ... »Haut immer feste auf den Wirth, haut seinen Schädel, bis er klirrt[112]!«

Mit der Ermordung Rathenaus schien allerdings die Grenze des Tragbaren überschritten zu sein. Dieses Mal war die Reichsregierung gewillt, schnell und energisch durchzugreifen. Noch am Abend des Tages der Ermordung verlas Wirth im Reichstag eine Verordnung zum Schutze der Republik, die sich auf den Artikel 48 der Reichsverfassung stützte. Diese Verordnung gab die Möglichkeit, politische Versammlungen zu verbieten, sie schuf Strafbestimmungen gegen diejenigen, die öffentliche Gewalttaten gegen die republikanische Staatsform oder gegen Regierungsmitglieder verherrlichten oder billigten, belohnten oder begünstigten oder die die republikanische Staatsform oder die Reichsfarben beschimpften. Die Strafbestimmungen erstreckten sich auch schon auf diejenigen, die an einer geheimen oder staatsfeindlichen Verbindung teilnahmen, durch welche die bestehende Staatsform untergraben werden sollte[113]. Außerdem wurde die Errichtung eines Staatsgerichtshofes verkündet, dessen 7 Mitglieder (3 Reichsgerichtsräte und 4 Laien) vom Reichspräsidenten zu ernennen waren. Es folgte eine Verordnung, durch die die Landeszentralbehörden die Möglichkeit hatten, für den 28. Juni (den Jahrestag von Versailles, an dem man große Demonstrationen der Rechtsverbände erwartete) alle Regiments- und Traditionsfeiern zu verbieten. Am 29. 6. wurden durch eine dritte Verordnung des Reichspräsidenten die Teilnehmer von Vereinigungen, die zum Ziel hatten, republikanische Minister zu ermorden, mit der Todesstrafe, bzw. lebenslänglichem Zuchthaus bedroht.

112 Jasper, G.: Der Schutz der Republik Tübingen 1963, S. 57.
113 Vgl. für Einzelheiten: Jasper a.a.O., S. 58 ff.

Ein zum Handeln entschlossener Reichskanzler, der in seinem Verordnungswerk von zwei kompromißlosen Republikanern, dem Innenminister Köster und dem Justizminister Radbruch, unterstützt wurde, nahm den Kampf um die Sicherung der Republik vor dem Angriff der Rechtsextremisten auf. In der erregten Reichstagsdebatte vom 25. 6. 1922, in der er seine Abrechnung mit den politischen Gegnern von der rechten Seite des Hauses hielt, fiel das berühmte Wort: »Da steht der Feind, wo Mephisto sein Gift in die Wunde eines Volkes träufelte, da steht der Feind, und darüber ist kein Zweifel, dieser Feind steht rechts. (Stürmischer, sich wiederholender Beifall und Händeklatschen von den Kommunisten bis zum Zentrum und auf allen Tribünen)[114].«

Die Regierung Wirth konnte sich in diesem Kampf um die Erhaltung der Republik auf eine zweifelsfreie Mehrheit im Volk und im Parlament stützen. Allerdings drohte eine andere Gefahr. Wenn die Regierung nicht schnell und erfolgreich zum Schutze der Republik handelte, d. h. wenn die bürgerlichen und die sozialistischen Parteien nicht eine gemeinschaftliche Basis fanden, um überzeugend zu handeln, bestand die Gefahr, daß das Bündnis des republikanisch gesinnten Bürgertums (DDP, Zentrum, Teile der DVP) mit den Sozialdemokraten zerbrechen würde[115]. Die großen Massenkundgebungen der Arbeiterschaft, der Generalstreik am 27. 6. 1922, am Tage der Beisetzung Rathenaus, der erneute Aufruf der Gewerkschaften zum befristeten Generalstreik eine Woche später, der wieder eine große Beteiligung aufwies, die Forderung nach Hereinnahme der USPD in die Regierung, die wachsende Agitation der Kommunisten zeigten sehr wohl die Gefahr, daß die Masse der Arbeiterschaft auf die Dauer mit der Kompromißlösung des Bündnisses der größten sozialistischen Partei mit den bürgerlichen Parteien nicht einverstanden war: »Der Schuß der Mörder zerstörte den Traum von der Klassenversöhnung.« So hieß es in einem Aufruf der Kommunistischen Partei am 26. 6. 1922[116]. Warnend erklang die Stimme Severings in einem Artikel vom 5. 8. 1922 im »Vorwärts«. Es sei fraglich, »ob die Regierung noch einmal bei einem Attentat auf prominente Republikaner die Gegenbewegung in gesetzliche Schranken halten könne[117]«.

Diese Besorgnis Severings in den kritischen Tagen des Jahres 1922 war nicht als Einschüchterungsmittel gegen verunsicherte Bürgerkreise gedacht, sie war eine echte Sorge! Noch 30 Jahre später mit dem Abstand eines halben Menschenlebens schildert Severing die damalige Situation als den Grenzfall, der das mühsam ausgewogene Gleichgewicht zwischen Kapital

114 Zitiert nach Schultheiß Europäischer Geschichtskalender 68. Bd., S. 79.
115 Hierfür und für das folgende vgl. Jasper a.a.O., S. 63.
116 Zitiert nach Jasper a.a.O., S. 63.
117 Zitiert nach Jasper a.a.O., S. 64.

und Arbeiterschaft in einer zweiten Revolution hätte zerstören können: »Die Erbitterung in der Arbeiterschaft über den feigen Mord war ungeheuer. Mit Worten konnte sie nicht mehr beschwichtigt werden. Wenn die Regierung jetzt nicht bewies, gegen die offenen und versteckten Feinde der Republik mit allen Machtmitteln vorzugehen, dann mußte man gewärtig sein, daß das Wort vom »Selbstschutz« nun auch von den Hunderttausenden erbitterter Arbeiter und Bürger in die Praxis umgesetzt werden würde[118].«

Der Preußische Innenminister Severing zog für Preußen und für sich die Konsequenz, indem er dafür sorgte, daß in einem Revirement die Spitzenstellungen der Beamtenschaft mit zuverlässigen Republikanern besetzt würden – nicht nur mit Sozialdemokraten, sondern auch mit Angehörigen der DDP, des Zentrums und der Deutschen Volkspartei, soweit diese Männer sich als staatsbejahend erwiesen hatten[119]. Schnelles und entschlossenes Handeln war auch für die Reichsregierung das Gebot der Stunde. Weder der Reichspräsident Ebert, noch der Reichskanzler Wirth, noch der für die innere Sicherheit verantwortliche Reichsminister Dr. Köster zögerten, mit allen verfassungsmäßigen Mitteln den Rahmen für diese innere Sicherheit aufzubauen. Einen Tag nach dem Rathenau-Mord »unterbreitete Köster dem Kabinett den Entwurf einer Verordnung zum Schutze der Republik[120]«, die, vom Reichspräsidenten unterzeichnet, am gleichen Tage durch Justizminister Radbruch dem Reichstag bekanntgegeben wurde.

Der Reichsinnenminister Köster war allerdings keineswegs gewillt, mit dem Artikel 48 der Reichsverfassung länger als unbedingt notwendig zu arbeiten. In größter Beschleunigung wurde im Justizministerium und im Innenministerium der Text für »ein Gesetz zum Schutz der Republik« erarbeitet, das sich inhaltlich im wesentlichen mit den Ausführungen der Verordnung des Reichspräsidenten vom 25. Juni deckte, nun aber als Gesetz dauernde Verbindlichkeit erhalten sollte. Dieses war vor allem wichtig für die Schaffung eines Staatsgerichtshofes, der als neues, bis dahin unbekanntes Element in den deutschen Verfassungsaufbau eingeführt werden sollte.

Die größte Schwierigkeit, ein solches Gesetz durchzubringen, lag nicht im Reichstag, sondern, bedingt durch den föderativen Aufbau des Reiches, in der Länderkammer, dem Reichsrat. Die Kompetenzen des Reiches in der Durchführung der Maßnahmen für die innere Sicherheit waren beschränkt. Der Reichsinnenminister war, da es keine Reichspolizei gab, bei

118 Severing, C.: Mein Lebensweg Bd. 1, Köln 1950, S. 352.
119 Vgl. Severing, a.a.O., S. 352 ff.
120 Stockhausen, M. von: Sechs Jahre Reichskanzlei, Bonn 1954, S. 41.

den Verfolgungen auch der politischen Verbrecher auf die Hilfe der Länderpolizeien angewiesen, ähnliches galt auch für die richterliche Gewalt. Was im Norden, was in Preußen und einigen kleinen Staaten auf Zustimmung rechnen konnte, wurde im Süden, vor allem in Bayern, mit größtem Mißtrauen betrachtet. Es ist deshalb als eine bemerkenswerte politische Leistung von Köster und Radbruch anzusehen, daß der Gesetzesentwurf schon am 5. Juli 1922 in erster Lesung dem Reichstag vorgelegt werden konnte, nachdem er den Reichsrat passiert hatte.

Der Vorwurf, den Stockhausen in seinem Erinnerungswerk »Sechs Jahre Reichskanzlei« erhebt, die Reichsregierung habe »bei diesem raschen Vorgehen« übersehen, »daß das Reich ein Bundesstaat war und daß in gewissen süddeutschen Ländern, vor allem in Bayern, ganz andere politische Konstellationen herrschten«, besteht sicherlich zu Unrecht[121]. Schon bei der ersten Lesung wies Köster auf die Schwäche der Zentralgewalt hin: »Ich mache schon hier darauf aufmerksam, wie begrenzt die Kompetenzen sind, die das Reich im Rahmen der Weimarer Verfassung hat. Das Reich hat keine Exekutive[122].« Köster jedenfalls legte in der Debatte um die Annahme des Gesetzes Wert darauf zu betonen, daß dieses Gesetz im Einvernehmen mit den Ländern beschlossen werden muß. »Diese Verordnung und dieses Gesetz ist mit Willen der Mehrheit des Reichstages aus Rücksicht auf die Länder so aufgebaut worden, daß der Reichsminister des Inneren kein Recht hat, von sich aus in die Hoheit der Länder einzugreifen.« Und noch einmal betonte er in derselben Debatte: »Ich habe kein Aufsichtsrecht über die Länder[123].«

Wenn der politische Unitarier die Schwäche der Zentralgewalt so betonte, so durfte diese Aussage nicht als Zustimmung zu dem augenblicklichen verfassungsrechtlichen Zustand aufzufassen sein, sondern als ein Appell an die eigene Partei für seine künftige Änderung. Vielleicht aber hatte er wirklich die Gefahr einer drohenden Separation im Süden auch noch nicht als so relevant angesehen, da er wußte, daß der größte Bundesstaat Preußen ihm mit der Regierung Braun-Severing und der verläßlichen preußischen Polizei eine gewisse innenpolitische Hausmacht in der Exekutive bot. Wichtiger war Köster im Augenblick die Durchbringung eines Gesetzes zum Schutze der Republik, das für die Dauer und nicht für den augenblicklichen Notstand geschaffen wurde. Gerade dieser Punkt wurde von Köster, der dieses Gesetz in der ersten Lesung im Reichstag zu vertreten hatte, besonders betont.

Wie sehr sich der politische Demokrat Köster von den autoritären »Demokraten« der letzten Weimarer Phase, die nur noch den Artikel 48

121 Stockhausen a.a.O., S. 41.
122 Verhandlungen des Reichstages Bd. 356 – 5. Juli 1922.
123 Siehe Anm. 122.

der Verfassung zum Regieren benutzten, unterschied, drückte sich an jenem 5. Juli 1922 im Reichstag in unmißverständlicher Form aus: »Die Reichsregierung ist der Meinung, daß mit dem Artikel 48 der Reichsverfassung so selten wie möglich und so kurz wie möglich regiert werden soll ... Wir können uns deshalb nicht mit einem Instrument begnügen, durch das wir lediglich eine augenblickliche erregte politische Situation meistern können, die sich in einigen Wochen wieder vollkommen geändert haben mag. Die Erfahrungen, die wir mit der Verordnung des Herrn Reichspräsidenten nach dem Morde Erzbergers gemacht haben, verbieten uns das. Wir brauchen vielmehr dauernde Maßnahmen.«

Daß Köster das Instrumentarium der politischen Rede beherrschte, wurde gerade an seinen Ausführungen zur Begründung des Republik-Schutzgesetzes deutlich. Der sachlichen Begründung folgte der Appell an die Emotion: »Wir wollen nicht warten, bis man der Republik den Hals abschneidet«, rief er dem Hohen Hause zu. Zum Schluß der Ausführungen steigerte er sich zu jenem Pathos, das uns heute etwas fremd anmutet, das aber andere Politiker in gleicher Weise beherrschten und Ausdruck für einen erfolgreichen Redner jener Zeit war: »Es ist nicht wichtig, daß der eine oder der andere Minister noch weiter lebt; aber es ist wichtig, daß dieses Land lebt (lebhafte Zustimmung links). ... Dieses Land ist in Gefahr. Wir stehen in einem Kampfe. Die Regierung erwartet, daß jedermann seine Pflicht und Schuldigkeit tut (lebhafter Beifall links)[124].«

Noch einmal wird Köster als Ressortminister im Plenum des Reichstages am 17. Juli 1922 für das Kriminalpolizeigesetz sich einsetzen. Dieses Mal ging es darum, den Partikularismus Bayerns zu überwinden, das auch bei diesem Gesetz, das gewisse Befugnisse dem Reich übertragen wollte, sich in seiner Eigenstaatlichkeit gefährdet sah. Im Namen der ganzen Nation wirbt der Minister mit klaren fachlichen und mit gedämpft emotionalen Argumenten um die Stimmen der Bayerischen Volkspartei. »Aber ich kann mir nicht denken, daß das wirkliche Bayern, das bayerische Volk, unter dem ich doch auch ein paar Jahre gewohnt habe, nicht versteht, daß in einer Zeit, wo das Reich von Verbrecherbanden bedroht ist, die Reichsregierung dieses Minimum an Exekutive braucht, um nicht nur für das Reich, sondern zugleich auch für Bayern zu sorgen[125].« Trotz aller Appelle zur Vernunft blieb die Oppositionshaltung der Bayerischen Volkspartei bestehen. Wenn am 18. 7. 1922 das Gesetz zum Schutz der Republik, das Kriminalpolizeigesetz und einige kleine Begleitgesetze im Reichstag angenommen wurden, so konnte der Innenminister Köster einen Teil dieses Erfolges seinem Arbeitseinsatz im Kabinett und im Reichstag sich selbst zuschreiben. Für das Republik-Schutzgesetz hatten

124 Siehe Anm. 122.
125 Verhandlungen des Reichstages Bd. 356 – 17. 7. 1922.

auf der Linken die USPD, auf der Rechten die Mehrheit der DVP – einschließlich Stresemann – gestimmt, so daß für die verfassungsändernden Teile die notwendige Zweidrittel-Mehrheit vorhanden war[126]. Köster hatte hiermit im Sommer 1922 den äußerlich sichtbaren Höhepunkt seiner Laufbahn als Politiker erreicht.

### *Auseinandersetzung mit dem AA über Kompetenzfragen in der deutschen Minderheitenpolitik*

Neben den spektakulären Ereignissen um die innere Sicherheit des Reiches gab es Probleme, die kaum in die Öffentlichkeit drangen, deren Lösung aber Köster als Innenminister mit beharrlicher Konsequenz verfolgte. Auf den ersten Blick sieht es so aus, als ob es sich hierbei um eine der nicht selten auftretenden Kompetenzstreitigkeiten zweier konkurrierender Reichsbehörden handelte, und zum Teil war es auch sicher so. Auf der anderen Seite war es einem Politiker von dem Format Kösters kaum zuzutrauen, daß er in dieser Zeit um einer Prestige-Frage willen einen längeren Kampf mit einem anderen Ministerium führen würde. Pikant war die Angelegenheit dadurch, daß der ehemalige Außenminister Ansprüche als Innenminister gegen den jetzigen Außenminister, der nach der Ermordung Rathenaus zudem noch der Reichskanzler war, durchfocht.

Rein formal gesehen, handelte es sich um die finanzielle Unterstützung der deutschen Minderheiten mit Reichsmitteln, in diesem Falle gesondert um die deutschen Minderheiten in den durch den Versailler Vertrag abgetretenen deutschen Gebieten, vor allem im Osten. Diese Gelder konnten nicht direkt verteilt werden, da die Empfänger offiziell nunmehr Angehörige eines fremden Staates waren. Auf den verschiedensten Wegen floß das Geld über private Vereine und Organisationen, die zum großen Teil gespeist wurden durch die »Deutsche Stiftung«, einem eingetragenen Verein unter parlamentarischer Aufsicht. »Im Verhältnis zum Reich war die ›Deutsche Stiftung‹ aber eine »verschleierte Dienststelle«, die seit Beginn der Inflation fast ausschließlich mit Reichsmitteln die Finanzierung der kulturellen und bis 1924 auch der wirtschaftlichen Aktionen im Rahmen der Deutschtumspolitik betrieb. Sie wurde bei ihrer Tätigkeit durch das Auswärtige Amt und andere Regierungsstellen kontrolliert[127].«

Das AA war bemüht, nicht nur die alleinige Kontrolle über die an die

126 Vgl. für Einzelheiten: Jasper a.a.O., S. 87 ff.
127 Krekeler, N.: Revisionsanspruch und geheime Ostpolitik der Weimarer Republik, Stuttgart 1973, S. 16.
Der eingehenden Untersuchung von Krekeler ist der Verfasser in der folgenden Darstellung verpflichtet.

deutschen Minderheiten zu zahlenden Unterstützungen zu besitzen, sondern gleichzeitig auch im Inlande unter seiner Aufsicht eine Dachorganisation bzw. einen Zweckverband zu schaffen, dem alle für die in der Auslandsarbeit tätigen Vereine wie der »Verein für das Deutschtum im Ausland«, der »Deutsche Schutzbund«, die »Deutsche Kolonialgesellschaft« und andere angehörten. Ein solcher »Zweckverband« wurde am 23. 3. 1922 tatsächlich geschaffen. Gegen diese auf den ersten Blick durchaus vernünftig erscheinende Lösung opponierte der Innenminister Dr. Adolf Köster mit allen Mitteln.

In einem harten Kampf mit dem AA, der in umfangreichen Schriftsätzen an das Auswärtige Amt und an den Reichskanzler ausgefochten wurde, forderte der Minister zum mindesten die Kontrolle über jene Gebiete, die durch den Versailler Vertrag vom Reich getrennt worden waren, insbesondere aber sollten die deutschen Ostgebiete vom Innenministerium weiter betreut werden. Das AA kam durch diese massiven Angriffe Kösters in einen Zugzwang. »Auf Anregung des Staatssekretärs von Simson richtete das AA an die deutschen Gesandtschaften in den europäischen Ländern mit starken deutschen Minderheiten – Dänemark, Polen und die CSR – sowie an die deutsche Gesandtschaft in Wien ein Schreiben, in dem die außenpolitischen Aspekte der Deutschtumspolitik dargelegt und den Vorstellungen des Reichsministeriums des Inneren entgegengesetzt wurden[128].«

Die Antworten der deutschen Missionschefs fielen wie erwartet aus. Alle stimmten dafür, daß die Deutschtumspolitik allein Sache des Auswärtigen Amtes bleiben müsse. Selbst Kösters Parteigenosse, der deutsche Gesandte in Warschau Ulrich Rauscher, machte hiervon keine Ausnahme. In einer sehr eingehenden Stellungnahme zu dem Gesamtkomplex »Deutsche Minderheiten« kam er zu dem Schluß, daß nur die Gesandtschaften die Fähigkeiten besäßen, »sich ein Bild von den komplizierten Vorgängen innerhalb der deutschen Volksgruppen zu machen, da diese ›eben richtige Kolonien‹ und ›unter sich verzahnt und von schwer zu übersehenden Interessen beherrscht‹ seien[129]«. Der Praktiker Rauscher hatte jedoch noch ein einfaches, aber einleuchtendes Argument für die Ressortierung der Minderheitenfrage beim AA anzuführen: »Ein Gesandter, der nur führen und gute Ratschläge geben will, ohne daß aus seiner Hand die Mittel zur Befriedigung der Bedürfnisse unserer jetzigen oder früheren Landsleute im Ausland kommen, hat einen fast unmöglichen Stand[130].«

Nachdem sich schon der Reichskanzler und gleichzeitige amtierende Außenminister Wirth gegen Kösters Vorstellungen ausgesprochen hatte

128 Krekeler, a.a.O., S. 43.
129 Rauscher an AA – 11. 10. 1922 – zitiert nach Krekeler, a.a.O. - S. 44.
130 Vgl. Anm. 129.

und selbst die gemäßigte Forderung nach Einfluß des Innenministeriums auf die Verbände im Reich mit der Bemerkung ablehnte, »damit wolle sich das Reichsinnenministeriums ein Instrument schaffen, um damit eine Art eigene Außenpolitik zu betreiben[131]«, war der Kampf im Grunde gegen Köster entschieden. Mit seltener Zähigkeit hielt dieser aber an seinen Forderungen fest. Er verlangte eine Kabinettsentscheidung, und die Auseinandersetzung dauerte bis zum Rücktritt des Kabinetts Wirth an. Erst im Nachfolgekabinett Cuno kam es im Jahre 1923 zu einer Vereinbarung zwischen dem neuen Innenminister Dr. Oeser und dem neuen Außenminister von Rosenberg.

Die wichtigsten Punkte der Einigung waren

»1. Die Deutschtumspflege innerhalb der Reichsgrenzen liegt dem Reichsministerium des Inneren ob.

2. Die Deutschtumspflege im alten Ausland außerhalb der Grenzen von 1914 liegt dem Auswärtigen Amt ob . . .

3. Die Deutschtumspflege im neuen Ausland (abgetretene Gebiete) liegt dem Auswärtigen Amt ob. Die Betätigung des Reichsministeriums des Inneren hat hier in stärkerem Maße als unter 2) zu erfolgen, weil die Verbindungen zwischen den abgetretenen Gebieten und der Heimat besonders eng sind[132].«

Das Auswärtige Amt hatte durch seine besseren Argumente den Kampf um die Ressortierung der Minderheitenfrage gewonnen. Immerhin war es Kösters zähem Widerstand gelungen, doch einige Forderungen des Reichsinnenministeriums, wenn auch erst durch seinen Nachfolger, durchzusetzen.

Es stellt sich die Frage, welche Gründe Köster eigentlich hatte, einen derartigen Ressortkampf zu beginnen und mit solcher Hartnäckigkeit während des Großteils seiner Ministerzeit durchzuführen. Schließlich war er selbst einmal Reichsaußenminister gewesen, sein Interessengebiet war stark von der Außenpolitik geprägt worden, und wenige Wochen nach Beendigung seiner Tätigkeit als Innenminister trat er selbst als Gesandter in die Dienste des Amtes, das er eben noch bekämpft hatte. Es ist nicht einfach, in dieser Frage die scheinbare Widersprüchlichkeit im Handeln und in den Entscheidungen Kösters zu erklären.

Drei Komplexe scheinen miteinander verwoben zu sein, ohne daß einer von ihnen allein im Blickpunkt des Köstersdhen Handelns gestanden hat. Am vordergründigsten, aber auch als durchaus einleuchtend erscheint der Vorwurf des Reichskanzlers, das Innenministerium, d. h. Köster wolle mit der ganzen Aktion nur ein Instrument schaffen, um »eine Art eigene

131 Aufzeichnung einer Chefbesprechung vom 6. 9. 1922 nach Krekeler, a.a.O., S. 42.

132 Krekeler, a.a.O., S. 46/47.

Außenpolitik zu betreiben«. Ganz von der Hand weisen läßt sich dieser Vorwurf nicht, denn jeder Politiker in führender Stellung wird bemüht sein, ein möglichst großes Maß an politischer Macht zu besitzen. Da Köster gerade in den Sommermonaten 1922 erleben mußte, wie gering die Einwirkungsmöglichkeit seines Ministeriums in allen Fragen der inneren Exekutive war, so ist es vielleicht verständlich, daß er bemüht war, Einfluß auf Gebiete zu gewinnen, die ihm besonders nahe standen, diese waren das Feld der Außenpolitik und die Minderheitenfrage (siehe seine Tätigkeit in Schleswig).

Die zweite Überlegung, warum die Frage der deutschen Minderheiten in den abgetretenen Gebieten im Ressort des Innenministeriums behandelt werden sollte, führt zu weitergehenden Konsequenzen als denen eines »Ressortstreites«. Wer Minderheitenfragen der abgetretenen Gebiete weiter durch das Innenministerium behandelt wissen will, der propagiert damit gleichzeitig ein schwerwiegendes außenpolitisches Programm. Er ist nicht gewillt, die Verhältnisse des status quo, nach denen diese Gebiete Ausland sind, anzunehmen. Er gibt schon mit dieser Ressortzuteilung zu erkennen, daß er die bestehenden Verträge nicht akzeptiert und eine Revisionspolitik verfolgt.

War Köster ein Revanchist? Sicherlich nicht in dem Sinne, daß er die Grenzen von 1914 wieder erkämpfen möchte. Er war aber ein »nationaler« Politiker, dem der Kampf um gerechte Grenzen im Sinne demokratischer Volksentscheidungen legitim und praktisch notwendig erschien. Dies hatte er gerade als Abstimmungskommissar in Schleswig bewiesen. Verdeckt klingt es in seinem Schleswig-Holstein-Buch heraus, daß dort, wo nach seiner Meinung ungerechte Entscheidungen gefällt worden sind (z. B. in Hadersleben), in der Zukunft noch Korrekturen im Geiste der Vernunft möglich sein müßten.

Bis zu diesen Überlegungen konnte man Köster als einen »nationalen« Politiker bezeichnen, der auch in einer der bürgerlichen Parteien bis hin zur Volkspartei seine politische Heimat hätte finden können. Die entscheidende politische Abgrenzung Kösters gegenüber den damaligen bürgerlichen Parteien liegt aber in jenem dritten Komplex, der für seine Entscheidung für die Auseinandersetzung mit dem AA wahrscheinlich am gravierendsten war, in der Beurteilung der sozialen und damit auch der politischen Probleme, denen die deutschen Minderheiten ausgesetzt waren. Gerade auf diesen Punkt hat dankenswerter Weise schon Norbert Krekeler in seiner eingehenden Untersuchung über »Revisionsanspruch und geheime Ostpolitik der Weimarer Republik[133]« hingewiesen.

Er zeigt, daß das Problem des deutschen Bevölkerungsteils in Polen

133 Krekeler, a.a.O., S. 36 ff.

nicht nur ein nationales, sondern auch ein soziales Problem war, daß es eine Interessenidentität zwischen Großgrundbesitz und deutscher Volksgruppe gab, aber »diese Problematik ... wurde im AA konsequent verdrängt«. »Die Hilfe des Reichs kam also zunächst und hauptsächlich den Repräsentanten der vergangenen deutschen Herrschaft über diese Gebiete zugute, nicht der breiten Masse der Deutschen[134].« Gleichzeitig weist Krekeler nach, daß die soziale Herkunft der Deutschtumsführer ein Überwiegen deutschnationaler Elemente ermöglichte und daß alle deutschen Parteien im Inland sich kritiklos vor eine Deutschtumspolitik spannen ließen, die einen ideologisch gefährlichen Kurs zu den neuen Mutterstaaten steuerte.

Hier ist mit Sicherheit der politische Ansatz zum Handeln Kösters gegeben. Gegen die restriktive Tendenz der deutschen Vereine in Polen, aber auch in Deutschland wandte sich Köster. In einer Reihe von Eingaben an das AA und das Reichsfinanzministerium fordert er die Überwachung der Zahlungen, sogar die Einstellung der Zahlungen an die Verbände, bevor nicht die sachgerechte Verwendung der Gelder, das heißt die sozial gerechte Verwendung der Gelder gewährleistet sei. Aus diesem Grunde forderte er die völlige politische Abstinenz in der Verteilung von Geldern durch die »Deutsche Stiftung[135]«. Für die Einschaltung seines Ministeriums bei dieser Aktion gibt er vordergründige Fragen der Organisationsvereinfachung an. In Wahrheit dürfte eine andere Überlegung für Köster ausschlaggebend gewesen sein. Die Unterstützung und Förderung derjenigen Teile deutscher Minderheiten, die in einem positiven Verhältnis zum neuen Staat standen, schienen ihm unter dem Protektorat des Innenministeriums, das unter seiner Führung stand, gesicherter als unter dem des AA, dessen konservativeren Führungskräften er offensichtlich nicht die notwendigen sozialen und politischen Konsequenzen in der Minderheitenfrage zutraute. In welchem Gegensatz die deutschen Minderheiten zu der deutschen Republik stehen konnten, sollte Köster kurze Zeit später am eigenen Leibe als Gesandter in Riga erfahren.

Wenn wir die möglichen Gründe für Kösters zähen Kampf mit dem Auswärtigen Amt um die Kompetenzfrage überblicken, so sollen keineswegs die hier geschilderten Komplexe eins und zwei als nicht bestimmend abgetan werden. Für Kösters Haltung entscheidend scheint aber doch der Komplex drei gewesen zu sein. Bei allem Engagement für die Außenpolitik war für Köster die letzte Triebkraft seiner politischen Verpflichtung das soziale und nicht das nationale Element. Dies ergibt sich nicht nur aus seiner bisherigen politischen Tätigkeit, sondern entscheidend auch aus seinen philosophischen und aus seinen literarischen Arbeiten. Es wurde in

134 Krekeler, a.a.O., S. 36.
135 Krekeler, a.a.O., S. 41.

den vorangegangenen Kapiteln versucht, diese Seite seines Wesens an Beispielen zu erläutern[136].

### *Demission des Kabinetts Wirth – Kösters Stellung zum Reichspräsidenten Ebert*

Die Gründe, die zum Rücktritt des zweiten Kabinetts Wirth führten, und der Anteil, den Köster persönlich an der Demission des Kabinetts trug, sind bis zum heutigen Tage nicht restlos geklärt. Die parlamentarische Lage des Kabinetts Wirth war im Herbst 1922 keineswegs so hoffnungslos, daß ein Rücktritt unbedingt notwendig gewesen wäre. Der Streit mit Bayern um die Geltung des Gesetzes zum Schutze der Republik und der Gründung des Staatsgerichtshofes war nach zähen Verhandlungen und sich versteifender Hartnäckigkeit auf beiden Seiten schließlich doch in einen halbwegs annehmbaren Kompromiß (das Reich hatte sich auf die Zusage eines »Süddeutschen Senates« eingelassen) ausgelaufen[137]. Auch die deutsche Note zur Reparationsfrage vom 13. November 1922 fand eine breite parlamentarische Zustimmung. »Er habe noch nie eine solche Einigkeit erlebt, meinte Wirth vor Journalisten[138].«

Aus den bisherigen Forschungen ergibt sich, daß Reichspräsident Ebert eine Öffnung der parlamentarischen Mehrheit nach rechts unter Einbeziehung der Deutschen Volkspartei wünschte, um die Verantwortung der immer bedrohlicher werdenden Reparationspolitik Frankreichs von den Kapitalkreisen des Bürgertums mittragen zu lassen, daß außerdem aber im Grunde alle angesprochenen Parteien keine andere Politik für möglich erachteten als diejenige, die im Augenblick betrieben wurde. Wirth aber versäumte es, »als Reichskanzler das Prävenire zu spielen, und durch eine eigene programmatische Regierungserklärung mit anschließender Vertrauensfrage den Reichstag zu einer verantwortlichen – wahrscheinlich positiven Stellungnahme zu zwingen[139].«

Bekannt war, daß die sozialdemokratische Reichstagsfraktion, die durch die Rückgewinnung der Abgeordneten der USPD bedeutend stärker geworden war, von sich aus eine Erweiterung der Regierung nach rechts im Augenblick nicht wünschte, schon im Hinblick auf die erst wieder zur Partei gestoßenen Mitglieder. Die offene Frage bleibt, ob Wirth unter

136 Vgl. S. 21.
137 Vgl. hierzu die eingehende Darstellung bei Jasper, »Der Konflikt zwischen Bayern und dem Reich« (S. 92-100) und »Die Bildung des Staatsgerichtshofes und der Süddeutschen Staaten« (S. 100-105).
138 Laubach, a.a.O., S. 309.
139 Laubach, a.a.O., S. 310.

Verzicht auf eine augenblickliche Erweiterung der Regierung zurücktreten *mußte,* ob die sozialdemokratische Partei den Bruch der bestehenden Regierung *wollte* oder ob Wirth die heraufbeschworene Schwierigkeit gern zum Anlaß nahm, um von sich aus zu resignieren. Manches spricht für die letzte Anschauung.

Die Behauptung des Reichswehrministers Gessler, Ebert habe »den ihm sehr nahestehenden Reichsinnenminister Dr. Köster veranlaßt, dem Reichskanzler die weitere Gefolgschaft der SPD–Minister aufzukündigen«, ist nach der heutigen Aktenlage nicht mehr aufrecht zu erhalten[140]. Gerade *Köster* war es, der in der Kabinettssitzung vom 20. 11. 1922, die mit der Demission des Kabinetts schloß, als einziger dem Reichskanzler die bohrende Frage stellte: »Haben die bürgerlichen Parteien, hat der Reichspräsident oder Wirth selber den Anstoß für den Rücktritt gegeben und die Sozialdemokratie zu so eindeutiger Stellungnahme veranlaßt?« Wirth gab keine klare Antwort. Bei einem weiteren Nachstoßen des unbequemen Fragers erhält dieser die ungnädige Antwort, »daß es nicht üblich sei, den Rücktritt des Kabinetts mit Vorwürfen zu verbinden[141]«.

Mit dem Ausscheiden aus dem Kabinett Wirth war für Köster die große politische Laufbahn beendet. Er besaß zwar das Vertrauen des Staatsoberhauptes, das sich in einem warmherzigen Abschiedsbrief ausdrückte: »Sie haben mit großer Hingabe und Tatkraft das Ihnen anvertraute wichtige Reichsministerium des Inneren geleitet ... sich in diesem Amte bleibende Verdienste um die deutsche Republik erworben. Mit ganzer Tatkraft sind Sie für den Ausbau und die Festigung der republikanischen Verfassung eingetreten ...[142]« Er konnte annehmen, daß in einer künftigen sozialdemokratischen Regierung ihm wieder ein wichtiges Amt anvertraut würde. Seine Partei aber war aus der Regierungsverantwortung ausgeschieden und sollte es für Jahre bleiben. Der Reichspräsident jedoch, von dem der damalige Reichswehrminister Gessler gesagt hatte, daß Köster zu denjenigen Parteigenossen gehörte, die ihm besonders nahe standen und »den der Präsident als ›seinen jungen Mann‹ behandelte[143]«, hatte nur noch zwei Jahre zu leben. Wenn Köster für Ebert der »junge Mann« war, dessen politische Laufbahn zu fördern es sich lohnte, so war umgekehrt der erste Reichspräsident derjenige Politiker in der deutschen Republik, dessen politisches Engagement, dessen praktisches Wirken und dessen Persönlichkeit für Köster eine Art Leitbild, vielleicht eine Vaterfigur bedeuteten.

Nach dem Tode Eberts erschien in der »Rigaschen Rundschau« am

140 Gessler, O.: Reichswehrpolitik in der Weimarer Zeit, Stuttgart 1958, S. 359
141 Kabinett Wirth, Bd. 1, S. XXXIII und Dokument Nr. 408.
142 Schreiben Eberts an Köster – Berlin 22. 11. 1922. Nachlaß Köster IV 3.
143 Gessler, O., a.a.O., S. 328.

3. Mai 1925 ein Artikel »Friedrich Ebert. Von Dr. Adolf Köster Deutschem Gesandten in Lettland«, der zu den besten Würdigungen gehört, die dem toten Präsidenten dargebracht wurden. Köster schreibt aus der Sicht des Nahestehenden: »Ich kenne ihn seit zehn Jahren aus der Nähe...« und... »Er war aus der heiteren Pfalz, aber er hatte wenig Freunde, denen er sich erschloß. Er war eine Energiequelle, die jeder, der in seiner Nähe zu arbeiten das Glück hatte, bewundern lernte.« Der Schreiber hütet sich vor falscher Vertraulichkeit dem Verstorbenen gegenüber. Es ist eine Würdigung der sachlichen Leistung dieses Politikers, der für das Reich die Verantwortung übernahm und trug von jenem »Moment ab, als der lahme kaiserliche Kanzler ihm die Zügel in die Hand gab«, und der »aus bitterer Not... für den Aufbau, die Erhaltung, den Ausbau des von ihm bekämpften Wirtschaftssystems arbeiten mußte. Er hat es getan – gegen Widerstände – nicht für sich –, er hat sich, er hat die Partei in sich überwunden für das Ganze.« Was Köster an dem verstorbenen Präsidenten schätzte, war eben gerade dieses große Gefühl der Verantwortung für das Ganze, das diesen Arbeiterführer und Sozialisten ausgezeichnet hatte. Für ihn lag die eigentliche Tragik Eberts in jenem hämischen Mißtrauen eines großen Teils des Volkes, daß ein republikanischer Staatsmann, der aus der Arbeiterbewegung hervorgegangen war, kein Patriot sein könne. »Bis in sein letztes Krankenzimmer drang die Schlammflut der Angriffe, der Verdächtigungen seiner Gegner...«

Das Bild, das Köster in diesem Artikel von Ebert zeichnete, dürfte gleichzeitig ein Leitbild für das eigene politische Wirken gewesen sein. Hiernach sind nur diejenigen Entscheidungen richtig, die von der wirtschaftlichen und politischen Vernunft her die Masse jener wenig privilegierten Menschen berücksichtigen, die die Last und Mühe des Produktionsprozesses zu tragen haben. Nicht die Ideologie ist maßgebend – und sei es die schönste sozialistische Theorie –, sondern die erfolgversprechende praktische Maßnahme. Wie mühevoll und wie mißdeutungsvoll ein solcher Weg zwischen »Rechts« und »Links« zu gehen ist, hatte Köster an dem Beispiel Eberts zu zeigen versucht. Daß sein eigener Weg nicht viel anders verlaufen würde, sollten die folgenden Jahre beweisen.

# Köster als deutscher Gesandter in Riga

*Der Wechsel vom Politiker zum Karriere-Beamten*

Als Köster im November 1922 mit dem Kabinett Wirth als Innenminister demissionierte, begann sich das politische Klima in der Weimarer Republik zu ungunsten jener Parteien zu verändern, die die Republik trugen. Die Wende des Jahres 1922/23 bedeutete auch für Köster eine entscheidende Wende in seiner beruflichen und in seiner politischen Karriere. Während im Jahre 1920 der zurückgetretene Außenminister Köster sich gewissermaßen in eine Wartestellung nach Blankenese zurückzog, dort wichtige politische Schriften verfaßte, Mitglied des Reichstags wurde und so als Politiker verfügbar blieb, als im zweiten Kabinett Wirth der Posten des Innenministers neu besetzt wurde, fiel dieses Mal die persönliche Entscheidung ganz anders aus.

Fast nahtlos vollzog sich der Übergang des ehemaligen Innenministers Köster in die Stellung eines Gesandten des Deutschen Reiches in Riga. Köster gab sein Reichstagsmandat auf. Er verzichtete damit auch zum Teil auf einen internen Einfluß in seiner Partei, einen Einfluß, der durch seine Tätigkeit im Auslande ohnehin nicht mehr in dem alten Umfange möglich war. Er erschwerte sich damit die Chance, bei einer eventuellen späteren Regierungsneubildung das Amt des Außenministeriums, dem seine heimliche Liebe gehörte, zu übernehmen. Er zog die Leitung einer nach außen hin nicht gerade bedeutenden Gesandtschaft am Rande der Ostsee dieser Chance vor. Das alles geschah mit einer fast hektisch wirkenden Schnelligkeit. Am 11. November 1922 war das Kabinett Wirth zurückgetreten. Am 1. Februar 1923 überreichte Köster in Riga sein Beglaubigungsschreiben als »Außerordentlicher Gesandter und Bevollmächtigter Minister der Deutschen Regierung bei der Republik Lettland[144]«.

Die Gründe für diese entscheidende Wendung, die Köster im Winter 1922/23 von der Legislative in die Exekutive, von dem freien Amte eines Reichstagsabgeordneten in das Amt eines weisungsgebundenen Beamten

144 AA – Lettland, Pol 10 – Bd. 1.

vollzog, sind nicht aktenmäßig zu belegen. Warum aber strebte der erfolgreiche ehemalige Innenminister nicht das Amt eines hohen politischen Verwaltungsbeamten an? Bei seinen guten Beziehungen zu Severing wäre es sicher möglich gewesen, auch mit ihm den Posten eines preußischen Oberpräsidenten zu besetzen, wie es schon mit Noske geschehen war.

Der Posten in Riga aber war die Stellung eines »Karriere-Beamten«, und noch nicht einmal eine Spitzenstellung, wie es z. B. die großen Botschaften in Paris, Rom oder Washington gewesen wären, die zu der gleichen Zeit auch im Wechsel begriffen waren. Hinzu kam, daß die Angehörigen des selbstbewußten Auswärtigen Amtes stets mit größtem Mißtrauen dem »Außenseiter«, dem Manne, der nicht aus der Karriere kam, gegenüberstanden. Die Zeit der Reform des AA, die bis zum Ende des Jahres 1920 angedauert hatte und in der durch den Einfluß des eigentlichen »Reformators«, des Ministerialdirektors Edmund Schüler, eine Reihe von »Außenseitern« den starren Aufbau des Amtes gelockert hatten, war vorbei[145].

Köster war, wenn man die Zeitspanne der Weimarer Republik betrachtet, einer der letzten »Außenseiter«. Wenn man nach Gründen für diesen Berufswechsel fragt, so sollte man eine ganz einfache Überlegung aus der Sicht Kösters nicht außer acht lassen. Es könnte durchaus sein, daß der ehemalige Minister, der vierzig Jahre wurde, eine Frau und fünf Kinder besaß, Ausschau gehalten hatte nach einer Stellung, die zwar weniger bedeutend und einflußreich war als die eines Ministers, dafür aber die Gewähr für mehr Stetigkeit in sich trug. Außerdem hatte ein derartiges Amt, das die Möglichkeit bot, internationale Kontakte zu pflegen, für Köster sicherlich mehr Reize als der Posten eines politischen Verwaltungsbeamten innerhalb des Reiches. Die Selbstsicherheit und Gewandtheit, mit der Köster bislang jede von ihm übernommene Aufgabe erfolgreich ausgefüllt hatte, ließen ihm die Beschwernisse einer »Außenseiter-Position« sicher nicht sehr groß erscheinen. Die Zukunft sollte zeigen, daß ihm wegen *dieser* Eigenschaft innerhalb des Auswärtigen Amtes, dessen Spitzenbeamte ihm bekannt waren, keine sichtbaren Hindernisse in den Weg gelegt wurden.

Hinzu kam die Hoffnung, daß der Reichspräsident nach einer angemessenen Zeit der Bewährung auf einem kleinen Auslandsposten für ihn eine Position von breiterer Verantwortung bereit haben würde. Es wird noch zu zeigen sein, daß Kösters Wunschziel die Botschaft in London war, wo der sich dem Pensionsalter nähernde ehemalige Hamburger Bürgermeister

145 Vgl. hierzu die Studie des Verfassers Doß, K.: »Das deutsche Auswärtige Amt im Übergang vom Kaiserreich zur Weimarer Republik« Düsseldorf 1977. Hier besonders »Die Schülersche Personalpolitik«, S. 270 ff.

Sthamer das Deutsche Reich mit Würde und Autorität vertrat. Sthamer war der wahrscheinlich erfolgreichste diplomatische Außenseiter, der durch den Reformer Schüler auf diesen »klassischen« Posten einer deutschen Botschaft gekommen war.

Köster ging ohne Ressentiments nach Riga. Seinem Temperament und seiner Arbeitseinstellung entsprach es, daß für ihn *jeder* Posten, den er übernahm, mit neuem Gewicht durch seine Persönlichkeit ausgestattet würde. Über diese besondere Einstellung schrieb Paul Schiemann, der Führer der »Deutschen Fraktion« im Lettischen Parlament und einer der neuen Freunde Kösters aus der Zeit in Riga nach Kösters Tod. Schiemann nennt es eine »große Tat«, daß Köster nach seinem Ausscheiden als Reichsinnenminister »den bescheidenen Gesandtenposten in Riga« übernommen habe. Er fährt dann fort: »Keine Spur von Enttäuschung, keine Spur von Entsagung und Hemmung durch kleinere Aufgaben. Die Aufgaben weiteten sich in der Zielsetzung. Köster wird zum Exponenten der neu bedingten Ostpolitik des deutschen Reiches. Er öffnet der im Trott der alten Rußlandvorstellungen stolpernden Politik des Auswärtigen Amtes den Blick für die neue Lage in Osteuropa, für die Bedeutung der selbständigen Staaten zwischen Moskau und Berlin, für den tieferen Sinn des Ostseeproblems[146].«

Ganz so unbedeutend, wie es auf den ersten Blick aussehen mochte, war der »bescheidene Gesandtenposten« also nicht. Kösters Vorgänger in Riga war Dr. Erich Wallroth gewesen, ebenfalls ein Außenseiter, der seit der Reformära Schülers dem AA angehörte. Wallroth[147], bis 1920 Erster Syndikus der Handelskammer Lübeck, war eine anerkannte wirtschaftliche Experte für die Ostseewirtschaft und für die russischen Randgebiete. Seinen Weg ins AA hatte er auch mit Unterstützung deutscher Wirtschaftskreise gefunden. Die beginnende Konsolidierung der politischen und der wirtschaftlichen Beziehungen mit Rußland veranlaßte das AA, Wallroth nach nur zweijähriger Tätigkeit als »Beobachter« in Riga in die Zentrale zurückzuversetzen, wo er als Sachkenner die Leitung der Ostabteilung mit dem Titel eines Ministerialdirektors übernahm. Der bisherige Abteilungsleiter, Freiherr Ago von Maltzan, wurde Staatssekretär im AA und damit maßgeblich für die deutsche Ostpolitik verantwortlich.

Wenn man bedenkt, daß fast zur gleichen Zeit im Jahre 1922 Brockdorff-Rantzau als deutscher Botschafter nach Moskau gesandt wurde mit der ausgesprochenen Absicht, die deutsch-russischen Beziehungen nach Abschluß des Rapallo-Vertrages zu aktivieren, so erscheint die Besetzung des

146 Rigasche Rundschau 19. 2. und 20. 2. 1930, Fundort AA – Personalakte Köster.

147 Vgl. Kurzbiographie Wallroth in »Deutsches Biographisches Jahrbuch 1929« Stuttgart/Berlin 1932 – S. 326/328 –.

Rigaer Gesandtenpostens mit einem profilierten Vertreter deutscher Verständigungspolitik keineswegs abwegig zu sein, sondern paßt in das angedeutete Revirement im AA zugunsten einer neuen Ostpolitik. Eine besondere Feinheit des Arrangierens könnte man noch darin sehen, daß man mit Köster einen Vertreter der Sozialdemokratie gewonnen hatte, der die Ostpolitik nicht mit den skeptischen Augen maßgeblicher Führer seiner Partei betrachtete, die das »Feindbild« des alten zaristischen Rußlands übertragen hatten auf das kommunistische Rußland und, von hier aus gesehen, jeder engeren Beziehung mit der Sowjet-Union mißtrauisch gegenüberstanden. Das AA, besonders Staatssekretär von Maltzan, konnte mit Recht hoffen, daß Köster von seinem Rigaer Posten aus auch versuchen würde, die eigene Partei für seine Vorstellungen zu gewinnen.

Noch ein drittes Moment mag mitbestimmend gewesen sein für die Wahl Rigas als ersten Auslandsposten für Köster. Wenn der Reichspräsident die Entsendung seines »jungen Mannes« nach Lettland nicht verhinderte, so könnte er hierfür einen ganz bestimmten Grund gehabt haben. Auch Ebert hatte ursprünglich die Rapallo-Politik keineswegs begrüßt. Die Entsendung Brockdorff-Rantzaus geschah selbstverständlich mit seinem Einvernehmen. Trotz langer gegenseitiger Bekanntschaft der beiden Männer, die bis in die Kopenhagener Gesandtentätigkeit Rantzaus im Ersten Weltkrieg zurückreichte, kann nicht behauptet werden, daß ein besonders herzliches Verhältnis zwischen dem Präsidenten und seinem »ersten Botschafter«, der für sich das vergangene Recht des »Immediat-Vortrages« beanspruchte, vorhanden war. Daß nun mit Köster ein Mann seines Vertrauens die Entwicklung der Dinge im Osten beobachten konnte, war dem Reichspräsidenten sicher nicht unangenehm. Der menschlich so schwierige und äußerst mißtrauische Rantzau mag am Anfang der beiderseitigen »Nachbarschaft« derartige Gedanken einer Beaufsichtigung gehegt und bei einem Besuch Kösters in Moskau ausgesprochen haben. Jedenfalls hält Köster die Angelegenheit für so wichtig, daß er bei dem Stellvertreter Rantzaus, dem Botschaftsrat von Twardowski, nachfragt, ob der Botschafter wirklich vermuten könne, er, Köster, sei bei seinem Besuch nach Moskau mit irgendwelchen »Kontroll-Absichten« gekommen[148].

Twardowski beruhigt Köster. Alle Bemerkungen des Botschafters in dieser Hinsicht seien nur ein Scherz, den er nicht einmal mit ihm, sondern »im Zusammenhang mit dem Besuch des Herrn Geheimrats Hauschild gemacht habe«. Da Rantzau häufig seine Gedanken hinter Spott und Witzen verbarg[149], ist es schwer festzustellen, ob er wirklich kein Mißtrauen

148 Vgl. hierzu Brief Twardowskis an Köster – Moskau, 6. 6. 1923. Nachlaß Köster IV 4.

149 Rantzau an Köster – Moskau, 14. 6. 1923, Nachlaß Köster IV 4. »Ich kann die schlechten Witze nun einmal nicht lassen; daß diese Eigenschaft den Ausfluß besonderer Heiterkeit bedeutet, möchte ich nicht behaupten ...«

hegte. Daß es Köster gelang, trotzdem ein so positives Verhältnis zu Brockdorff-Rantzau zu gewinnen, wie noch zu zeigen ist, spricht für die hohe Kunst seiner Menschenbehandlung.

Für Köster war der Rigaer Posten offensichtlich nicht nur ein Ort, an dem es galt, die Beziehungen zwischen einem kleinen Volk von noch nicht einmal 2 Millionen mit dem Deutschen Reich zu normalisieren – dieser Aufgabe hat er sich mit großem Pflichtbewußtsein und großem Erfolg unterzogen –, sondern es war ein Ort, von dem aus er seine Vorstellungen einer deutschen Ostpolitik in größerem Rahmen zu verwirklichen hoffte. Es war gleichzeitig ein Ort der Vorbereitung auf eine größere Aufgabe im Bereich der Außenpolitik. Vielleicht hat ihn das Vorbild von Wallroth hoffen lassen, daß Riga wirklich nur eine Übergangsstation von kürzerer Dauer sei – etwa bis zum Abschluß des deutsch-lettischen Handelsvertrags. Er wußte damals noch nicht, daß er fünf Jahre in Lettland bleiben mußte, daß die nächste Station Belgrad auch kein Ort der ersten Klasse war und daß, als die Aussicht auf die große Botschaft in Sichtnähe kam, die Uhr seines Lebens schon abgelaufen war.

### *Kösters Einstellung zur Ostpolitik – Sein Verhältnis zum Botschafter Brockdorff-Rantzau in Moskau*

Vorerst allerdings verlief alles so, wie es sich die Beteiligten erhofft und gewünscht hatten. Zwischen Staatssekretär von Maltzan und dem Gesandten Köster bestand nicht nur ein guter Kontakt, sondern der ehemalige Minister nutzte auch seine Parteibeziehungen aus, um die immer noch widerstrebende Sozialdemokratie für die neue Ostpolitik zu gewinnen. »Ich habe mich in den Berliner Tagen wieder bemüht, meinen politischen Freunden klarzumachen, daß sich die Stellung der Sozialdemokraten gegenüber dem deutsch-russischen Problem nicht in der parteipolitischen Auseinandersetzung mit den Berliner Kommunisten erschöpfen könne[150].« Dieser sarkastischen Äußerung über die außenpolitische Beschränktheit seiner Partei steht sofort ein positiver Vorschlag gegenüber. Er schlägt dem Staatssekretär vor, »daß in der gesamten sozialdemokratischen Presse eine Reihe von Artikeln erscheinen, die von einem deutschen Sozialdemokraten geschrieben sind«. Er hat auch schon eine feste Vorstellung, wer dieser Mann sein soll, der Journalist Altmeier, der für das Berliner Büro des ›Manchester Guardian‹ gearbeitet hat, » . . .sehen und schreiben kann,

150 Dieses und das folgende: Köster an Maltzan, Riga, 8. 10. 1923. Nachlaß Köster IV 4.

kein starrer Parteimann ist und doch einen Namen hat, so daß die Parteiblätter ihn drucken«.

Dieses Beispiel zeigt dreierlei:

1. Ein Gesandter, der gleichzeitig in einer großen Partei ein bekannter Politiker ist und dort außerhalb des Amtes für das Amt Politik betreiben kann, ist für den Staatssekretär von größter Bedeutung.

2. Die Stellung Kösters als ehemaliger Minister gibt ihm die Freiheit, in der Hierarchie des Amtes in ›privaten‹ Briefen mit dem Staatssekretär zwanglos auf gleicher Ebene zu verkehren.

3. Köster begnügt sich nicht mit Kritik an bestehenden Tatsachen. Er ist bemüht, der Kritik eine praktikable Lösung folgen zu lassen.

Aus den wenigen uns erhaltenen politischen Briefen im Nachlaß Köster ergibt sich, daß Maltzan den gleichen offenen Ton in der Besprechung außenpolitischer Dinge liebt wie Köster. Gegenüber Besorgnissen des Gesandten, daß »unsere alte Russenpolitik hinsichtlich Personen und Sachen endlich abgewürgt sei«, tröstet Maltzan[151] seinen Briefpartner, daß alles »in altgewohnter Frische« weiterlaufe, »dafür bürgt schon die Person unseres Botschafters« [in Moskau]. In weiteren Abschnitten des Briefes, in dem Köster Informationen über die deutsche Rußlandpolitik im Rahmen der deutschen Gesamtpolitik erhält (z. B. »Die Tatsache der Anerkennung Rußlands durch England und Italien erleichtert diese Linie ... in hervorragender Weise ...«), könnte man annehmen, dieser Brief ginge nach Moskau an Brockdorff-Rantzau und nicht nach Riga an Köster. Es gibt keinen Anlaß dafür zu vermuten, daß Köster mit einem größeren Vertrauensbeweis ausgezeichnet werden sollte, etwa in einem Konkurrenzkampf gegen Brockdorff-Rantzau. Die Übereinstimmung der drei Männer in den Fragen der Ostpolitik läßt gerade den Austausch von gegenseitigen Informationen als notwendig erscheinen, vor allem da Köster das psychologische Meisterstück gelungen war, anfänglichen Bedenken zum Trotz, das Vertrauen des spröden Grafen in Moskau zu gewinnen.

In dem Verhältnis Köster – Rantzau ist offensichtlich Köster der Werbende. Diese ›Werbung‹ beruht aber keineswegs auf einem Inferioritätsgefühl Kösters gegenüber dem großen Botschafter, sondern von Anfang an wird sein Verhältnis auf dem Gefühl der Gleichberechtigung aufgebaut. Ein erster Versuch Rantzaus, die »kleine« Gesandtschaft in Riga verwaltungstechnisch gegenüber der »großen« Botschaft in Moskau zu benachteiligen, wurde durch eine höfliche, aber bestimmte Intervention Kösters verhindert. Rantzau gab sofort nach, und in späterer Zeit ist niemals wieder etwas über dienstliche Differenzen zwischen den beiden Männern zu hören.

151 Dieses und das folgende: Maltzan an Köster, Berlin, 6. 1. 1924. Nachlaß Köster IV 4.

Rantzau hatte versucht, den wöchentlichen Kurierdienst, der Moskau *und* Riga mit Berlin verband, so zu legen, daß der Kurier zum Wochenende Moskau verließ mit dem Vorteil für die dortige Botschaft, daß die gesamte Post der Woche mitgenommen werden konnte. Dieser Vorteil hatte für Riga den Nachteil, daß der dortigen Gesandtschaft stets der Sonntag, wenn der Kurier aus Moskau kam, als Arbeitstag zusätzlich aufgebürdet wurde. Auf einen anscheinend energischen Protest Kösters kam eine liebenswürdige, fast freundschaftliche Entgegnung aus Moskau. »Verehrter lieber Herr Kollege und Nachbar!« Alles sei ein Mißverständnis. Diese Regelung sollte nur für zwei Wochen gelten. Wenn K. die Gründe für diese Ausnahmeregelung bekannt gewesen wären, sei er bestimmt der erste gewesen, ihre Berechtigung anzuerkennen. Versöhnlich, fast bittend schließt der Brief: »Also nicht wahr, dieses Mißverständnis ist aufgeklärt? Ich hoffe, wir halten gute Nachbarschaft.« ... »In aufrichtigster Freundschaft Brockdorff-Rantzau[152].«

Aus dem Antwortbrief Kösters an Rantzau vom 12. 3. 1923[153] ist zu ersehen, daß Köster und seine Frau kurz nach Antritt der Mission in Riga der deutschen Botschaft in Moskau einen Besuch abgestattet hatten. (Anläßlich dieses Besuches waren die Befürchtungen bei Köster aufgetaucht, daß Rantzau ihn als »Kontrolleur« angesehen haben könne – vgl. S. 94.) Bei diesem Besuch war es auch zu einem Treffen der beiden deutschen Diplomaten mit dem russischen Außenkommissar Čicerin gekommen. Dieser oben genannte Brief Kösters ist ein Meisterstück in der unmißverständlichen Vertretung des eigenen Standpunktes und in der bewußten politischen und persönlichen Öffnung einem Manne gegenüber, dem man vertrauen kann. Die Kurierangelegenheit ist für ihn abgeschlossen. Er sei schon in Berlin vorstellig gewesen. Man habe eine »Neuregelung gefunden, die wir nicht ideal finden, aber akzeptieren«. Köster gibt hier unmißverständlich zu verstehen, daß er sich nicht von der Großzügigkeit eines Kollegen abhängig mache, sondern die Entscheidung der Zentrale akzeptiere. Sogleich aber wird die eventuell aufsteigende dienstliche Verärgerung gutgemacht durch eine herzliche Einladung an den Grafen, das Ehepaar Köster in Riga zu besuchen. Daß dies keine leere Floskel war, ergibt sich aus der Tatsache, daß gerade die kultivierte Gastlichkeit des Hauses Köster immer wieder gelobt wurde. Fast vertraulich wirkt hier der Ton des Briefes: »... wie sehr wir uns freuen würden, mit Ihnen hier in Riga zusammen zu sitzen und in gebührender Distanz von unseren Kindern eine der so reizenden Stunden zu wiederholen, über die besonders meine Frau noch öfter redet.«

152 Rantzau an Köster, Moskau, 8. 3. 1923. Nachlaß Köster IV–.
153 Dieses und das folgende: Köster an Rantzau, Riga, 12. 3. 1923. Nachlaß Köster IV –.

In einer geschickten Mischung von vertraulicher Information und der Herausstellung der eigenen politischen Einwirkungsmöglichkeiten gibt Köster seinem Moskauer Kollegen eine kritische Schilderung der außenpolitischen Fehlleistungen seiner Partei. Eine Reise nach Berlin steht bevor. Hierauf wartet er ungeduldig, weil er mit seinen »Freunden über die Moskauer Eindrücke so bald wie möglich sprechen möchte. Wie borniert diese zum Teil ihre partei-politischen Schmerzen auf die Betrachtung außenpolitischer Dinge einwirken lassen, ersehen Sie daraus, daß ausgerechnet der ›Vorwärts‹ es fertig gebracht hat, die Wolffmeldung über unseren Abend bei Tschitscherin mit der spöttischen Überschrift zu versehen ›Festessen in Moskau‹.« Köster fügt hinzu, er habe deswegen an den ›Vorwärts‹ geschrieben. »Es scheint mir wichtig, daß ich einem großen Kreise meiner Freunde in bezug auf die Wirkung solcher Einstellung ein Licht aufstecke.«

Köster hatte in diesem Briefe genau den richtigen Ton getroffen, um Rantzau zu gewinnen. Dabei war es kein falscher Ton, den er anschlug. Aus der kritischen Einstellung zu den Dingen, die ihm in seiner Partei nicht gefielen – und das waren vor allem Fragen der Außenpolitik – machte er keinen Hehl. Ihm kam es vor allen Dingen darauf an, den Botschafter, dessen Rußlandpolitik auch die seine war, zu stützen und ihm das Gefühl zu geben, nicht allein zu stehen. Gerade dieses Gefühl des Verlassen-Seins, das sich bei dem kontaktschwachen Grafen leicht mit der Neigung verband, eine gewisse Märtyrerstellung einzunehmen, war eine der Hauptschwächen Rantzaus. Sie äußerte sich noch kurz vor seinem Tode in jenem pessimistischen Satz: »Man hat mir alles zerschlagen – ich bin ja schon in Versailles gestorben[154].«

Gegenüber dieser dekadent-pessimistischen Einstellung eines Grafen und »Demokraten« aus altem adeligem Hause erschien die realistisch positive und zupackende Art des Gesandten Köster aus der aufsteigenden Kleinbürgerfamilie eine ideale Ergänzung zu sein. Eine zweite Reise des Ehepaares Köster im Frühsommer des Jahres 1923 nach Leningrad und Moskau (die Kösters waren in Moskau acht Tage Hausgäste bei Legationsrat Hilger[155]) hatte endgültig zu einem nach den Äußerungen Rantzaus freundschaftlichen Verhältnis des Grafen mit dem Ehepaar geführt, »weil ich seit Weimar aus den schwersten Tagen meines politischen Lebens weiß, daß ich Ihre hochverehrte Frau Gemahlin und Sie zu meinen politischen persönlichen Freunden zählen darf, und darauf rechne ich auch

154 Zitiert nach Walsdorff, M.: Westorientierung und Ostpolitik ... Bremen 1971, S. 29.
In dem dortigen Brockdorff-Rantzau-Kapitel finden sich noch weitere Belege für diese Einstellung.

155 Vgl. den Brief Kösters an Hilger, Riga, 11. 6. 1923. Nachlaß Köster IV 4.

in Zukunft[156]«. In der »Weimarer Zeit«, das heißt in jener Zeit, als Rantzau Außenminister war, »hatte er in Versailles einen tiefen seelischen Schock erlitten, den er trotz seiner überragenden Intelligenz nicht zu überwinden, sondern nur zu überspielen vermochte[157]«. Wer damals zu ihm gehalten hatte, dessen Haltung vergaß er nicht. Der Händedruck, mit dem der damalige Abgeordnete Stresemann dem Außenminister Graf Brockdorf-Rantzau für seine Haltung in Versailles dankte, blieb über spätere einzelne Differenzen hinweg dem Grafen unvergeßlich[158]. Eine ähnliche emotionale Beziehung hat offensichtlich in der »Weimarer Zeit« auch zu Köster bestanden, wie die oben angeführte Belegstelle vermuten läßt.

Daß Köster gewillt war, diese gefühlsmäßige Hinneigung des Grafen zu einem dauerhaften Verhältnis für seine eigenen politischen Vorstellungen auszubauen, ist verständlich, vor allem weil beide Diplomaten eine gemeinsame reelle Basis ihrer politischen Vorstellungen besaßen. Beide waren weit entfernt von jenem Ostprogramm Wirths, das sich offensichtlich mit dem des Generals von Seeckt deckte und das Wirth Brockdorff-Rantzau kurz vor dessen Abreise nach Moskau folgendermaßen skizzierte: »Deutschland und Rußland müßten wieder Nachbarn werden, Polen sei zu ›zertrümmern‹ und auch die Randstaaten würde er lieber heute als morgen zusammenschlagen[159].« Wirth hatte sich anscheinend Seeckts Vorstellungen zu eigen gemacht, die dieser in einer Denkschrift, die sich gegen die Ernennung Rantzaus zum Botschafter in Moskau aussprach, niedergelegt hatte[160].

Rantzau hatte sich seit Beginn seiner Tätigkeit in Moskau gegen die eigenständige Reichswehrpolitik in der Sowjet-Union, die außerhalb seiner Kompetenz und zum Teil sogar außerhalb seiner Kenntnis betrieben wurde, auf das heftigste gewehrt: »Die Situation, die ich im Herbst v. J. vorfand, läßt sich kurz dahin charakterisieren, daß unter Reichskanzler Dr. Wirth, ohne Kenntnis der diplomatischen Vertretung in Moskau, selbständige Verhandlungen militärischerseits in Rußland geführt wurden. Vor Übernahme des Postens habe ich erklärt, derartige Verhandlungen nicht dulden zu können und darauf hingewiesen, daß sie geeignet sind, nicht nur den deutschen Botschafter in Moskau persönlich, sondern unsere Gesamtpolitik auf das Schwerste zu kompromittieren[161].«

156 Rantzau an Köster, Moskau, 14. 6. 1923. Nachlaß Köster IV 4.
157 Walsdorff, M., a.a.O., S. 39.
158 Vgl. Anm. 157.
159 Walsdorff, M., a.a.O., S. 31.
160 Die Unterredung Wirth–Rantzau vom 16. 10. 1922 und die Aufzeichnung Seeckts vom 11. 9. 1922 finden sich in »Ursachen und Folgen« Bd. 6, S. 612 – 615 und S. 606 – 611.
161 »Brockdorff-Rantzau. Ganz geheim! Aufzeichnung. An den Herrn Reichskanzler. Eigenhändig! Berlin, 10. September 1923.«
Abdruck der ganzen Aufzeichnung bei Walsdorff, a.a.O., S. 201 ff.

Rantzau und Köster waren sich völlig darin einig, daß die deutsche Ostpolitik mit vorsichtigen Händen neu verantwortlich von den Politikern geführt werden müsse und nicht von den Generalen. Es ist sichtbarlich Rantzau, der Kösters Hilfe bedurfte, um sich gegen die eigenwillige Politik des Reichswehrministeriums zu behaupten. In einem Brief vom 25. 12. 1923[162] deutet Köster jedenfalls verschlüsselt an, daß er bei seinem letzten Besuch in Berlin einmal die »starke Mitwirkung unserer Freunde aus der Bendlerstraße [Reichswehrministerium] in gewissen litauischen Angelegenheiten festgestellt habe« und daß er seit längerer Zeit auf speziellen Wunsch Gesslers »einmal wieder mit Seeckt gesprochen habe. Erschütternd war es nicht, immerhin würde ich mich freuen, bei Ihrer demnächst zu erwartenden Durchreise durch Riga Ihnen einiges davon zu erzählen«.

Beide Männer verstanden den Sinn der deutschen Ostpolitik darin, daß die Normalisierung der Beziehungen zu Rußland und zu den Randstaaten einmal die wirtschaftliche Vormachtstellung Deutschlands im Osten sichern müsse und daß zum andern verhindert werden müsse, daß Rußland und Polen sich auf Kosten Deutschlands arrangieren würden. Außerdem sollte die Souveränität der Randstaaten zwischen russischen und polnischen Ansprüchen auf alle Fälle, unter Umständen sogar durch bilaterale deutsch-russische Garantieverträge, erhalten bleiben. Auffällig hierbei ist, daß Brockdorff-Rantzau in seinen Berichten nach Berlin, wenn es sich um baltische Angelegenheiten handelte, gern Köster als seinen Kronzeugen zitierte[163]. Für Köster war der kurze Draht nach Moskau zur Deutschen Botschaft ebenfalls von Vorteil, da er so stets in der Lage war, die politische Situation im Ostseeraum nicht nur aus der engen Perspektive Rigas beurteilen zu können. Gegenüber den oft etwas überschwenglich klingenden Formulierungen Rantzaus in seinen Briefen scheint eine Grußformulierung Kösters das Verhältnis der beiden Männer am besten zu charakterisieren: »Mit freundlichen Grüßen in alter Arbeitsgemeinschaft Ihr Köster[164].« Es war eine »Arbeitsgemeinschaft«, die beiden Parteien Vorteile brachte.

162 Köster an Rantzau – Riga, 25. 12. 1923. Nachlaß Köster IV –.
163 Vgl. als Beispiele: Akten zur deutschen auswärtigen Politik – Serie B 1925-1933, Bd. II 1 – Nr. 75-92.
164 Köster an Rantzau – Berlin, 29. 12.1923. Nachlaß Köster IV-.

Welche besonderen Aufgaben erwarteten den Vertreter des deutschen Reiches in Riga[165], der Hauptstadt eines kleinen Staates, der mehr durch den »Zufall der Geschichte« aus dem Verband einer Großmacht entweichen konnte als durch eine bewußte eigene Nationalpolitik? Die baltischen Staaten verdankten ihre Unabhängigkeit der einmaligen geschichtlichen Situation der Jahre 1917 bis 1919. Die alten Herren, die Russen, waren durch die »Zwischenherren«, die Deutschen, vertrieben worden. Diese konnten ihre neue Herrschaft durch die eigene Niederlage im November 1918 nicht lange ausüben. Sie verfügten aber noch über so viel militärische Machtmittel, daß sie zusammen mit den einheimischen Staatsvölkern, den Esten und Letten, und mit der einheimischen deutschsprachigen Oberschicht, den Balten, in der Lage waren, die Rückeroberung durch die alten Herren zu verhindern. So war die Möglichkeit eigener Staatsgründungen gegeben. Die weitere Existenz dieser Staaten beruhte auf den mit der Sowjetunion geschlossenen Friedensverträgen (2. Februar 1920 Friede zu Dorpat mit Estland; 1. August 1920 Friede zu Riga mit Lettland; 12. Juli 1920 Friede zu Moskau mit Litauen). »Im übrigen war am 5. Juli 1920 auch der lettisch-deutsche Kriegszustand beendet worden, wobei Deutschland eine Kriegsentschädigung zahlte und die de-iure-Anerkennung aussprach[166].«

Die Eigenstaatlichkeit im Baltikum konnte nur so lange gewahrt bleiben, wie es gelang, den russischen Expansionsdrang nach Westen und den deutschen Expansionsdrang nach Osten zu neutralisieren. Sowohl ein erneuter deutsch-russischer Krieg als auch eine deutsch-russische Freundschaft bedeuteten eine tödliche Gefahr für diese Länder. Im ersten Falle wären sie erneut Kriegsschauplatz geworden, im zweiten Falle Kompensationsobjekt im politischen Handel der beiden Großmächte. Daß gut 16 Jahre später sowohl der erste als auch der zweite Fall eintreten würden, hätte bei Kösters Beginn seiner Gesandtentätigkeit in Riga allerdings auch der größte Pessimist nicht vorausgesehen.

Die Problematik des politischen Handelns war allerdings auch in jener ersten demokratischen und – aus dem Rückblick gesehen – glücklichsten Epoche dieser Staaten nicht gering. Eindeutig war die ablehnende Haltung gegenüber der Sowjet-Union. Hier waren die Erfahrungen der harten

165 Über Kösters Tätigkeit in Riga auf dem Sektor der Deutschtumspolitik finden sich detaillierte Angaben in der soeben erschienenen ausgezeichneten Studie von Karl-Heinz Grundmann, Deutschtumspolitik zur Zeit der Weimarer Republik. Eine Studie am Beispiel der deutsch-baltischen Minderheiten in Estland und Lettland. Hannover 1977.

166 Rauch, G. von, Geschichte der baltischen Staaten, Stuttgart 1970, S. 70.

Kämpfe der letzten Jahre zu bitter gewesen[167]. Man bekannte sich zu der »politischen und kulturellen Tradition des Westens. Die führenden Politiker entstammten vorwiegend bäuerlichen Schichten und waren meist Vertreter der ersten Bildungsgeneration in ihrer Familie. Es war ein Aufbruch bislang unerschlossener Reserven der Bevölkerung, junger Völker, die bereit waren, ihren individuellen Beitrag ins universale Kräftespiel einzubringen . . .[168]«

Die ablehnende Haltung gegenüber der Sowjet-Union und die Hinneigung zu westlicher Tradition bedeuteten aber keineswegs eine Hinneigung zu Deutschland. Man fürchtete zwar vor allem den russischen Imperialismus in bolschewistischer Gestalt, aber man hatte keineswegs den deutschen »Drang nach Osten« aus den Tagen der deutschen Okkupation vergessen. Außerdem glaubte man, der Vorhut dieses deutschen Imperialismus in Gestalt der »baltischen Barone«, der baltischen Großgrundbesitzer, der baltischen städtischen Führungsschichten nicht trauen zu können. Zwar war der baltische Großgrundbesitz durch die Agrarreform depossediert worden und hatte damit seine wirtschaftliche Vormachtstellung im Lande eingebüßt – in Lettland blieb den früheren 1887 Eigentümern ein Restbesitz von je 50 ha ihres Besitzes erhalten[169], es war zu wenig, um den Stil des alten Herrenlebens fortzuführen, aber genug, um eine Schicht mehr oder weniger unzufriedener Hofbesitzer im Lande zu halten. Ressentiments gab es auf beiden Seiten. Die Angehörigen des Staatsvolkes mißtrauten der ehemals auf dem Lande und in den Städten führenden Agrar- und Bildungsschicht. Diese in ihrer Mehrzahl konservativ ausgerichtete deutschsprachige Bevölkerungsgruppe konnte sich zum großen Teil nur schlecht damit abfinden, daß sie ihre über Jahrhunderte hinweg unbestrittene Führungsrolle in den alten »russischen Ostseeprovinzen« aufgeben mußte zugunsten einer bis dahin als zweitklassig angesehenen Bevölkerung, die in den Rang eines eigenständigen Staatsvolkes aufgerückt war.

Der Vertreter des Deutschen Reiches hatte in diesen ersten Jahren der Selbständigkeit eines jungen Staates delikate Aufgaben verschiedenster Art zu erledigen. Er mußte versuchen,

1. das Vertrauen des Staatsvolkes und seiner führenden Vertreter zu gewinnen,

2. das Vorurteil des Verdachtes einer expansiven deutschen »Raumpolitik« im Baltikum abzubauen,

3. durch eine vorsichtig gelenkte Wirtschaftspolitik den Marktanteil des deutschen Ex- und Imports zu steigern und

167 Vgl. die Szene mit Klara Zetkin auf dem Bahnhof in Riga. S. 15 f.
168 Rauch, a.a.O., S. 72.
169 Rauch, a.a.O., S. 82.

4. in der Vertretung der Interessen der deutschen Reichsangehörigen und der Baltendeutschen psychologisch feine Unterscheidungen zu machen.

Einmal handelte es sich bei den Reichsangehörigen um deutsche Inländer, deren Interessenvertretung völlig legitim war, zum anderen bei den Baltendeutschen um Ausländer, bei deren Interessenvertretung der Gesandte der deutschen Republik offiziell gar nicht in Erscheinung treten durfte. Außerdem war Riga eine wichtige Station, von der aus das deutsch-russische Verhältnis aus dem Blickpunkt der deutschen Ostseeraumpolitik beobachtet werden mußte. Es war ebenfalls ein Beobachtungsposten für etwaige polnische politische Expansionsgelüste in den baltischen Raum, die zu entscheidenden Rückwirkungen auf das deutsch-russische Verhältnis führen müßten.

Die deutsche diplomatische Vertretung in Riga war also doch wichtiger, als sie auf den ersten Blick erscheinen konnte. Äußerlich drückte sich das schon darin aus, daß sie im Etat des Auswärtigen Amtes zu Beginn der Zwanziger Jahre als Gesandtschaft »I. Klasse« geführt wurde, später aber, als die politische Lage scheinbar ruhiger wurde, zu einer Gesandtschaft »II. Klasse« absank. Ein baltendeutscher Beobachter stellte mit Schmerzen fest, daß der nach außen bemerkbare Unterschied vor allem in der verschiedenen Höhe des Repräsentationsfonds lag. Der Repräsentationsfond I. Klasse wurde von Köster in großzügiger Weise für die weithin bekannte Geselligkeit des Diplomatenehepaares benutzt, um Verbindungen anzuknüpfen und »politische Geschäfte« mit »lettischen führenden Herren« zu ermöglichen, wie ein Balte noch dreißig Jahre später dankbar feststellt[170].

Köster hatte gleich in den ersten Monaten seiner Tätigkeit in Riga erkannt, daß eine der Hauptaufgaben des deutschen Gesandten darin zu bestehen habe, nationale Ressentiments und Vorurteile der lettischen Führungsschicht gegen die ehemalige deutsche Okkupationsmacht abzubauen. Die Deutschen wurden in Lettland keineswegs als die gefeierten Befreier vom russischen bolschewistischen Joch angesehen, wie die deutsche Propaganda die Ereignisse von der rechten Publizistik bis zu einer sozialdemokratischen Veröffentlichung von August Winnig darzustellen pflegte. Anlaß zu dieser frühen kritischen Erkenntnis wurde dem Gesandten eine Vorlesung des ehemaligen lettischen Ministerpräsidenten Ulmanis, die dieser am 7. März 1923 in der lettischen Universität über die ersten Kampfjahre und die politische Selbständigkeit Lettlands gehalten hat[171]. Köster war noch keine drei Monate im Lande und hörte nun aus gleichsam offizi-

170 Wachtsmuth, W.: Wege, Umwege, Weggenossen – München 1954 – S. 214.
171 Hierfür und für das folgende: Köster an AA. Riga, 9. 3. 1923. Diese Vorlesung fand am 7. 3. 1923 statt und nicht 1927, wie Grundmann, a.a.O., S. 247, irrtümlich angibt – AA Lettland Pol 2, Bd. 3.

ellem Munde, wie das Verhältnis Lettland – Deutschland aus lettischer Sicht beurteilt wurde. Die Befreiung Lettlands mit dem Ziele der Schaffung eines eigenen Staates sei keineswegs den Reichsdeutschen, geschweige denn den Deutsch-Balten zu verdanken, sondern der bewaffneten lettländischen Jugend. Die Deutschen hätten nur ihre eigenen egoistischen Ziele verfolgt und die Deutsch-Balten »hätten lieber unter der Herrschaft Polens, ja der Bolschewiken als in einem selbständigen nationalen Staate leben wollen«. Es kommt hier nicht darauf an, den Wahrheitsgehalt dieser Behauptung zu untersuchen, sondern zu zeigen, mit welchen Schwierigkeiten Köster in Riga zu kämpfen hatte, wenn er Zugang zu der lettischen Führungsschicht gewinnen wollte.

Köster ist alles andere als ein Pessimist, aber in seinem Bericht an das AA weist er unmißverständlich auf diese den meisten Deutschen unbekannte Situation hin: »Es wird noch Jahre dauern, bis die Erinnerung an dasjenige, was hier im Baltikum *nach* dem November 1918 unter teilweisem Wissen der damaligen deutschen Reichsregierung und vor allem des Reichswehrministeriums geschah, in Vergessenheit gerät[172].« Die politische Tätigkeit des deutschen Gesandten mußte deshalb ganz eindeutig so eingestellt sein, daß er als Vertreter einer deutschen Politik respektiert wurde, für die das selbständige Lettland eine unabdingbare Voraussetzung jeden politischen Handelns war. Daß er außerdem die moralische Verpflichtung hatte, der bedrängten deutsch-baltischen Minderheit ständig zu helfen, ohne mit seinem amtlichen Auftrage das Verhältnis zum lettischen Staate zu belasten, sondern es im Gegenteil zu verbessern, war die schwierigste, aber auch reizvollste Aufgabe dieser Mission.

### *Wirtschaftsverhandlungen und Abschluß eines Handelsvertrages mit Lettland*

Die Normalisierung der Beziehungen zwischen Lettland und dem Deutschen Reich spielte sich auf einer rationalen und einer irrationalen Ebene ab. Für die Verbesserung des Verhältnisses von Staat zu Staat war ein entscheidender Faktor wichtig: die Verbesserung der wirtschaftlichen Beziehungen. Riga war nicht nur ein Vorort für die deutsch-russischen politischen Beziehungen, sondern konnte ebenfalls wieder ein wichtiger Transitort für die deutsch-russischen Handelsbeziehungen werden. Gleichzeitig aber war das Baltikum ein interessantes Abnahmegebiet für deutsche industrielle Erzeugnisse. Im Gegenzug konnten die baltischen Staa-

172 Siehe Anm. 171.

ten, besonders auch Lettland, einen Teil der notwendigen Lebensmittelimporte nach Deutschland übernehmen. So verwundert es nicht, daß schon im Jahre 1920 deutsche Wirtschaftskreise das Auswärtige Amt energisch aufforderten, eine veraltete Politik der »deutschbaltischen Barone und der konservativen Deutschen über Bord zu werfen und nun eine rein deutsche, auf ehrlicher Basis aufgebaute Politik in Lettland und Estland zu betreiben[173]«.

Hierfür war das Jahr 1920 offensichtlich noch ein zu früher Termin, aber auch das Jahr 1922 brachte noch keinen deutsch-lettischen Handelsvertrag als Grundlage normaler wirtschaftlicher Beziehungen, obgleich ein solcher schon vorlag. Er war am 27. 3. 1922 in Berlin unterzeichnet worden. Er trägt auf deutscher Seite die Unterschriften »von Simson« (Staatssekretär [W] im AA) »Dr. Sjoberg« (Ministerialrat im Reichswirtschaftsministerium) »Dr. Crull« (Legationsrat im AA), auf lettischer Seite unterzeichneten »Albat« (Staatssekretär im Ministerium des Äußeren) »Schwede« (Generalkonsul in Berlin)[174].

Dieser Vertrag ist nicht ratifiziert worden. Er verschwand in der Aktenkammer des AA mit dem Vermerk: »Nicht in Kraft getreten, siehe neuen Vertrag vom 28. 6. 1926«. Sicher ist dieser erste Vertrag nicht in Kraft getreten, weil immer noch eine Reihe von ungeklärten Problemen, die sich keinesfalls nur auf Handelsfragen bezogen, zwischen Deutschland und Lettland standen. Köster hat über drei Jahre gebraucht, bis die sachlichen Momente bereinigt und die Atmosphäre durch seine Vermittlertätigkeit so weit entspannt war, daß der endgültige Handelsvertrag nunmehr in Riga am 28. 6. 1926 unterzeichnet werden konnte und seine für Deutschland gültige Form durch die Verkündigung im Reichsgesetzblatt vom 26. 11. 1926 erhielt. Es waren immer wieder Mißhelligkeiten und Differenzen aufgetaucht, die geklärt werden mußten, bevor das eigentliche Vertragswerk abgeschlossen werden konnte. Wie sich hierbei Sachfragen und Prestigefragen auf lettischer Seite vermengten, macht ein Bericht Kösters vom 29. Juni 1925 klar[175].

Der lettische Außenminister Meierowicz hatte sich in Berlin zu einem Besuch angemeldet. Der Gesandte gab hierauf der Zentrale aus seinen Erfahrungen mit der Persönlichkeit Meierowicz folgende Ratschläge: Kein langes Taktieren sei am Platze. Unsere Verzichtleistungen seien klar – dafür möge M. uns aber in den Details entgegenkommen – die lettischen Befürchtungen über die neuen deutschen Zolltarife für Butter, Käse usw.

173 Vgl. Schreiben des »Ostexport – Organ für Warenaustausch zwischen Deutschland und Osteuropa« vom 22. 4. 1920 – Fundstelle Grundmann, a.a.O., S. 245.
174 Hierfür und für das folgende: AA – Verträge mit Lettland Nr. 3 und Nr. 4.
175 Hierfür und für das folgende: Köster an Dr. Wallroth, Riga, 29. 6. 1923. AA – Büro Staatssekretär – Politische Beziehungen zu den Randstaaten.

zerstreuen – darüber ließe sich reden – diese Fragen hingen nur vom erfolgreichen Abschluß des Handelsvertrages ab. Diese zupackende, direkte Verhandlungsweise wurde Köster in Riga lobend nachgesagt. Er habe es durchaus verstanden, »sich den Letten gegenüber durchzusetzen« ... »Seine etwas derben Umgangsformen waren gegenüber den lettischen Machthabern, die sich hauptsächlich aus bäuerlichen Kreisen rekrutierten, durchaus angebracht, und er erreichte mit Hilfe seiner Bierabende und seiner breiten Gastlichkeit mehr, als er im Konferenzzimmer hätte erreichen können[176].«

Kösters Verhandlungstaktik beschränkt sich aber keineswegs auf derbe Umgangsformen bei Gesprächen an Bierabenden. Er weiß auch, wie und auf welch verschiedene Art man einen Partner gewinnen kann. In dem oben zitierten Brief an Wallroth, seinen Amtsvorgänger und jetzigen Vorgesetzten im AA, gibt er den Rat, die Eitelkeit des lettischen Außenministers auszunützen: »Meierowicz, der mindestens ebenso eitel ist wie alle Außenminister der neuentstandenen Liliputstaaten, so gut wie möglich zu behandeln. Er ist begierig auf eine Unterhaltung mit Herrn v. Schubert [Staatssekretär im AA], wäre aber selbstverständlich sehr geschmeichelt, wenn Herr Minister Stresemann ihn mindestens so gut behandelt wie Herrn Pusta ...« [der von M. wenig geschätzte Außenministerkollege in Estland]. Vorbeugend weist Köster darauf hin, daß bei einer eventuellen Besprechung über einen lettischen Garantiepakt »die ganze Idee eines Garantievertragssystems zwischen Rußland und den nördlichen Randstaaten einerseits, den nördlichen Randstaaten und Deutschland andererseits nicht etwa von Herrn Meierowicz, sondern von mir stammt«.

Dieser »offiziöse Privatbrief« an Wallroth ist ein exemplarisches Zeugnis für die Arbeitsweise des Gesandten Köster im Verkehr mit dem AA. Er gibt einen exakten Lagebericht, charakterisiert mit einem Schuß Ironie kurz den Verhandlungsgegner, weist auf dessen Intentionen und auf dessen menschliche Schwächen hin und zieht hieraus Folgerungen für die Verhandlungsprozedur. Darüber hinaus aber verhehlt er nicht in einer ungezwungenen Selbstsicherheit seinen eigenen Anteil an dem Gang der politischen Ereignisse. Vor dem Leser entsteht das Bild des seiner selbst und seiner Aufgabe sicheren Diplomaten, der in den leitenden Beamten der Zentrale seine Gesprächspartner, nicht seine Vorgesetzten sieht. In dieser Beziehung ähnelt der ehemalige Reichsaußen- und Reichsinnenminister Dr. Adolf Köster seinem Kollegen, dem ehemaligen Reichsaußenminister und jetzigen deutschen Botschafter in Moskau, Graf Brockdorff-Rantzau. Beide besitzen das untrügliche Gefühl für den Wert der eigenen Persönlichkeit, wobei der »Aufsteiger« Köster den Vorzug hat, daß er

176 Rüdiger, W.: Aus dem letzten Kapitel deutsch-baltischer Geschichte in Lettland, 2. Teil, Hannover 1955, S. 37.

Menschen der verschiedensten Gesellschaftsklassen »bezaubern« kann – wenn er will. Die Gabe der Menschengewinnung ist bei Brockdorff-Rantzau stets auf ein viel schmaleres Spektrum beschränkt geblieben.

Ohne Frage ist es Kösters Verhandlungsgeschick und seiner Fähigkeit, Fäden der Verständigung auf den verschiedensten Ebenen zu knüpfen, zu danken, daß der Handelsvertrag endlich im Jahre 1926 abgeschlossen wurde. Er selbst ist ein wenig enttäuscht, daß dieser Abschluß im AA keinen größeren Widerhall auslöste. So jedenfalls klingt es in einem Telegramm an Ministerialrat Sjoberg, der schon 1922 die Verhandlungen als Vertreter des Reichswirtschaftsministeriums geführt hatte. Sjoberg gratulierte Köster zu diesem erfolgreichen Abschluß, und der Gesandte antwortete seltsam pessimistisch: »Mein Dank für Ihren freundlichen Glückwunsch bekommt dadurch eine besondere Note, daß es die einzige Äußerung ist, zu der sich die deutsche Regierung aufgeschwungen hat[177].«

Die Enttäuschung Kösters scheint insofern berechtigt, als nicht nur ein üblicher Handelsvertrag endlich zum Abschluß gekommen war, der die Wirtschaftsbeziehungen zwischen den beiden Ländern erheblich intensivierte[178], sondern es wurde auch noch ein weiteres Problem gelöst. Am 28. 6. 1926 wurde außer dem Handelsvertrag auch die »Ausführungsvereinbarung zu § 5 des Vorläufigen Abkommens zwischen Deutschland und Lettland vom 15. 7. 1920« einschließlich eines »Schlußprotokolls« unterzeichnet[179]. Im Gegensatz zu dem Handelsvertrag bedurfte diese »Vereinbarung« keiner Bestätigung durch die beiderseitigen Parlamente, sondern nur durch die jeweiligen Kabinette. Hiermit war ein brisantes Thema der parlamentarischen Zuständigkeit entzogen worden, nämlich die Entschädigungsfrage des reichsdeutschen Grundbesitzes in Lettland. Lettland wurde von der Verpflichtung, reichsdeutsche Grundeigentümer zu entschädigen, befreit. Die Verpflichtung einer Entschädigung von 25 RM pro Hektar übernahm, ohne daß es direkt ausgesprochen wurde, das Deutsche Reich mit der Klausel, daß Lettland nur verpflichtet sei, einen »Mehrwert« zu zahlen, »falls Angehörigen eines dritten Staates« später »mehr als 25 RM für den Hektar gewährt wird«. Auch für einen Teil der Baltendeutschen bedeutete dieses Abkommen einen Weg zur Entschädigung, da festgelegt war, daß als Reichsdeutsche alle diejenigen gelten, »die bis zum 30. April 1924 die Reichsangehörigkeit erworben haben«. Das Abkommen war für das Deutsche Reich äußerst günstig. Lettland verzichtete auf Kriegsentschädigungsforderungen von ca. 130 Mil-

177 Köster an Sjoberg – Riga, 10. 9. 1926. Nachlaß Köster IV 4.

178 Die Gesamtsumme der lettischen Aus- und Einfuhr stieg von 103 Millionen Lat im Jahre 1921 auf 454 Millionen Lat im Jahre 1938. Bei den Importländern stand Deutschland mit 38,9 % an der Spitze gegenüber einem Export von 29,5 %. Vgl. Rauch, G.v., a.a.O., S. 111.

179 Text siehe AA – Verträge Lettland Nr. 4.

lionen RM. Die Entschädigung, die an reichsdeutsche Grundbesitzer bis 1928 gezahlt wurde, betrug nur 7 803 000,– RM[180]. Dieses Abkommen trägt wie der Handelsvertrag die Unterschriften von Dr. Adolph (nur bei hochoffizieller Gelegenheit schreibt Köster seinen Vornamen so, wie er ins Standesamtsregister eingetragen ist) Köster und von K. Ulmanis.

Wenn Köster vielleicht auch einen Moment darüber verstimmt war, daß das AA, welches die Schwierigkeiten dieser Verhandlungen hätte am besten beurteilen können, mit dem offiziellen Lob kargte, so hatte er zwei Jahre später die Genugtuung, daß bei seinem Abschied aus Riga nicht nur die lettländische Presse, sondern auch die ›Frankfurter Zeitung‹ gerade den Abschluß des Handelsvertrages besonders hervorhob. Die ›Frankfurter Zeitung‹ schrieb, daß Köster in Riga es verstanden habe, »die Beziehungen zwischen Deutschland und Lettland radikal umzugestalten ...« ... ...»Köster hat in der Reinigung dieser Atmosphäre, in der Liquidierung vieler unerfreulicher Nachbleibsel aus früherer Zeit eine glückliche Hand gezeigt und die berechtigte Freude gehabt, durch die Schaffung des deutsch-lettländischen Vertrages von 1926 den Grundstein für das zukünftige Zusammenarbeiten beider Staaten legen zu können ...[181]«

Ein nach außen sichtbarer Schlußpunkt in Kösters Bemühen, die Verbindung von Mensch zu Mensch zwischen den beiden Staaten zu erleichtern, war die letzte Vereinbarung, die er als Vertreter des Deutschen Reiches mit Lettland schloß. Nicht nur symbolisch, sondern realiter in der Stunde seines Abschieds von Lettland unterzeichnete der deutsche Gesandte ein Abkommen, das den Visum-Zwang zwischen den beiden Ländern aufhob.

## *Repräsentation in Riga*

Der Rahmen der Repräsentation, innerhalb der Höhepunkte politischer Ereignisse gefeiert wurden, war großzügig, ohne protzig zu wirken. Der Abschluß des Handelsvertrages war eine solche Gelegenheit, während man sonst über die schon erwähnten beliebten Kösterschen »Bierabende«, die von allen Teilnehmern stets hoch gelobt wurden[182], oder über die unzähligen kleinen geselligen Veranstaltungen, die das Ehepaar Köster für durchreisende Diplomaten oder für Künstler und Wissenschaftler von außerhalb arrangierte, nicht hinausging[183].

180 Vgl. zu diesem Komplex: Grundmann, a.a.O., S. 231/233.
181 »Frankfurter Zeitung« Nr. 419 – 7. 6. 1928.
182 Vgl. Seite 129.
183 Für diese ungezwungene Art der Gastlichkeit sei unter vielen Zeugnissen

Aus Anlaß des großen Empfangs in der deutschen Gesandtschaft nach der Ratifizierung des Handelsvertrages weist Köster in einem Bericht an das AA[184] erneut auf die Verpflichtung zu derartigen Repräsentationen hin und auf die hiermit verbundenen Kosten. »Das war um so notwendiger, als seit dem Tage der Unterzeichnung lettischerseits immer wieder auf die ›Festfeier‹ angespielt wurde, die den Abschluß der Verträge krönen müsse.« Seiner Einladung zum Empfang seien 150 Personen gefolgt, an der Spitze der lettische Staatspräsident, das Ministerkabinett, das Saeimspräsidium [Präsidium des lettischen Parlaments], die Fraktionsführer, die Presse sowie hervorragende Vertreter des wirtschaftlichen und künstlerischen Lebens. Köster weist darauf hin, daß dies »der größte Empfang war, den die deutsche Gesandtschaft bisher gegeben hat«. Trotzdem sei dieser Empfang »weit« hinter den Empfängen anderer Mitglieder des diplomatischen Korps zurückgeblieben »(diesjähriger Empfang auf der russischen Gesandtschaft 250 Personen, vorjähriger Empfang beim französischen Gesandten im Schwarzhäupterhaus 300 Personen, desgleichen beim japanischen Gesandten 350 Personen)«. Daß Köster es verstand, einem derartigen »Staatsempfang« eine besondere Note zu geben, die dieses Ereignis aus dem Rahmen einer sterilen »Steh-Party« heraushob, erweist die Tatsache, daß er »Professor Mitscherlich von der Universität Königsberg« gebeten hatte, einen Vortrag auf diesem Empfang zu halten. Mitscherlich, damals eine internationale Kapazität der Pflanzenzüchtung, war für den Agrarstaat Lettland eine äußerst wichtige Persönlichkeit. Der Abend mit dem Programm: Vortrag, kalter Imbiß und im Anschluß ein Glas Bier, wurde ein voller Erfolg. »Der Vortrag ... wurde mit großem Interesse aufgenommen ...« ... »Die Gäste ... blieben noch lange in zwangloser Unterhaltung beisammen«, wie die beigelegten Zeitungsausschnitte bewiesen. Für Köster war es im Rahmen seiner Auffassung von der Deutchtumspolitik bedeutsam, daß der berühmte Professor nicht nur von den deutschbaltischen Kreisen vereinnahmt wurde. Am nächsten Tage erfolgte ein Besuch der »Versuchsstation der deutsch-baltischen Landwirte *wie auch* der Institute der lettischen Universität«. Außerdem hielt Mitscherlich »einen stark besuchten Vortrag in der Aula des landwirtschaftlichen Instituts« ... »und die Universität hat ihm zu Ehren ein Frühstück gegeben«. Zum Schluß des Berichtes wird wieder auf die Kostenfrage eines

eine typisch »Köstersche Einladung« angeführt. Am 18. 3. 1926 geht an den Pianisten Orlow eine Einladung, in der er für 10 Uhr abends nach seinem Konzert zu den Gesandten gebeten wird: »Wir würden uns sehr freuen, Sie zu sehen, und Sie wissen, daß in unserem Hause jeder Künstler gänzlich frei, d.h. weder moralisch noch unmoralisch gebunden ist zu spielen, zu singen oder sonst irgendetwas zu tun, wozu er nicht selber Lust hat.« Nachlaß Köster IV 4.

184 Hierfür und für das folgende: Köster an AA – Riga, 9. 11. 1926. AA Pol Lettland Pol 10, Bd. 1.

derartigen Unternehmens hingewiesen. 3042,24 Lats [ca. 2465 RM] hatte der Empfang einschließlich der Reisekosten für Professor Mitscherlich gekostet. Und noch einmal weist der Gesandte darauf hin, wie preiswert im Grunde die ganze Angelegenheit war, indem er Vergleiche mit den Unkosten von Empfängen bei anderen Staaten anstellt, aber wie notwendig es auch sei, die Gesandtschaft mit einem entsprechenden Repräsentationsfond auszustatten.

Dieses eine Beispiel – unter vielen anderen – einer Repräsentation in Riga ist etwas ausführlicher behandelt worden, weil an ihm sich exemplarisch das Köstersche Wirken auf der diplomatischen Bühne zeigen läßt, aber auch die Grenzen, die diesem Wirken gesetzt waren. Dem heutigen Leser erscheint es völlig unverständlich, daß ein deutscher Gesandter bei Abschluß eines derartig wichtigen Staatsvertrags einen Rechenschaftsbericht ablegt, warum er diesen Empfang für notwendig hielt. Fast beschämend wirkt es, daß er immer wieder darauf hinweist, wie »preiswert« die deutsche Gesandtschaft im Vergleich mit den Gesandtschaften anderer Staaten »repräsentiert«. Es darf nicht vergessen werden, daß dieser »Rechtfertigungsbericht« in einer Zeit geschrieben wird (1926), in der auch die Weimarer Republik im großen und ganzen finanziell sich freier bewegen konnte als in den ersten Nachkriegsjahren. Immer noch aber schien man sich im AA bei der Stellung von Gesandten und Botschaftern nicht ganz von den Vorkriegsvorstellungen gelöst zu haben, daß man eben Vermögen besitzen müsse, wenn man eine derartige Repräsentationsstellung im Ausland einnehme. Es wäre einer eigenen soziologischen Untersuchung wert, wie die Kollegen Kösters diese Jahre finanziell überstanden haben. Gewiß gab es noch genug alte Diplomaten, die über Vermögen verfügten wie Dirksen, Hoesch, Brockdorff-Rantzau, Bernstorff, Nadolny, Maltzan u. a. Daneben aber standen auch Vertreter der durch die Inflation verarmten alten Familien und die Angehörigen einer neuen Gesellschaftsschicht, die über kein Vermögen verfügte.

Auf den Fall Köster bezogen kann nur festgestellt werden, daß hier ein Mann, besser gesagt ein sehr mutiges und dem Leben zugewandtes Ehepaar mit fünf Kindern die ständige Last der Schulden trug, um ein Amt so auszufüllen, wie diese Stellung es forderte.

Eine weniger starke und eine mehr dem Pessimismus zuneigende Persönlichkeit hätte sicherlich resigniert. Bei Köster ging es nicht nur um persönliche finanzielle Schwierigkeiten, sondern gleichzeitig darum, daß Blätter der deutschen Rechtspresse, besonders die ›Deutsche Zeitung‹ keine Gelegenheit versäumte, um Köster als »Sozialdemokrat« zu diffamieren. Der Grundton war folgendermaßen abgestimmt: »Herr Köster, der sich bekanntlich einbildet, ein zweiter Bismarck zu sein – eine Ansicht, mit der er zu seinem größten Leidwesen allein steht – ist bald 1 1/2 Jahre hier, und es ist kaum eine Woche vergangen, wo er nicht Anstoß erregt hätte. Es ist unverständlich, daß die Sozialdemokratische Partei einen solchen Mann ins Ausland gehen läßt. Ein Zeichen wohl dafür, wie wenig geeignete Geister diese Partei in ihren Reihen zählt[185].«

Immer wieder sieht sich Köster gezwungen, Verleumdungen zu berichtigen und Richtigstellungen zu verlangen. So war ihm u. a. von dieser Zeitung auch sein »luxuriöses Leben« zum Vorwurf gemacht worden und daß er am 1. Mai 1924 eine prunkvolle Maifeier veranstaltet habe. In einem die Dinge richtig stellenden Telegramm an das AA weist er nach, daß nicht am 1. Mai, sondern am 30. April abends eine gesellschaftliche Veranstaltung in seinem Hause stattgefunden habe[186]. Dieses Telegramm schließt mit den bezeichnenden Sätzen: »Von luxuriöser Lebensführung bei augenblicklichem Gehalt und 6-köpfiger Familie zu reden, ist lächerlich, da ich seit 1. Januar, worüber Ministerialdirektor Gneist geschrieben, über 4000 Goldmark privat zugesetzt habe, um gesellschaftliche Verpflichtungen zu erfüllen, die in Riga durch zahlreiche Rußlanddurchreisende und besondere Verhältnisse hiesigen Deutschtums größer sind als in anderen Missionen. Bitte energisches Dementi und Mitteilung weiterer Zeitungen, die Notiz gebracht.«

Stresemann selbst will sich beim Reichsfinanzminister für die Aufbesserung der Bezüge einsetzen, nachdem der Gesandte angegeben hatte, daß die Schulden nunmehr 6000 Goldmark betragen »nur zur Deckung dienstlicher Auslagen[187]«. Köster hatte auch hier wie in dem oben angegebenen Telegramm noch einmal auf die großen gesellschaftlichen Verpflichtungen hingewiesen und auf die Notwendigkeit, daß ein Verkehr » . . . entsprechend aus russischer Zeit stammender Tradition auf breiter Grundlage geführt werden muß«.

Der Bescheid des AA vom 23. 8. 1924 lautet wenig tröstlich. Die Intervention Stresemanns war vergeblich. »Ich darf ergebenst anheim stellen, bei einer gelegentlichen Anwesenheit in Berlin die Frage der besonderen Gehaltsregelung persönlich erneut hier und eventuell beim Reichsminister der Finanzen selbst zur Sprache zu bringen[188].« Köster ist von den finanziellen Sorgen während seines Lebens nicht befreit worden[189]. Diese Tatsache steht als beredtes Zeugnis gegen die immer wieder erhobenen

185 »Deutsche Zeitung« Nr. 205 – 9. 5. 1924.

186 Hierfür und für das folgende: Köster an AA – Riga, 10. Mai 1924. AA Lettland Pol 10, Bd. 1.

187 Köster an AA – Berlin, 30. 7. 1924. Nachlaß Köster IV 4.

188 AA an Köster, Berlin, 23. 8. 1924. Nachlaß Köster IV 4.

189 Herr Hans Köster, der zweitälteste Sohn von Adolf Köster weist in einem Gespräch mit dem Verfasser im August 1977 darauf hin, daß die Einrichtung für die Repräsentation in der Gesandtschaft (Tafelsilber, Geschirr usw.) der Gesandte aus eigenen Mitteln bezahlen mußte.

Verleumdungen einer »Pfründenwirtschaft« durch die »Systemparteien« in der Weimarer Republik. Weder Stresemann noch Ebert haben von dem hierfür zuständigen Reichsfinanzminister eine Sonderregelung erreichen können, auch nicht in jener Zeit, als Hilferding, ein Parteigenosse Kösters, Reichsfinanzminister war. Ein Stück »altes Preußen« steckte auch noch in »Weimar«.

## *Kösters Verhältnis zur deutsch-baltischen Minderheit*

Die Repräsentation in Riga trug nicht nur durch die oben angedeuteten Lebensgewohnheiten der führenden lettischen Schichten ein Stück altrussischer Aufwendigkeit in sich, sie wurde auch über das Maß, das sonst in einem Kleinstaat üblich ist, belastet, da der deutsche Gesandte noch einem zweiten politischen Kreise verpflichtet war, der deutschbaltischen Minorität. Diese Minorität zählte noch im Jahre 1934 in Lettland 62 000 Menschen, davon lebten in Riga 32 000 Deutschbalten. Diese Minorität hatte bis zum Jahre 1918 manche politische Lösung für möglich gehalten, nur nicht die eines selbständigen Lettlands. »Ein selbständiges Lettland ... war über Nacht Wirklichkeit geworden. Und die Letten kannten die negative Einstellung der Balten zum Staat[190].«

Bei nüchterner Betrachtung der Lage in den baltischen Staaten nach 1918 gab es für die Deutschbalten auch in Lettland nur zwei Lösungen: »... entweder einen gemeinsamen Weg mit den Letten zu suchen, oder aber der Heimat den Rücken zu kehren[191].« Die Mehrheit der Balten entschied sich für die alte Heimat. Sie hatten damit, ob sie es wollten oder nicht, die Option für die neugegründeten Staaten ausgesprochen. Die ehemalige deutsche Oberschicht, deren Angehörige »noch immer in bevorzugtem Maße Träger der lokalen Selbstverwaltung« waren, mußte sich mit dem Rechtsstatus einer Minderheit abfinden, der allerdings die Kulturautonomie gewährleistet war. In Estland wurde die Möglichkeit einer kulturellen Selbstverwaltung bereits im estnischen Grundgesetz festgelegt. In Lettland wurde der rechtliche Status der Kulturautonomie erst 1923 fixiert und unter die Garantie des Völkerbundes gestellt[192]. Diese Garantie galt selbstverständlich für *alle* Minderheiten. Es wird zu leicht verges-

190 Rüdiger, W., a.a.O., S. 5. Die folgende Darstellung beschränkt sich nur auf die für Köster wichtigsten Probleme seiner Minderheitenpolitik in Lettland. Für alle Einzelheiten der deutschen Minderheitenpolitik im Baltikum während der Weimarer Zeit sei auf die schon erwähnte Studie von Grundmann hingewiesen.

191 Rüdiger, W., a.a.O., S. 5.

192 Vgl. Rauch, G.v., a.a.O., S. 118/119.

sen, daß Lettland mit 25,6 % fremdsprachiger Einwohner[193] im Baltikum den größten Anteil an Minderheiten besaß, nämlich neben der deutschen eine russische, eine jüdische und eine schwedische Minorität. Um die Minderheitenrechte in Lettland hat es manche politisch-parlamentarische Auseinandersetzung gegeben, aber im ganzen betrachtet läßt sich für die Epoche der Weimarer Zeit, besonders auch für jene Jahre von 1923 bis 1928, in denen Köster deutscher Gesandter in Riga war, feststellen, daß das Zusammenleben der deutschen Minderheit mit dem lettischen Staatsvolk frei von unerträglichen Pressionen verlief.

Mit Recht verweist Georg von Rauch in seiner ›Geschichte der baltischen Staaten‹ darauf, daß besonders Riga durch die vorhandenen Minderheiten »am ehesten einen kosmopolitischen Eindruck machte. Hierzu trug sehr stark das schauspielerisch hervorragende russische Theater und das Musikleben bei, das in Fortführung der Tradition der einstigen russischen Musikmetropolen vielen russischen, jüdischen und deutschbaltischen Kräften die Ausübung ermöglichte. Riga war auch Sitz von russischen Hochschulkursen, an denen eine Reihe von bedeutenden Gelehrten aus der russischen Emigration tätig waren[194]«.

Nicht nur in Konkurrenz mit dem lettischen Staatsvolk, sondern auch in Konkurrenz mit dieser russischen, aber auch mit der jüdischen Kulturarbeit stand die deutsch-baltische Kulturarbeit mit ihren zahlreichen Schulen aller Gattungen, mit dem deutschen Herder-Institut als einer privaten Hochschule, mit dem deutschen Theater in Riga und mit der bekannten deutschen Tageszeitung, der ›Rigaischen Rundschau‹. Es war ein Glücksfall, daß in diesem ersten Jahrzehnt nach der Staatsgründung zwei führende Persönlichkeiten der deutschbaltischen Volksgruppe in Lettland trotz verschiedener parteipolitischer Herkunft in allen Deutschtumsfragen harmonisch zusammenarbeiteten, der Vorsitzende der konservativen deutschbaltischen Volkspartei, Baron W. Fircks, und der Chefredakteur der ›Rigaischen Rundschau‹ Paul Schiemann, der zugleich Vorsitzender der Demokratischen Partei war. Gerade in Schiemann sollte der deutsche Gesandte Köster einen Partner finden, der von der Grundlage gleicher politischer Anschauung her mit großem Verständnis die Kösterschen Intentionen auf dem Gebiete der Kulturpolitik teilte. Wie sehr Schiemann sich Köster verbunden fühlte, zeigt der menschlich warmherzige Nachruf, den er in der ›Rigaischen Rundschau‹ nach dem Tode des politischen Freundes am 19. und 20. 2. 1930 brachte.

Manche verheißungsvolle Anzeichen eines deutschbaltischen und lettischen Zusammenlebens sind in jener »demokratischen« Epoche des lettischen Staates festzustellen. Der Chef des deutschen Bildungswesens

193 Rauch, G.v., a.a.O., S. 75.
194 Rauch, G.v., a.a.O., S. 118.

hatte 1920 bis 1934 Sitz und beratende Stimme in allen zuständigen Fragen im Kabinett. Bis zum Jahre 1931 standen an der Spitze des lettischen Bildungsministeriums verständnisvolle und für die Sonderwünsche der Minderheiten aufgeschlossene Politiker. Zweimal waren deutsch-baltische Vertreter lettische Justizminister – und einmal ein solcher Finanzminister. An der Spitze der lettländischen und der estnischen Marine standen längere Zeit deutschbaltische Seeoffiziere[195].

Die Bildungsfreudigkeit der jungen Staaten, die sich in der rasch wachsenden Zahl der eigenen Schulen manifestierte, hatte auch Verständnis für das Bildungsbewußtsein und für die Bildungssituation seiner Minderheiten. Kein Geringerer als der große deutsche Historiker Hans Rothfels, der von 1926 bis zu seiner Vertreibung 1934 in Königsberg Pr. Geschichte lehrte und in dieser Zeit enge wissenschaftliche Beziehungen zu Riga und Dorpat unterhielt, hat in einer Rede am 1. Juli 1956 beim Delegiertentag der deutschbaltischen Landsmannschaft in einer Art Nekrolog auf dieses Stück vergangener deutschbaltischer Beziehungen zu ihren kurzlebigen »Vaterländern« hingewiesen. Rothfels legte ein Bekenntnis zu der Tatsache dieser deutschbaltischen Kulturautonomie ab, »zu dem sehr Positiven und sehr Wirklichen . . ., das in den baltischen Staaten geschah und sie in der internationalen Politik über den provinziellen Wasserspiegel hob. Hier und nur hier in der Nachversailler Staatenwelt erfolgte . . . der grundsätzliche Durchbruch durch das cuius regio eius natio, die Absage an die Allgemeingültigkeit des integralen Nationalstaates, die dem Sich-Abschirmen gegen die bolschewistische Penetration neben den sonstigen Erfolgen auf wirtschaftlichem, sozialem und kulturellem Gebiet eine tiefere Grundlage gab – über egoistische Ziele westmächtlicher Cordon- oder Kolonialpolitik hinaus[196]«. Das von Rothfels überlieferte Wort[197] eines estnischen Staatsmannes: »Die Kulturautonomie ist unsere Antrittsvisitenkarte vor den Augen der westlichen Welt« konnte mit einer gewissen Einschränkung auch für Lettland gelten.

Die Rolle, die dem deutschen Gesandten in Riga bei diesem Annäherungsprozeß zwischen Deutschbalten und Letten zukam, war äußerst delikat und verlangte viel Fingerspitzengefühl. Zwei deutschbaltische Führer haben in ihren Erinnerungen fast gleichlautend die besondere positive Arbeit hervorgehoben, die Köster auf diesem Gebiet geleistet hat. Wolfgang Wachsmuth, der spätere Chef des deutschen Schulwesens in Lettland, weist darauf hin, daß die deutsche Gesandtschaft »vom Weimarer Staat keineswegs das Kommissum hatte, sich für die deutsch-baltische Volksgruppe

195 Nach Rauch, G.v., a.a.O., S. 120-125.
196 Rothfels, H.: Zeitgeschichtliche Betrachtungen, Göttingen 1959, S. 223.
197 Rothfels, H., a.a.O., S. 261, Anmerkung zu S. 223 »Aus persönlicher Erinnerung«.

bei der lettischen Regierung einzusetzen. Noch weniger konnte die Gesandtschaft als Vertreterin der Volksgruppe gegenüber den Letten auftreten. Und doch hat sie in praxi sehr oft die Vermittlerrolle – und zwar auf dem Wege ihrer gesellschaftlich-diplomatischen Beziehungen – übernommen. Die gesellschaftlichen Veranstaltungen der Gesandtschaft (die Frühstücke und Soupers, die Bierabende und Routs) waren in der internationalen Gesellschaft Rigas beliebt ...«. ...»Da gab es Abende, wo deutsch-baltische und lettische Politiker oder Wissenschaftler, Journalisten oder Wirtschaftler ›zusammengebracht‹ wurden und wo man in den weiten und gastlichen Räumen der Gesandtschaft Vertreter der Letten und Deutschbalten in kleinen Gruppen oder im Zwiegespräch eifrig verhandeln sah. Nicht wenige Streitfragen sind auf solche Weise beigelegt worden[198].«

Wilhelm von Rüdiger, der Präsident der deutschbaltischen Volksgruppe, hatte anfänglich ein distanziertes Verhältnis zu Köster. Der konservative baltische Baron war sicherlich zunächst mehr von der demokratisch sozialen Einstellung Kösters befremdet als von dessen Persönlichkeit. Jedenfalls stellt er noch in seinen Erinnerungen fest, daß der Konnex zwischen Köster und dem Demokraten Schiemann, »dem Leader der deutschen Parlamentsfraktion«, schneller hergestellt war als mit ihm. »Sie (Köster und Schiemann) begegneten sich in ihren Neigungen auf vielen Gebieten: Politik, Literatur, Schauspielkunst und nicht zuletzt (wie er etwas gehässig hinzufügt) auf dem Gebiet des Alkohols. Ich persönlich hatte viel später ein Verhältnis zu ihm gefunden. Es dauerte, bis ich mich an seine etwas derbe Art gewöhnte[199].« Dann allerdings bekennt Rüdiger freimütig, daß er seine falsche Einstellung Köster gegenüber rasch revidiert habe.

Im übrigen aber glaubt der Deutschbalte Rüdiger noch in seinen Erinnerungen aus dem Jahre 1955, die also 30 Jahre nach dem Wirken Kösters in Riga erschienen, daß der Gesandte ursprünglich eine falsche Einstellung zu den Deutschbalten besessen habe, da »er anfänglich geneigt war in ihnen nicht seine Volksgenossen, sondern gleich den Letten seine Gegenspieler zu sehen«. Köster, so meint Rüdiger an einer anderen Stelle, sei »anfänglich überrascht (gewesen) über die Einstellung der Balten, die im deutschen Gesandten einen Faktor zu ihrem Schutz gegen die von lettischer Seite ausgehenden Bedrohung ihrer Existenz sahen und Hilfe von ihm beanspruchten«. Der Gesandte habe aber schnell begriffen, »daß die Betreuung der deutschen Balten wohl in anderen Formen zu geschehen habe als die der Reichsdeutschen[200]«.

198 Wachtsmuth, W.: Von deutscher Arbeit in Lettland, a.a.O., S. 235.
199 Rüdiger, a.a.O., S. 34.
200 Rüdiger, a.a.O., S. 35.

Diese aus baltischer Perspektive gesehene Beurteilung Kösters bedarf in zwei Punkten einer Korrektur. Der Gesandte mußte in einem Teil der Minderheit sicherlich seine Gegenspieler sehen, nämlich in jenen konservativen Kreisen, die ähnlich wie die entsprechenden Kreise in der Heimat in dem Gesandten nicht den Vertreter des Deutschen Reiches sahen, sondern den Parteiabgesandten eines wenig geliebten neuen demokratischen Deutschland[201]. Zum anderen aber war sich Köster von Beginn seiner Tätigkeit in Riga an durchaus darüber im klaren, daß eine Betreuung der deutschbaltischen Minderheit zu seinen Aufgaben gehörte, daß diese Betreuung aber einen völlig anderen Charakter haben müsse als die übliche Betreuung der reichsdeutschen Kolonie. Köster war knapp sechs Monate im Lande, als er über diesen Fragenkomplex einen grundsätzlichen Bericht an die Zentrale in Berlin schickte.

Der Anlaß zu diesem Bericht »ohne Erlaß« vom 12. 6. 1923[202] war die kritische Beleuchtung eines Kongresses des Vereins für das ›Deutschtum im Ausland‹, des ›Deutschen Schutzbundes‹ u. a. in Hamburg. In diesem Zusammenhang werden von Köster Reden und Aufsätze herangezogen, die »das baltische Minoritätenproblem in der üblichen Methode die jede politische Klugheit vermissen läßt«, behandeln. Köster warnte vor der Verquickung von reichsdeutschen und baltischen Veranstaltungen, wie das jüngst bei den Vorträgen von Professor Eucken im Herder-Institut in Riga geschehen war. »Durch Verquickung mit baltischen Tendenzen kann die deutsche Kulturarbeit, die vom Reich und von der Gesandtschaft aus betrieben werden muß, nur gehemmt werden.«

Der Gesandte hatte frühzeitig erkannt, daß die Hinneigung Lettlands zum Westen keineswegs mit einer Hinneigung zu Deutschland zu verwechseln sei und daß ein zu sichtbarer Kulturexport, der sich mit baltendeut-

201 Hierzu folgendes Beispiel: In der deutschen Rechtspresse war eine verleumderische Notiz gegen Dr. Köster erschienen über »Unzureichende Vertretung deutscher Reichsinteressen« in Riga, die von der Reichsregierung dementiert werden mußte. Der für diese Nachricht verantwortliche Redakteur der »Königsberger Allgemeinen Zeitung« Dr. Seraphim, ein Baltendeutscher, war einem baltendeutschen Schwindler aufgesessen. Der Chefredakteur der Zeitung, A. Wyneken, entschuldigte sich am 28. 2. 1924 brieflich bei dem lettischen Gesandten Dr. Woit in Berlin »für die mir sehr peinliche Mystifikation« ... »Ich lege Wert darauf festzustellen, daß wir das Opfer eines raffinierten Hochstaplers geworden sind.« Das Presseorgan der SPD, die »Königsberger Volkszeitung«, vermerkte ironisch: »Interessant ist nur, daß der Redakteur eines volksparteilichen Blattes sich sofort bei der von ihm angegriffenen Regierung wehleidig entschuldigte, dagegen kein Wort der Zurücknahme seiner leichtfertigen Beschuldigungen gegenüber dem AA respektive den angegriffenen Mitgliedern der deutschen Gesandtschaft in Riga gefunden hat. Auch das ist anscheinend im Sinne dieser Herren echt baltisch und echt deutsch.«
Nachlaß Köster II 5.

202 Hierfür und für das folgende: Köster an AA – Riga, 12. 6. 1923. AA Presseabteilung P. 49 – Auslandsdeutsche und Grenzdeutsche Bd. 1.

schen Interessen verbindet, in Lettland zu leicht als deutscher Imperialismus mit anderen Vorzeichen aufgefaßt wird. Der Gesandte zitiert zu diesem Komplex warnend eine lettische Stimme: »Wir müssen fest sein, um die kulturelle Aufdringlichkeit, die aus Deutschland kommt, ... deutlich zu erkennen. Seien wir auf der Hut, sammeln wir Kraft und suchen wir unsere wirklichen Freunde.« Reichsdeutsche Ausstellungen, Vorträge und andere Veranstaltungen sollten nicht als Exponenten der deutschen Minorität auftreten, z. B. als Veranstaltungen des Herder-Institus, sondern lediglich als reichsdeutsche Veranstaltungen. Sie sollen unter »eigener Flagge kommen und verbreitet werden«.

Köster hatte ein sehr feines Gefühl und Empfinden für die Verletzlichkeit des Nationalbewußtseins kleiner Völker. Seine Arbeit war darauf eingestellt, das unverkrampfte Zusammenleben mehrerer Völker zu fördern, bei denen das Staatsvolk erst auf dem Wege zur politischen Eigenständigkeit war, während die Angehörigen der Minderheiten – das galt vor allem sowohl für die Deutschen wie für die Russen – voller Stolz, der leicht in Überheblichkeit ausarten konnte, den Besitz einer großen politischen Vergangenheit und einer noch in die Gegenwart sich ausbreitenden Kultur mit sich trugen. Gerade weil Köster überzeugt von dem Wert der deutschen Kultur im Baltikum war, glaubte er, diese Selbstbescheidung fordern zu können. »Die Arbeit der hiesigen deutschen Minorität und ihrer Institutionen ist so groß und wichtig, daß sie nicht nötig hätte, Aufgaben zu übernehmen, die unter heutigen Umständen hier besser ohne nach außen hin erkennbare Verbindung mit ihr gelöst werden.«

So überzeugend heute nach fünfzig Jahren die Forderungen Kösters klingen, so schwierig war es in den Jahren eines überschäumenden Nationalismus auf deutscher, aber später auch auf lettischer Seite diese Stimme der Vernunft, hinter der ein großes politisches Engagement stand, zu Gehör zu bringen. Köster ist kein »Verzichtpolitiker« in Sachen deutscher Kultur. Er besaß nur im Gegensatz zu vielen anderen »Deutschtumspolitikern« den kühlen Blick für das Mögliche. Hierin aber lag seine Stärke: »Wenn wir nicht lernen, gewisse Dinge im Herzen statt auf der Zunge zu tragen, werden wir uns auch die große kulturelle Expansionsmöglichkeit verscherzen, die wir heute noch gegenüber dem Osten haben.«

Die hier von Köster zu Beginn seiner Tätigkeit in Riga niedergelegten Gedanken zur Verfahrensweise einer deutschen Minderheitenpolitik in Lettland blieben die Maxime während der kommenden Jahre: Die Reichsregierung habe die Verpflichtung, die kulturelle Arbeit der Minderheit vor allem finanziell zu unterstützen. Diese Unterstützung habe aber so diskret zu erfolgen, daß sie nicht als offizielle Subvention des Reiches in Erscheinung trete, denn für das Deutsche Reich sind die Baltendeutschen lettische Staatsangehörige mit deutscher Muttersprache. Auch der Anschein eines deutschbaltischen Führungsanspruches in Lettland müsse vermieden werden.

Im Sinne einer diskreten Subventionsarbeit wurde von Köster in den nächsten Jahren seine Kulturpolitik betrieben. Das Herder-Institut, das deutsche Theater, die deutschen Schulen, aber auch die deutsche Zeitung und andere deutschbaltische Kultureinrichtungen wurden, ohne daß davon viel nach außen drang, laufend unterstützt. Mit einer gewissen Erleichterung stellte der Präsident der deutschbaltischen Volksgemeinschaft v. Rüdiger fest, daß »unter Minister Köster« die Unterstützungen durch das Reich »eine mehr geordnete Form« erhielten, ja daß nach Gründung der Organisation der »deutschen Volksgemeinschaft« es üblich wurde, »dem deutschen Gesandten ein sogenanntes ›Anforderungsbudget‹ vor Beginn eines neuen Geschäftsjahres vorzustellen«, das dieser mit seinen Empfehlungen an das AA weiterreichte[203].

Daß es in dieser »demokratischen Epoche« Lettlands nicht zu ernsteren Auseinandersetzungen zwischen der lettischen Regierung auf der einen Seite und der deutschen Minderheit und der deutschen Gesandtschaft auf der anderen Seite kam, ist im wesentlichen dem geschickten Taktieren Kösters zu verdanken, der seine Verbindungen nicht nur zu den lettischen Politikern pflegte, sondern auch zu den Vertretern des lettischen Geisteslebens. Auch ihnen gegenüber betonte er gern die uneingeschränkte Souveränität Lettlands in allen Entscheidungen der Kulturpolitik des Landes. Hiervon zeugt ein Brief Kösters an Professor Zalitz, der Ordinarius für Philosophie an der lettischen Staatsuniversität war[204].

Es geht hier um die mißglückte Berufung eines reichsdeutschen Professors. »Herr Professor Emge ist für mich und für die deutsche Gesandtschaft ein reichsdeutscher Professor wie jeder andere. Wenn die Fakultät oder die Universität oder das Ministerkabinett seine Berufung ablehnt resp. abgelehnt hat, so ist damit für mich der Fall erledigt.« Dieser Brief enthält außerdem ein schönes, um das andere Volk werbendes Wort. Professor Zalitz hatte Köster eine eigene Kantveröffentlichung übersandt. Der Gesandte bedankte sich mit dem Satz: »Wo Kant nicht vergessen ist, wird der Geist der Humanität immer lebendig bleiben.« Diese aus dem Geiste der Humanität erwachsende Gesinnung, die Achtung für den Geist und für das Leben der Menschen auch jenseits der eigenen Volksgrenzen zeigt, ist sicher ein Stück des Kösterschen Wesens, aber auch des Kösterschen Erfolges im Umgang mit Menschen verschiedener Nationen.

Dieser Geist der Humanität verband sich bei Köster mit einem gesunden Sinn für das Reale und für das »Machbare«. Durch die neue Regelung der

203 Rüdiger, a.a.O., S. 35.
204 Aus einem Brief Kösters (ohne Datum) an Professor Zalitz, Ordinarius für Philosophie an der Lettischen Staatsuniversität. Nachlaß Köster IV 4.

Vorlage eines ›Anforderungsbudgets‹ hatte der Gesandte das erreicht, was schon Rauscher in seinem Bericht aus dem Jahre 1922 vorgeschlagen hatte[205]. Der Gesandte wurde durch seine Vermittler- besser gesagt Kontrolltätigkeit in Sachen der finanziellen Unterstützung der Minderheiten eine äußerst wichtige Persönlichkeit. Wie Köster in seiner fast barock wirkender Art diese »Herrschaft« ausübte, mag an einem Beispiel verdeutlicht werden, das der Berichterstatter mit einer halb distanzierten, aber doch staunenden Bewunderung für diesen außerordentlichen Mann aufzeichnete.

»Einmal fuhr ich mit Dr. Koester und Paul Schiemann nach Berlin, um uns gemeinsam für die Zubilligung einer von der V.-G. dringend benötigten Extrabewilligung einzusetzen. Koester war kurz vorher in Berlin gewesen und hatte mir eigentlich versprochen, allein die erforderlichen Schritte zu tun. Als er zurückkam, erwies es sich, daß er die Sache vergessen hatte. Ich konnte meine Verstimmung darüber nicht unterdrücken, er aber erklärte sich bereit, sofort wieder nach Berlin zu fahren und schlug vor, daß Schiemann und ich mitfahren sollten. Wir fuhren gemeinsam und ich verbrachte drei bis vier Tage mit ihm und Schiemann in Berlin. Es war für mich nicht ganz leicht, mit meinen beiden Begleitern mitzuhalten, die sich beide einer großen Lebensfreude und Fähigkeit im Alkoholkonsum erfreuten. Wir waren im ›Russischen Hof‹ gegenüber dem Bahnhof ›Friedrichstraße‹ abgestiegen. Meine Erwartung, daß wir am nächsten Morgen nach unserer Ankunft unsere Angelegenheit im Auswärtigen Amt erledigen würden, bewahrheitete sich nicht. Zwei bis drei Tage besuchten wir bis spät in die Nacht Restaurants und allerhand Vergnügungsstätten. Überall fand Koester Bekannte. Er war durchaus amüsant und geistreich und jedenfalls von einer unverwüstlichen Vitalität. Am 3. oder 4. Tage gelang es mir, ihn zu bewegen, den Gang ins Auswärtige Amt mit uns zu machen. Nach dem geringen Eifer, den er in den ersten Tagen gezeigt hatte, war ich recht skeptisch. Ich suchte daher vorher den Leiter einer Abteilung im A.A., Herrn von Dircksen, an den ich empfohlen war, auf, und bat ihn um seine Unterstützung. Dircksen sagte sie mir bereitwilligst zu, bemerkte aber, daß ich seiner Hilfe nicht bedürfe, da ich die ›größte Kanone‹ aus Riga mitgebracht habe. Und tatsächlich wurde unsere Angelegenheit von Koester in kürzester Zeit im A.A. nach Wunsch erledigt[206].«

Die Führer der Minderheit dankten Kösters Einsatz für ihre Belange mit vielen Beweisen des Vertrauens[207]. Sein Ruf als Sachwalter der deutschen Minderheit war aber auch über die Grenzen Lettlands hinausge-

205 Vgl. Anm. 129.
206 Rüdiger, a.a.O., S. 38.
207 Vgl. etwa den Brief Schiemanns an Köster nach Berlin. Riga, 25. 12. 1925. Nachlaß Köster IV 4.

drungen. Die vierte Tagung der deutschen Minderheitenführer wurde in Riga abgehalten. Die deutschen Minderheitenführer aus Estland, Lettland, Polen und der Tschechoslowakei sandten Köster eine Gruß- und Dankbotschaft »nicht nur für die freundliche Aufnahme, sondern auch für das unserer Bewegung gezeigte tiefe Verständnis[208]«.

### *Kösters Kampf gegen den lettischen Nationalismus*

Es war Köster gelungen, sowohl das Vertrauen der lettischen Staatsführung als das Vertrauen der deutschen Minderheit zu gewinnen und zugleich eine tatkräftige Unterstützungspolitik für die Minderheit zu betreiben. Die Persönlichkeit Kösters hatte bei den Führern der Minderheit die Vorurteile, die gegen den Sozialdemokraten Köster bestanden, ausgeräumt. Daß Köster trotz seiner auf Ausgleich abgestimmten Politik nicht die Vorurteile gegen das »imperialistische Deutschland« in der lettländischen *Jugend* ausräumen konnte, mag folgender Brief lettländischer Studenten an Köster beweisen. Dieses Schreiben wirkt wie der Vorbote eines drohend aufziehenden nationalistischen Gewitters, das nicht nur Lettlands Jugend erfaßte.

Dieser Brief lettischer Studenten mit mehreren Unterschriften, in lettischer Sprache verfaßt und mit einer beiliegenden deutschen Übersetzung versehen, befindet sich in Kösters persönlichem Nachlaß. Er hat ihn weder den Gesandtschaftakten zugeordnet noch als beleidigendes, aber bedeutungsloses Pamphlet vernichtet. Es ist anzunehmen, daß auch Köster dieses Dokument eines Völkerhasses ernst genommen hat – trotz aller äußeren Erfolge seiner Person.

Lapidar beginnt dieser Brief[209]: »Herr Köster! Lange schon betrachten wir Ihre Tätigkeit. Jetzt sind wir zu der Schlußfolgerung gekommen, daß Sie Lettland ein Grab schaufeln – vor allem zusammen mit Herrn Schiemann.« Das Besondere an diesem Brief, wodurch er sich von anderen Drohbriefen, die im Leben eines Diplomaten immer einmal auftauchen, unterscheidet, ist die Begründung für den Haß der jungen lettischen Intelligenz gegen den Gesandten. Er hat nicht etwa Angehörige des Mehrheitsvolkes überheblich oder zu schlecht behandelt, sondern vorgeworfen wird ihm seine Konzilianz gegenüber lettischen Journalisten, die nach Deutschland eingeladen worden sind. Die ganze Furcht und das Mißtrauen der Angehörigen eines kleinen Volkes gegenüber dem mächtigen und

208 Riga, 9. 7. 1927. Nachlaß Köster IV 4.
209 Hierfür und für das folgende: Brief lettischer Studenten an Köster, Riga, 18. 8. 1926 (deutsche Übersetzung). Nachlaß Köster II 5.

großen Volk der Deutschen drücken sich in dem Satz aus: »Das sind alles Mittel, mit welchen das Lettische vernichtet und der Pangermanismus gefördert werden soll.« In weiteren Ausführungen werden dann »den Deutschen« ihre »Sünden« im Baltikum vorgehalten bis hin zu einem angeblichen Wort Stresemanns, »daß die Letten unkulturell sind und daß man ihnen keinen selbständigen Staat geben darf«. Als Fazit wird gezogen: »Wir haben keinen Bedarf an deutschen Professoren und deutscher Kultur.« Als Gegenposition wird aufgestellt: »Wir nehmen Beispiele von der französischen Kunst und von der englischen Technik.« Im Grunde aber war dieser Brief für Köster nur eine Bestätigung seiner eigenen Überlegungen, daß man in der Unterstützung der deutschen Volksgruppe nicht vorsichtig genug sein könne und daß die Kulturpolitik des Reiches auf keinen Fall als verlängerter Arm der deutschbaltischen Minderheit auftreten dürfe.

Bezeichnend für Köster ist, daß er nie eine politische Frage nur aus dem Blickwinkel seines augenblicklichen Amtes betrachtete. Der ehemalige Minister, der nun als deutscher Gesandter Beamter im AA geworden war, begnügte sich zu keiner Zeit damit, einen begrenzten »Verwaltungsauftrag« auszuführen. Auf welchem Sektor er auch tätig war, stets wurde über den weisungsgebundenen Auftrag hinaus der Blick auf die politische Lösung gerichtet, die das Ganze im Auge hat. Kulturpolitik ist deshalb für Köster keine Angelegenheit, die er aus dem doch engen Blickpunkt Rigas »verwaltet«. Die Erfahrungen, die er an dem Orte Riga sammelt, möchte er für eine grundsätzliche Lösung im Interesse einer Gesamtkonzeption verwerten. Die Voraussetzungen hierfür sind seine Verbindungen zu den Führern der eigenen Partei wie Breitscheid, Sollmann, Müller-Franken und bis 1925 auch Ebert, aber auch mit führenden Persönlichkeiten anderer Parteien, vor allem mit dem Zentrum, hält er weiter Kontakte. Bei seinen zahlreichen Reisen nach Berlin beschränken sich seine Besuche nicht auf Vorsprachen im AA. Zahlreiche Gespräche werden hier mit Angehörigen der verschiedenen Fraktionen geführt. Die im Nachlaß erhaltenen Briefe mit Reichstagspolitikern geben hiervon ein mehr zufälliges, aber doch beeindruckendes Bild[210].

### *Konzeption einer deutschen Kulturpolitik unter verantwortlicher Aufsicht durch die Parteien im Reichstag*

Auf dem Gebiete der Kulturpolitik versuchte er, den Zentrumsabgeordneten Professor Schreiber für seine Ansichten zu gewinnen, obgleich er als Innenminister gerade von diesem Prälaten, Politiker und Koalitionspart-

210 Vgl. Anmerkungen 97, 98, 142.

ner angegriffen worden war[211]. Köster aber weiß die politische Erfahrung und den im Grunde politischen Gleichklang mit dem Zentrumsabgeordneten, der die Deutschtumsexperte seiner Partei ist, zu schätzen. Schreiber hatte Vorträge im Baltikum und auch in Riga gehalten. Die Verbindung zwischen den beiden Männern war offenbar wieder enger geworden. Köster setzte seinen Charme und seine briefliche Beredsamkeit ein, um den einflußreichen Zentrumsabgeordneten für seine Vorstellungen zu gewinnen. In einem längeren Brief[212] setzt er Schreiber seine Vorstellungen auseinander. Er wünscht, daß die Führer der deutschen Minderheiten mehr mit den Abgeordneten zusammenkämen, »die ihre Interessen im Reichstag und besonders im Haushaltsausschuß vertreten«. Auf der einen Seite soll das Parlament durch persönliche Kenntnisnahme sicherlich mehr Sachverstand für notwendige Geldbewilligungen erhalten – entscheidender aber ist für Köster die Überlegung, daß für die Abgeordneten »die Kenntnis der persönlichen Wünsche und Anschauungen von großem Nutzen sein könnte«, und – nun etwas verklausuliert ausgedrückt – auch hinsichtlich der »politischen Bearbeitung der Minderheitenfrage im AA« . . .»die jetzt in der großen vielleicht überlasteten Abt. VI (Kulturabteilung) erfolgt«. Eine Partei gebe es im Reichstag, die einen derartigen Ausschuß gegründet habe, »die Deutschnationale Fraktion«. Köster hält es natürlich nicht für richtig, wenn diese Rechtspartei den alleinigen Einfluß auf die Minderheitenfragen gewinnen würde. Auf seine Anregung hin habe die SPD-Fraktion einen kleinen Ausschuß gegründet, »der aus den Herren Breitscheid, Sollmann und Stampfer besteht«. Das Gleiche wünscht er sich für das Zentrum, und da Köster eigentlich nie bei theoretischen Überlegungen stehen bleibt, kündigt er Schreiber den Besuch von Dr. Schiemann an, »der die Seele der neuen *europäischen* Minderheitenbewegung ist«.

Was aber möchte Köster politisch erreichen? Zum einen sollte die »Deutschtumspolitik« dem alleinigen Einfluß und – wie Köster es nennt – dem »Geschwafel halbamtlicher Stellen wie z. B. des Minderheitenausschusses, in dem der Verfasser des Buches ›Germania irredenta‹ das große Wort führt usw. usw.« entzogen werden. Zum anderen aber wollte offensichtlich der Politiker Köster Entscheidungen von politischer Bedeutung nicht den Beamten im AA in alleiniger Verantwortung überlassen. Er will hier den Einfluß der Exekutive zurückdrängen und der Legislative einen größeren Raum geben, weil nach seiner Meinung vordergründige administrative Entscheidungen wie die Bewilligung von Unterstützungsfonds für die Minderheiten im Grunde politische Entscheidungen sind. Zwei Tage

211 Siehe Seite 77.
212 Köster an Professor Georg Schreiber, M.d.R. Riga, 23. 2. 1926. Nachlaß Köster IV 4.

nach dem Brief an Schreiber geht ein ähnliches Schreiben an Stampfer, den sozialdemokratischen Abgeordneten und Chefredakteur des ›Vorwärts‹[213].

Unter Bezugnahme auf seinen Brief an Schreiber »bohrt« er jetzt, wie er entschuldigend schreibt, noch einmal bei der eigenen Partei. Er möchte jene »halbamtlichen Kreise« ausscheiden, aber auch den Einfluß des AA zurückdrängen, indem er die Politiker, die Reichstagsabgeordneten, für diese heikle Aufgabe in die Verantwortung nimmt. »Ich gewinne immer den Eindruck, daß von der richtigen Fühlungnahme der interessierten Herren des Reichstages mit den Führern der deutschen Minderheitsbewegung selbst außerordentlich Wichtiges abhängt.«

Daß Köster auch den Einfluß des AA in diesem Fragenkomplex abschwächen möchte, erinnert an jenen Streit des Innenministers Kösters mit dem AA über die Zuständigkeitsfrage hinsichtlich der Deutschtumspolitik. Der letzte Grund hierfür scheint doch weniger eine »Zuständigkeitsfrage« gewesen zu sein als das Mißtrauen gegenüber der nun eigenen vorgesetzten Behörde, daß sie zu sehr im konservativen Geiste eine Minderheitenpolitik betreibe, die nicht genügend Rücksicht auf die neuen Verhältnisse nehme, wie er sie im Baltikum erlebt hatte.

Hier stellt sich die Frage nach der Loyalität des Beamten Köster gegenüber dem vorgesetzten Amt. In einem kürzlich erschienenen Aufsatz von Karl Heinrich Pohl[214] werden die Oppositionshaltung und die Oppositionsaktivitäten des sozialdemokratischen Gesandten Dr. Adolf Müller in Bern gegen die Völkerbundspolitik Stresemanns untersucht. Der Verfasser kommt zu dem Schluß, daß mit der Hereinnahme von Parlamentariern »und anderen Außenseitern in den Auswärtigen Dienst« ein »Stilwechsel in den Methoden, die Außenpolitik zu beeinflussen«, festzustellen sei[215]. Pohl glaubt dieses vor allem für das »Trio der sozialdemokratischen und Ebert befreundeten Diplomaten[216]« feststellen zu können, nimmt allerdings Köster aus, weil er »zu dieser Zeit einen weniger bedeutenden Posten in Riga« hatte. Pohl gibt für diesen Stilwechsel am Beispiel Müller folgende Begründung: »Konnten die Karrierediplomaten des Auswärtigen Amtes auf ihnen bekannte Referenten und Abteilungsleiter in der Zentrale oder aber auf Bekannte in den anderen diplomatischen Missionen einwirken und von dort Einfluß auf den Außenminister und den Staatssekretär ausüben und ihre Vorstellungen auch außerhalb des Dienstweges zu Gehör bringen, so war Müller dieser Weg verschlossen.« Der Bayer Müller

213 Köster an »Herrn Chefredakteur Stampfer ›Vorwärts‹ – Berlin«, Riga, 25. 2. 1926. Nachlaß Köster IV 4.
214 Pohl, K.H.: Ein sozialdemokratischer Frondeur gegen Stresemanns Außenpolitik ... in: »Aspekte deutscher Außenpolitik ...« Stuttgart 1976.
215 Hierfür und für das folgende: Pohl, K.H., a.a.O., S. 85.
216 So Walsdorff, a.a.O., S. 48.

habe »außerhalb des Dienstweges« auf die »bayerischen Freunde« und auf den bayerischen Ministerpräsidenten Held zurückgegriffen. Anerkennend wird erwähnt, daß er »niemals versuchte, seine eigene Partei, die SPD, gegen Stresemann aufzubringen und niemals von ihr Weisungen für sein Verhalten entgegennahm«.

Ähnliches ließe sich bei Köster feststellen. Wenn auch, wie Pohl mit Recht vermerkt, der Posten in Riga weniger bedeutend war als der Posten in Bern, so hatte doch auch Köster von seinem Standort aus versucht, »große Politik« zu betreiben. Dieses galt, wie versucht wurde zu zeigen, in seinem »Bündnis« mit Brockdorff-Rantzau in den Fragen der allgemeinen Ostpolitik wie in grundsätzlichen Fragen der Minderheitenpolitik, bei der er mit Vertretern nicht nur der eigenen Partei dem Parlament ein wichtiges Feld der Beeinflussung zurückerobern wollte. Es bleibt die Frage, ob das »Trio« Rauscher, Müller, Köster nur deshalb mitunter andere Wege ging, die den Karrierediplomaten ungewohnt waren, weil sie »Außenseiter« waren, oder ob nicht jeder dieser drei Diplomaten ein derartig eigenständiger, von der persönlichen Einwirkung auf die Politik besessener Mensch war, der in jeder Laufbahn den Zwang der »Karriere« gesprengt hätte.

### *Kösters Auseinandersetzung mit der reichsdeutschen Kolonie in Riga und mit den rechtsgerichteten Kreisen in der Heimat*

Von den drei großen Aufgabenbereichen, die der deutsche Gesandte in Riga zu betreuen hatte, wurden die Aufgaben in den Bereichen eins und zwei nach einer gewissen Anlaufzeit zur Zufriedenheit der beteiligten Partner gelöst, nämlich die Verbesserung der politischen und wirtschaftlichen Beziehungen der beiden Staaten und die Lenkung der deutschen Hilfsmaßnahmen für die deutschbaltische Minderheit. Am problematischsten aber blieben die Beziehungen zu der reichsdeutschen Kolonie, die in Riga ungefähr 3000 Personen umfaßte.

Schon im ersten Jahre seines Aufenthaltes in Riga berichtete der Gesandte an das AA über die beiden deutschen Klubs in Riga, die »antirepublikanisch gesinnt« seien und noch immer »die alte Flagge« hissen. Köster hoffte noch, »daß die Klubs wenigstens zum nächsten Verfassungsfest ihre selbstverständliche staatsbürgerliche Pflicht erfüllen« würden[217]. Er sollte sich täuschen. Die deutschen Klubs zeigten weder die neue Fahne noch folgten sie der Einladung der Gesandtschaft. Noch im Jahre 1926 berichtete Legationsrat Riesser, der Vertreter Kösters, seinem im Urlaub

217 Köster an AA, Riga, 17. 9. 1923. Lettland Pol 25, Bd. 1.

sich befindenden Chef, daß auf dem Empfang der Gesandtschaft am 11. VIII. 1926 zwar das diplomatische Korps und alles, was Rang und Namen hatte, anwesend waren, nur der »Vorstand des Reichsdeutschen Vereins erschien nicht[218]«.

Riga unterschied sich als Auslandsposten in dieser Beziehung nicht sehr von vielen anderen Orten in der Welt mit deutschen Kolonien, besonders auch in Südamerika. Die Mehrzahl der Reichsdeutschen hielten am status der Vorkriegszeit fest. Verschärft wurde gewöhnlich die Lage durch den unseligen Flaggenstreit, vor allem aber dort, wo der deutsche Gesandte ein überzeugter Republikaner war und die Anerkennung der neuen deutschen Nationalflagge kompromißlos forderte. Es gibt genug Beispiele dafür, daß dies nicht überall geschah. Der ›prominenteste‹ Fall hatte sich in Schweden ereignet[219], wo auf den Wunsch der schwedischen Königin, einer badischen Prinzessin, der dortige Gesandte Nadolny die Handelsflagge Schwarz-Weiß-Rot mit der kleinen schwarz-rot-goldenen Gösch auf dem Gesandtschaftsgebäude, das dem königlichen Palast gegenüberlag, aufzog – statt der schwarz-rot-goldenen Nationalflagge. Noch 30 Jahre später findet der ehemalige Botschafter Nadolny für diesen unerhörten Vorfall keinen Ausdruck der Einsicht, sondern stellt kühl fest: »Die deutsche Presse regte sich sehr auf, und ich sollte abberufen werden.« Letzteres geschah natürlich nicht. Diese kleine Episode beweist nur, wie viel einfacher es ein deutscher Diplomat im Ausland gegenüber seinen Landsleuten hatte, wenn er sich in Distanz zur bestehenden republikanischen Staatsform, zu ihren Symbolen und zu ihren Grundwerten hielt, als wenn er bewußt als Vertreter dieses neuen Deutschland auftrat.

So konziliant Köster im Umgang mit seinen ausländischen Partnern sein konnte, so eindeutig und kompromißlos stand er seinen Landsleuten gegenüber, wenn es darum ging, »Flagge zu zeigen«. Dies galt sowohl in übertragenem Sinne als bewußter Vertreter des neuen Deutschland als wortwörtlich im Kampf um die neuen Reichsfarben. Dem Temperament Kösters entsprach es nicht, eine politisch »neutrale« Stellung im Verhältnis zu den Auslandsdeutschen zu beziehen und nach Möglichkeit durch politische Abstinenz deren konservativ aggressive Haltung gegenüber der Republik zu übersehen. Er wurde durch seine Aktivitäten in manche Querelen der reichsdeutschen Kolonie verwickelt, deren prominente Vertreter dafür sorgten, daß die deutsche Rechtspresse mit Material gegen Köster versehen wurde. Es lohnt sich nicht, in Einzelheiten von hämischen, fast immer schnell zu widerlegenden kleinkarierten Angriffen z. B. der ›Deut-

218 Riesser an Köster, Riga, 12. 8. 1926. Nachlaß Köster IV 4.
219 Die schwedische Königin zu Nadolny: »Sie werden mir doch nicht antun, die schwarz-rot-gelbe Flagge zu hissen.« Aus Nadolny, R.: Mein Beitrag Wiesbaden 1955 – S. 83.

schen Zeitung‹, aber auch der ›Hamburger Nachrichten‹ einzugehen. Der Grundton war die Verunglimpfung des »Sozialdemokraten« Köster, der alles falsch macht und eine »vaterlandslose«, da nicht nationalistische Gesinnung zeigte.

Die Tonart derartiger Artikel, die in Abständen von 1924 – 1928 erschienen, war etwa folgendermaßen abgestimmt: »Seit einigen Monaten ist ›Genosse‹ Dr. Köster deutscher Gesandter in Lettland, man kann aber nicht sagen, daß das deutsche Ansehen dort seitdem zugenommen oder der deutsche Vertreter sich durch besondere Leistungen ausgezeichnet hat. Nach Mitteilungen aus Riga soll er sich um die reichsdeutsche Kolonie in Riga überhaupt nicht kümmern.« Nachdem von einem Fall berichtet wird, nach dem angeblich ein deutscher Kaufmann brutal aus Riga ausgewiesen wurde, ohne eine Unterstützung des Gesandten erhalten zu haben, schließt der Artikel mit der Feststellung: »Es muß eine Freude sein, im Auslande zu leben, wo solchen ›neudeutschen Diplomaten‹ die Vertretung der deutschen Interessen anvertraut ist . . . Ja wenn der Ausgewiesene noch Sozialdemokrat, Kommunist oder Gewerkschaftler gewesen wäre . . .[220]«

An der ganzen Berichterstattung war kein wahres Wort. Die ›Hamburger Nachrichten‹ widerriefen die Meldung am 29. Februar und wiederholten diesen Widerruf »auf Grund einer Berichtigung des deutschen Gesandten« am 12. März 1924. Ironisch mokiert sich das ›Hamburger Echo‹ über diese »Kunst des Widerrufs«. Die Zeitung vermerkt über diesen Widerruf: »Er steht da so versteckt und unauffällig, daß sicher wie wir die meisten Leser ihn übersehen haben. Unter Benutzung eines Schalltrichters hatten die ›Hamburger Nachrichten‹ die Verleumdungen ausgeschrieen, im Flüsterton geschah der Widerruf.«

Dieses Beispiel einer, um es milde auszudrücken, leichtfertigen Berichterstattung über einen politischen Gegner scheint deshalb charakteristisch für das zerrissene politische Klima in der Weimarer Republik zu sein, weil es sich bei den ›Hamburger Nachrichten‹ nicht um ein völkisches »Radaublatt« handelt, sondern um eine achtbare »nationale« bürgerliche Zeitung (das »Blatt Bismarcks«).

Dieser Hamburger Zeitung waren die »vaterländischen« Verdienste des »Hamburgers« Köster im Abstimmungskampf um Schleswig sehr wohl bekannt, aber auch hier zählte mehr die Disqualifikation des politischen Gegners als die Qualifikation des im Dienste des Reiches schon bewährten, auf einem schwierigen Auslandsposten sich befindlichen Diplomaten. Zu spät erst fand diese bürgerliche Zeitung den rechten Ton. In einem Gedenkartikel anläßlich Kösters Tod wurden seine Verdienste gewürdigt. Hierauf wird noch einzugehen sein.

Köster reagierte auf Presseangriffe mit Ruhe und Gelassenheit, sei es,

220 ›Hamburger Nachrichten‹ 23. Februar 1924 – Nr. 92.

daß man ihm vorwarf, er habe eine Maifeier in der Gesandtschaft veranstaltet oder er habe den französischen Gesandten in Riga zu freundlich behandelt oder er habe sich um einen deutschen Werkmeister aus dem Saargebiet nicht genügend gekümmert oder er habe ein zu luxuriöses Leben geführt usw.[221] Köster stellte die Tatsachen ohne sichtbare Emotion richtig in Dementis und in Berichten an das Auswärtige Amt.

Die Geduld scheint ihn erst zum Schluß seiner Tätigkeit in Riga etwas zu verlassen, aber auch hier geht es weniger um einen persönlich verletzten Stolz als um das verletzte Ansehen des Amtes und des Reiches. In einem Telegramm-Bericht[222] teilte der Gesandte dem AA mit, daß im Gegensatz zu Angriffen »völkischer Hetzblätter, die auch hier unbeachtet bleiben« Angriffe der »Kreuzzeitung«, die Kösters Abberufung forderten, dazu geführt hätten, »daß hiesige ›Jaunankas Sinas‹ (eine lettische bürgerliche Zeitung) nunmehr beginnt, unter anerkennenden Worten über meine Tätigkeit« gegen die deutsche Zeitung zu polemisieren. In einer ziemlich direkten Form, die nur mühsam in das Gewand einer Bitte gekleidet ist, fordert Köster das AA auf, die »Regierungsparteien[223] zu ersuchen, Personalwünsche bezüglich Reichsvertreter im Ausland bei Reichsregierung auf anderem Wege als Zeitungspolemik vorzubringen, da es der Würde eines Reichsvertreters im Ausland nicht entspricht und deutsche Interessen nicht fördern kann, wenn die Presse des Landes, in dem dieser Gesandte akkreditiert ist, seine Tätigkeit zu kritisieren oder gar zu loben in die Lage versetzt wird«. Dieser Bericht Kösters zeigt genau die Grenzen auf, an denen für ihn die Verbindlichkeit auch im Umgang mit dem eigenen Amt aufhört, nämlich dort, wo er glaubt, daß durch innenpolitische Angriffe nicht nur seine Person disqualifiziert wird, sondern auch das Ansehen des Staates, den er nach außen zu vertreten hat, gefährdet wird.

Köster beschränkte sich allerdings niemals auf die Einnahme einer bloßen Defensivstellung. Soweit es in seinen Kräften stand, förderte er auch in Riga alle Bestrebungen, die bereit waren, sich für das neue Deutschland einzusetzen. Hierzu gehörte die Gründung des Vereins reichsdeutscher Republikaner[224]. Zu den Gründungsmitgliedern zählten der Dramaturg des deutschen Schauspielhauses in Riga, der Vertreter der ›Vossischen Zeitung‹ und der Leiter der privaten reichsdeutschen Esra-Schule. Auf die offizielle Mitteilung des Gründungsbeschlusses an die deut-

221 Vgl. für einige dieser Fälle: ›Deutsche Zeitung‹ 9. 5. 1924 – Nr. 206, 22. 5. 1924 – Nr. 238, 19. 12. 1926 – Nr. 347, 22. 1. 1927 (Nr. nicht leserlich).

222 Köster an AA – Riga, 30. 3. 1927. AA Lettland Pol 10, Bd. 1.

223 Die Deutschnationale Volkspartei ist zu dieser Zeit an der Regierung beteiligt.

224 Hierfür und für das folgende: AA Gesandtschaft Riga »Verein reichsdeutscher Republikaner« Gg 16-2, Bd. 1.

sche Gesandtschaft am 29. 11. 1926 antwortete Köster sehr positiv. Etwas sophistisch klingt seine Zustimmung zu der Aussage der Gründer, »daß Sie keine politische Kampfvereinigung sein wollen, sondern daß Ihr Streben lediglich dahin geht, die Kenntnis vom Werden und Wesen unseres nach der Katastrophe neu entstandenen republikanischen Staates unter unseren Landsleuten zu vertiefen«. Köster versuchte den neuen Verein aus dem Fond des Innenministers »Zum Schutze der Republik« finanziell zu unterstützen. Dieser Versuch allerdings mißlang.

Die demokratische Epoche dieses Ministeriums war gerade zu Ende gegangen. Im vierten Kabinett Marx, seit Januar 1927 im Amt, saßen vier deutschnationale Minister, als Innenminister Herr von Keudell. Kösters alter Mitarbeiter im Innenministerium, Ministerialdirektor Arnold Brecht, den noch Köster als Minister zum Leiter der Verfassungsabteilung ernannt hatte, wurde am 12. April 1927 in den einstweiligen Ruhestand versetzt. Daß hierin ein bedeutsames Zeichen einer politischen Wendung zu sehen war, empfanden auch die Zeitgenossen. »Verfassungsrechtlich war der Schritt Keudells einwandfrei. Staatssekretäre und Ministerialdirektoren konnten ... auf Vorschlag ihres Ministers mit Zustimmung des Kabinetts vom Reichspräsidenten jederzeit in den einstweiligen Ruhestand versetzt werden[225].« Bis zum 12. 4. 1927 war allerdings noch niemals von dieser Möglichkeit bei einem Ministerialdirektor Gebrauch gemacht worden. In der Öffentlichkeit erregte die Entfernung Brechts, der als »republikanisch gesonnener Ministerialdirektor« (Brecht gehörte übrigens keiner Partei an) und als Leiter der Verfassungsabteilung weit bekannt war »einen politischen Sturm aus. Die Zeitungen brachten die Nachricht unter großen Überschriften und begleiteten sie mit ausführlichen Kommentaren.«

Dieser »Sturm« in Berlin schlug sich in den entfernten Verhältnissen Rigas »nur« in einem abschlägigen Unterstützungsbescheid nieder. Köster verstand es aber, Mittel aus Fonds des AA bereitzustellen, so daß in den nächsten Jahren *auch* dem Verein der reichsdeutschen Republikaner eine Beihilfe gewährt werden konnte.

Dieser Verein hat zahlenmäßig nie mit dem konservativen »Verein Angehöriger des deutschen Reiches« konkurrieren können. Der »alte« Verein hatte 360 Mitglieder, der »neue« Verein 60 Mitglieder. Immerhin war er bemüht, »Flagge zu zeigen«, wie ein Bericht der ›Königsberger Volkszeitung‹ vom 15. 7. 1928 anläßlich eines großen Treffens in Riga mit dem »Reichsbanner« aus Ostpreußen, dem »Republikanischen Schutzbund« aus Oesterreich und den »Deutschen Turnern« aus Riga zeigte. Aus dem oben angegebenen Bericht geht hervor, daß eine Delegation der verschiedenen Vereine am Abend von Köster in der Gesandtschaft empfangen wurde und daß der Tenor der ganzen Veranstaltung abgestellt war auf ein Bekennt-

225 Hierfür und für das folgende: Brecht, Arnold, a.a.O., S. 467/468.

nis zur republikanischen Staatsform und zu den Farben Schwarz-Rot-Gold. Bezeichnend für die Zeit ist die Aussage des Führers der deutschen Delegation, der bei seiner Ansprache betonte, »daß der Besuch bei dem Gesandten insofern erfreulich sei, als er zeige, daß der neue republikanische Geist in unseren Auslandsvertretungen sich auswirke. Vor kurzem sei es wohl nicht denkbar gewesen, daß Arbeitersportler und Anhänger der demokratischen Staatsprinzipien von einem Gesandten empfangen werden[226]«.

Der gleiche Redner übersieht nicht die tiefe Kluft, welche »diese« Deutschen von jenen »anderen« Deutschen im Inland und noch mehr im Ausland trennt und daß die lettische Nation ihre Achtung und Sympathie für die Republik und ihre Farben gezeigt habe, während die Mehrzahl der deutschen Reichsangehörigen »von der Anwesenheit deutscher Staatsbürger überhaupt nicht Notiz nahm«. Die hier geschilderten Ereignisse sind nur Randgeschehen in der Entwicklungsgeschichte der Weimarer Republik. Von ihnen gehen keine weitreichenden Wirkungen aus, sie entscheiden nichts, aber sie haben als Symptome einer nicht wandlungsfähigen politischen Gesinnung in einem Staate, der zur Wandlung aufgerufen war, ihren Stellenwert.

So wenig es Köster gelang, für seine politischen Vorstellungen eine breitere Basis im Kreise seiner auslandsdeutschen Landsleute zu schaffen, so sehr hatte er die Achtung und das Vertrauen der Regierung errungen, bei der er akkreditiert war. Die Verbindlichkeit seines Auftretens, die Geschicklichkeit in seinen Verhandlungsformen und die besondere Art seiner Gastlichkeit waren über die Grenzen Lettlands hinaus bekannt geworden. Ein Zeugnis besonderer Art hierfür aus dem für ihn schwierigen Jahre 1927 mag ihm als kleine Rückendeckung für seine Versuche, wieder ein weiteres Feld politischer Betätigung zu gewinnen, willkommen gewesen sein. Die deutsche Botschaft in Washington berichtete kurz über eine Meldung des ›Chicago Tribune Service‹ in der ›New York Times‹ vom 18. Mai 1927 und schickte diesen Artikel an das AA in Berlin[227]. Mit einem kleinen Gefühl von Neid, aber respektvoller Anerkennung wurde hier berichtet, daß es Köster gelungen sei, durch seine »Bierabende«, bei denen sich Gäste im kleinen gemütlichen Kreise trafen, einen großen politischen Erfolg zu erringen. Das Ansehen Deutschlands sei seit Kösters Tätigkeit sprunghaft gestiegen. Der Einfluß Englands in Lettland habe sich im gleichen Maße vermindert, das gleiche gelte für Polen. Lettland sei jetzt weder für Englands Politik zu gewinnen, einen Cordon sanitaire an Ruß-

226 ›Königsberger Volkszeitung‹ 15. 9. 1927.
227 Deutsche Botschaft Washington, 24. 3. 1927, an AA – Bericht und beigefügter Artikel mit der Überschrift: »Beer Evenings turn Latvia to Germans – Dr. Koester's Hospitality a Factor in Blocking English and Polish Diplomatics Activities«. AA Lettland Pol 10, Bd. 1.

lands Westgrenze aufzubauen, noch für Polens Ambition »to win Latvia, Esthonia and Finland into political und military agreements against Russia«. Schuld daran sei eben »the warming effects of the beer and Dr. Koester's hospitality«.

Dieses etwas hemdsärmelig vereinfachende Lob für Köster trifft schon richtig den Kern seiner politischen Bemühungen, nämlich das Baltikum, vor allem auch Riga nicht als Sperriegel gegen Rußland anzusehen, sondern bei aller gebotenen Vorsicht als politisches und wirtschaftliches Tor zu dem großen Nachbarn im Osten. Wie weit die berühmten »Bierabende« hierbei eine Rolle gespielt haben mögen, bleibe dahingestellt. Wichtiger ist die Erkenntnis, daß man selbst in den USA den Mann zu beobachten lernte, der mit seiner Politik des Gespräches und der zahlreichen menschlichen Begegnungen offensichtlich so erfolgreich war, daß er am Ort seinen diplomatischen Kollegen weit überlegen schien. Daß diese Köstersche Politik des Offen-Seins gegenüber der Sowjet-Union in Lettland verstanden und begrüßt wurde, zeigte sich spätestens bei seinem Abschied aus Riga. Sowohl die bürgerliche Zeitung ›Latvia‹ als auch die ›Sozialdemokrats‹ lobten diese Politik, bei der Lettland als Deutschlands »Weg nach Rußland« betrachtet wurde, eine Politik, die letzlich allen baltischen Staaten nützlich sein konnte: »Die baltischen Staaten als Brücke zwischen Deutschland und Rußland betrachtend, förderte er auch eine Politik der wirtschaftlichen Zusammenarbeit und politischen Annäherung der baltischen Staaten[228].«

### *Kösters politische Verbindungen in Deutschland – Die Hoffnung auf ein verantwortungsvolleres Amt*

Bei aller Anerkennung, die Köster in Lettland selbst fand, kann nicht verhehlt werden, daß der Posten in Riga von der politischen Bedeutung her doch nur ein Posten zweiten Ranges war, im Grunde ein Posten mehr zum Beobachten als zum Handeln geschaffen. Wenn in mancher Beziehung in Riga mehr geschah, als zu erwarten war, so lag das eindeutig an der aktiven, vorwärts drängenden Natur Kösters. Er selbst hatte diesen Gesandtenposten wohl auch nur als ›Eingangsamt‹ bzw. als Übergangslösung angesehen. Der zweimalige Reichsminister Köster hatte keineswegs die Absicht, die Normalkarriere eines Durchschnittsdiplomaten zu durchlaufen. Daß er die letzten sieben Jahre seines Lebens gezwungen war, Gesandtschaften zu führen, die nicht zu der ersten Klasse dieser Gattung

228 »Latvia« Nr. 1985 – 1. 6. 1925. »Sozialdemokrats« Nr. 121 – 8. 6. 1928.

gehörten, war seine Tragik. Wie er aber diese Aufgaben, die im Grunde zu klein für ihn waren, durchführte, darin lag seine Größe.

Der »Außenseiter« Köster hat sich ähnlich wie der »Außenseiter« Müller in Bern nie nur als weisungsgebundener Beamter gefühlt, sondern stets als Politiker, der, da das Amt es erforderte, auch Beamter war. Aus mehr oder weniger durch den Zufall erhaltenen Privatbriefen im Nachlaß Köster können wir rückschließen, daß er mit den Spitzenpolitikern seiner Partei während der Jahre seiner Gesandtentätigkeit in engem Kontakt geblieben war. Dieser Kontakt bestand offenbar bei seinen häufigen Besuchen in Berlin in vielen Gesprächen, wie es sich auch aus den wenigen erhaltenen Briefen ergibt. Besonders eng war seine Verbindung zu Breitscheid, dem außenpolitischen Sprecher der Partei, aber auch mit Müller-Franken, mit Wels und mit Stampfer hielt er gute Kontakte. Köster hatte sich selbst für Riga wohl eine Zeit von gut drei Jahren als Tätigkeitsfeld zugebilligt. Dieses kann man jedenfalls aus einem Brief entnehmen, den er an den Chefredakteur der ›Frankfurter Zeitung‹ schrieb[229]. »Nachdem ich meine Verträge hier unter Dach und Fach gebracht, wird es für mich Zeit, an etwas anderes zu denken. Wann, wo und wie, hängt leider nicht von mir ab.« Aus diesem zweifelnden »Wann, wo und wie« spricht recht realistisch die Einsicht Kösters, daß bei der Verschiebung der parteipolitischen Schwerpunkte für eine Rückkehr als Minister oder Staatssekretär in die politische Szene keine Chancen bestanden. Allerdings hatte er sich den Weg einer Kanditatur für den Reichstag noch offen gehalten, aber sein Parteifreund Breitscheid warnte ihn später vor diesem Experiment[230].

Köster hatte wohl zu Beginn seiner Rigaer Zeit auf die Möglichkeit einer großen Koalition gehofft. Jedenfalls stand er mit dem ehemaligen Reichskanzler Wirth auf vertrautem Fuße. Wirth hatte ihn in Riga besucht und gerade über diese Fragen mit Köster eingehend gesprochen. Aber schon Ende 1923 mußte Wirth eingestehen, daß sich im Zentrum wenig Neigung für eine große Koalition zeige »und daß starke Teile des Zentrums m. E. zu Unrecht eigentlich bestrebt sind, die Fühlung mit der Deutschen Volkspartei nicht zu verlieren[231]«. Resignierend stellt Wirth fest: »Der Gedanke der alten Koalition ist in Berlin als nicht möglich bei den bürgerlichen Parteien der Mitte zurückgedrängt worden«, und in der eigenen Partei hat der linke Flügel um Wirth an Einfluß verloren. Wenn Wirth davon spricht, daß er bei den nächsten Reichstagswahlen sich für die »demokratisch-republikanische Entwicklung« einsetzen wolle, so klingt

229 Köster an Dr. Simon – Riga, 3. 12. 1926. Nachlaß Köster IV 4.
230 Breitscheid an Köster – Berlin, 6. 3. 1928. Nachlaß Köster IV –.
231 Hierfür und für das folgende: Wirth an Köster – Berlin, 17. 12. 1923. Nachlaß Köster IV 4.

zwischen den Zeilen hindurch, daß er hierbei keineswegs als eindeutiger Sprecher seiner Partei anzusehen sei. Wirth bleibt seiner politischen Linie treu, aber genau wie Köster ist er kein Mann mehr, der politisch handelnd entscheiden kann. Im Sommer 1926 bittet er Köster um Mitarbeit an einer neu zu gründenden Zeitschrift[232], durch die mit seinem persönlichen Einsatz »die republikanische Bewegung in Deutschland« eine »Belebung und Vertiefung« erfahren soll.

Köster ist interessiert[233]. Die Mitarbeit »hängt von meiner nächsten Zukunft ab«. Er hoffte nach Abschluß des Handelsvertrages auf eine Veränderung seiner Stellung. »Mit freundlichen und kameradschaftlichen Grüßen« schließt der Brief. Köster ist Realist genug, daß er sich nicht einseitig in politische Kontakte einläßt, um nun eine Rückkehr vorzubereiten. Im schriftlichen Verkehr mit den Führern der eigenen Partei ist hiervon überhaupt nicht die Rede – außer der einmaligen Anfrage wegen eines Reichstagsmandats. Sein Einfluß scheint hier nach dem Tode Eberts geringer geworden zu sein. Köster und Breitscheid standen sich wohl am nächsten. Das gemeinsame Interesse an der Außenpolitik verband beide Männer, obgleich sie keineswegs immer einer Meinung waren. Wie sehr allerdings Breitscheid an der Person Kösters gelegen war, geht aus einem drei Seiten langen, eng beschriebenen Brief hervor, in dem er dem zweifelnden Köster die politische Haltung und Taktik der Sozialdemokratischen Partei in der Locarno-Politik auseinandersetzt[234]. Köster hatte ähnlich wie Brockdorff-Rantzau seine Kritik an den Vertrag gelegt, vor allen Dingen an die mangelnden »Rückwirkungen«, die er auslösen werde, und die er Breitscheid mitteilt.

Die Auseinandersetzung ehrt beide Politiker. Köster, der es wagte, den außenpolitischen Sprecher der Partei, der für seine Karriere äußerst wichtig war, zu kritisieren, und Breitscheid, der sich die Mühe machte, den Parteigenossen und deutschen Gesandten in Riga von der Richtigkeit des taktischen Verhaltens der Partei in der Frage der Annahme des Vertragswerkes zu überzeugen. Offensichtlich hatte Köster 1925 noch einmal die Frage der großen Koalition angeschnitten. Breitscheid kann hierauf nur negativ antworten: »Wir werden ihr [der Koalition Zentrum, Demokraten, Volkspartei] Locarno bewilligen müssen, wenn wir im übrigen in unserer oppositionellen Einstellung gegenüber dem Kabinett Luther auch verharren. Eine Alternative wäre die große Koalition. Aber sie ist nach meiner Überzeugung unmöglich, dann aber dürfen wir selbst sie nicht wollen, weil der größte Teil unserer Anhänger nicht verstehen würde, wie

232 Wirth an Köster – Tarasp/Engadin, 14. 8. 1926. Nachlaß Köster IV 3.
233 Köster an Wirth – Riga, 26. 10. 1926. Nachlaß Köster IV 3.
234 Breitscheid an Köster – Berlin, 13. 11. 1925. Nachlaß Köster IV –.

wir nach den Erfahrungen dieses Sommers mit der Partei des Herrn Scholz [DVP] zusammengehen können.«

Köster war bestimmt kein willfähriger Beamter, aber erst recht kein willfähriger Parteigenosse. Die Frage der großen Koalition ist für ihn ein Politikum ersten Ranges. Im Januar 1927 sprach er daraufhin noch einmal Hilferding an – in der Zeit der Bildung des 4. Kabinetts Marx[235]. Noch einmal drängte es ihn, aktiv große Politik mitzugestalten: »Im übrigen scheinen die Aussichten, daß wir in die Regierung kommen, mir so zweifelhaft, daß ich fast Lust hätte, nach Berlin zu fahren in der sicheren Erwartung, daß mit meinem Erscheinen die Frage der großen Koalition wirklich akut wird.« Er stellt dann allerdings fest, daß er nicht seinen Posten verlassen könne, da »die Lage hier oben nördlich von Polen, wenn auch nicht gefahrdrohend, so immerhin derartig ungemütlich und unklar ist, daß ich nicht fortfahren kann«.

Die Disziplin des Beamten hatte über die Ambition des Politikers gesiegt. Was ihm blieb – und das drückt sich in diesem Brief an Hilferding sehr deutlich aus – war Resignation und ein Quantum Spott für den ihm nicht verständlichen Kurs der eigenen Partei, die nicht bereit war, die volle politische Verantwortung in einer Koalition derjenigen Kräfte zu tragen, die die jetzige Staatsform bejahten. Seit dem für Köster unverständlichen Rücktritt des Kabinetts Wirth im November 1922 war sein innenpolitisches Ziel darauf gerichtet, die sozialdemokratische Partei wieder in die Regierung einzubeziehen. Das Sich-Versagen der Sozialdemokraten im Januar 1927 und der dafür erneute Einzug der Deutschnationalen in die Regierung war ihm politisch unverständlich. Bevor die Entscheidung gefallen war, die er fürchtete, schrieb er an Hilferding, daß er nicht aus dem Kopfschütteln herauskäme[236]. Wie bitterer Hohn klingt der Briefschluß: »Aber da ich weiß, daß wir von weisen und in ihren politischen Instinkten sicheren Männern nunmehr seit Jahren aufwärts geführt werden, kann ich vertrauensvoll und in stiller Bescheidenheit den Dingen, die da kommen, vielleicht nicht kommen werden, entgegensehen.«

Der Verfasser hat nicht feststellen können, ob Köster noch einen späteren Versuch gemacht hat, sich für eine Regierung der großen Koalition in seiner Partei einzusetzen. Nach dem Wahlsieg der SPD im Frühjahr 1928 und bei der Regierungsbildung des zweiten Kabinetts Müller, der letzten auf demokratischer Grundlage gebildeten Regierung und gleichzeitig der letzten Regierung unter sozialdemokratischer Führung, wird sein Name nicht mehr genannt. Es scheint auch so, als ob Köster in wachsender Verbitterung gegen die politische Linie seiner Partei sich mehr auf eine laufbahnmäßige Karriere im AA eingestellt hatte, wobei er einsehen

235 Köster an Hilferding – Riga, 8. 1. 1927. Nachlaß Köster IV 4.
236 Siehe Anmerkung 235.

mußte, daß die Chancen in der Karriere für einen Sozialdemokraten im Jahre 1927 keineswegs günstig waren. Wie schon gezeigt, nahmen die Angriffe gegen seine Person in der Presse zu, so daß Breitscheid sich gezwungen sah, im Reichstag dagegen Stellung zu nehmen[237].

Breitscheid erwies sich in diesen Tagen als der zuverlässige Freund, der Köster auf dem laufenden hielt. Es dauerte über ein Jahr, bis die Entscheidung fiel – für Belgrad. Auch dieser Posten zählte nicht zur ersten Garnitur, aber er bot sicherlich mehr Chancen als Riga für persönliche Aktivitäten. Belgrad war der Schlüsselplatz für die Süd-Ost-Europa-Politik. An politischer Initiative von deutscher Seite war bislang hier noch nicht viel erfolgt. Im letzten Augenblick versuchten noch die Deutschnationalen beim Reichspräsidenten Hindenburg querzuschießen, wie Breitscheid aus Berlin berichtete. Man habe »beim Reichspräsidenten auf Ihre Zugehörigkeit zur Sozialdemokratischen Partei hingewiesen und die Unmöglichkeit, Sie in einen monarchistischen Staat zu schicken, betont. Diese Bedenken sind aber von dem hiesigen jugoslawischen Gesandten vollständig zerstreut worden[238]«. Fünf Tage später konnte der treue Freund aus Berlin berichten, daß er während eines Frühstücks bei Reichstagspräsident Löbe »zu Ehren des afghanischen Königs« mit Staatssekretär Schubert vom AA gesprochen habe. »Man dürfe hoffen« – dies hieße in der Sprache des vorsichtigen Schubert, daß die Entscheidung gefallen sei, »zumal da Stresemann auf seiner Entscheidung bestände[239]«.

Daß Köster von dem Karriere-Diplomaten alten Stils, wie Schubert einer war, trotz seiner großen Fähigkeiten und Erfolge mit Mißtrauen beobachtet wurde – und zwar nicht wegen seiner politischen Gesinnung, sondern wegen des gesellschaftlichen ›Anders-Seins‹ – bringt Breitscheid seinem Briefpartner gegenüber vorsichtig zum Ausdruck. Er berichtete, daß Schubert gemeint habe, ob der Belgrader Posten wohl von Köster gut verwaltet würde: »Sie seien ein bißchen sehr Bohémien, und das müßten Sie sich ein bißchen abgewöhnen. Ich habe ihn über Ihr Bohèmetum beruhigt und Garantie übernommen.« Hinter diesem etwas scherzhaften Wortgeplänkel verbirgt sich doch der Ausdruck eines Korpsgeistes, der nur ungern den Außenseiter aufnimmt und, wenn es sein muß, dann dürfte es eigentlich nur der angepaßte Außenseiter sein. Diesen Typ allerdings verkörperte Köster nicht.

237 Breitscheid im Reichstag. Reichstagssitzung vom 5. 4. 1927 – Bd. 393.
238 Breitscheid an Köster – Berlin, 20. 2. 1928. Nachlaß Köster IV –.
239 Breitscheid an Köster – Berlin, 25. 2. 1928. Nachlaß Köster IV –.

Am 2. Januar 1928 verließ Köster mit seiner Familie auf dem deutschen Dampfer »Regina« gegen 18 Uhr Riga. Der Abschied gestaltete sich glanzvoll. Die lettländische Presse lobte einhellig die großen Verdienste, die sich der Gesandte um die Verbesserung der Beziehungen zwischen Lettland und Deutschland erworben hatte. Die Ankunft Kösters auf dem Schiff verzögerte sich, »da er im Außenministerium mit der Unterzeichnung des Vertrages über die Aufhebung der Sichtvermerke zwischen Deutschland und Lettland beschäftigt war[240]«. So hatte es Köster recht geschickt verstanden, seiner Tätigkeit einen äußerst sichtbaren, effektvollen Schlußpunkt aufzusetzen. Alle Zeitungen in Lettland berichteten gerührt von der »großen Abschiedsszene« im Hafen und im Salon der »Regina« mit den Vertretern der Regierung, dem diplomatischen Korps (»Am Quai waren die Automobile aller ausländischen Gesandtschaften zu sehen . . .[241]«) und den deutschen und lettischen Freunden.

In Riga setzte man auch für die Zukunft große Hoffnungen auf den scheidenden Gesandten. Man hatte in der Presse nicht nur voller Stolz darauf hingewiesen, daß Deutschland vor fünf Jahren nach Lettland »einen seiner sichtbarsten und hervorragendsten Staatsmänner« geschickt habe[242], sondern die Hoffnungen auf eine größere Zukunft Kösters, die auch für Lettland von Vorteil sein könne, hatten sich verstärkt durch den für die Sozialdemokraten günstigen Ausgang der Reichstagswahlen vom 20. Mai 1928. Kösters Abschied von Riga fiel gerade in die Zeit der Verhandlungen über die Regierungsbildung in Deutschland. Nur aus dieser Situation heraus ist das folgende lettische Wunschdenken zu verstehen: »Dem fähigen Diplomaten wird in Deutschland eine große Zukunft prophezeit. Eine im öffentlichen Leben stehende Person sagte beim Abschied: ›Herr Köster, wenn Sie deutscher Reichskanzler sind, vergessen Sie Lettland nicht. Hoffen wir, daß beides eintrifft.‹[243]« Diese lettische Verehrung für den scheidenden Gesandten fand sogar ihren Ausdruck in der deutschen Presse. Die »Frankfurter Zeitung« brachte am 7. 6. 1928 einen großen Artikel über »Dr. Kösters Abschied von Riga«, geschrieben von einem »Anhänger des lettländischen Heimatstaatgedankens«. Hier werden noch einmal alle Verdienste Kösters um Lettland aufgezählt. Das Ergebnis seiner Arbeit sei die radikale Umkehr der Beziehungen zwischen Deutschland und Lettland gewesen. Aus dem Mißtrauen gegenüber »dem Deutschen Reich als eines imperialistischen Staates« sei jetzt eine Atmospäre des Vertrauens geworden.« ›Dieser Kollege hat seinen eigenen diplo-

240 Lettische Zeitung »Ssewodnja« in Riga – 3. 6. 1928.
241 Siehe Anmerkung 240.
242 Lettische Zeitung »Latvia« – 3. 6. 1928.
243 Lettische Zeitung »Jaunakas Sinas« – 4. 6. 1928.

matischen Stil‹, hat der Vertreter einer anderen Gesandtschaft von ihm bewundernd gesagt.«

Das lettische Wunschdenken, daß Köster in naher Zeit eine maßgebende Rolle in einer neuen deutschen Regierung spielen werde, sollte sich nicht erfüllen. Das Kabinett unter der Führung des Sozialdemokraten Müller-Franken wurde Ende Juni 1928 gebildet. Köster war nicht berücksichtigt worden. Es gibt auch kein Zeugnis dafür, daß er überhaupt im Gespräch stand.

Köster selbst hatte sich wohl auch keine Chance ausgerechnet. Es sieht so aus, als ob er jetzt ganz im Rahmen der Karriere des auswärtigen Dienstes bleiben wollte. Knapp vier Wochen nach der Verabschiedung in Riga befand er sich auf dem Wege nach Belgrad, der neuen Aufgabe entgegen.

Es wäre wohl falsch, Köster mit einer sentimentalen Gefühlsbelastung gegenüber Lettland auszustatten. Er hatte dort eine von ihm als notwendig erkannte Aufgabe durchgeführt und gut gelöst. Im Grunde aber gehörte sein innerstes Interesse nicht den beschränkten baltischen Verhältnissen, sondern den großen außenpolitischen Aufgaben, die in den Zentren Europas und in den USA entschieden wurden. So mag die etwas bittere Bemerkung des Vorsitzenden der deutschen Volksgruppe in Lettland Wilhelms von Rüdiger in seinen Erinnerungen einen gewissen Wahrheitsgehalt in sich tragen: »Nach seiner Übersiedlung nach Belgrad rissen die Beziehungen zu ihm völlig ab. Ich glaube auch nicht, daß er in den fünf Jahren, die er in Riga den Gesandtenposten innegehabt hatte, zu einer inneren Verbundenheit mit uns und unseren Verhältnissen gelangt war. Das lag ihm nicht. ›Heute bin ich noch Balte, von morgen ab aber nur noch Jugoslawe‹, sagte er mir, als ich ihn noch in der letzten Zeit in einer unserer Angelegenheiten in seinen Amtsräumen aufsuchte[244].«

Wenn Köster sich endgültig für die diplomatische Laufbahn entschieden hatte, so war in seinen Vorstellungen auch Belgrad natürlich nicht die Endstation, sondern ebenfalls nur eine Zwischenstation auf dem Wege zu einer der großen Botschaften. London war das Ziel, das ihn lockte. Der dortige Botschafter Sthamer hatte schon die Pensionsgrenze überschritten.

Die sozialdemokratische Partei stellte seit 1928 den Reichskanzler, mit dem Köster schon als Minister gut zusammengearbeitet hatte, und in England kam die Labour-Party an die Regierung. Alle Voraussetzungen – nach einem kurzen Zwischenaufenthalt in Belgrad – die große Botschaft zu erhalten, waren gegeben. Belgrad sollte nach Kösters Willen nicht wieder zu einem Aufenthalt von fünf Jahren wie Riga werden. Es wurden auch keine fünf Jahre daraus, sondern nicht einmal zwei Jahre, aber das Ziel, das zum Greifen nahe in London lag, wurde nicht mehr erreicht.

244 Rüdiger, a.a.O., S. 39.

# Köster als deutscher Gesandter in Belgrad

## *Jugoslawien auf dem Weg zur Diktatur*

Kösters Ankunft in Belgrad verzögerte sich durch ein menschlich begreifliches »Touristenpech«, vor dem auch der Gesandte eines großen Staates nicht sicher ist. Er mußte dem AA telegrafisch mitteilen, daß auf der Durchreise in Italien seine Kleiderkoffer abhanden gekommen seien und er deshalb in Villach eine Zwangspause einlegen müsse[245]. Nach Regelung dieser menschlichen Unzulänglichkeiten und nach Wiederbeschaffung der für einen Gesandten notwendigen Garderobe konnte Köster am 24. VIII. 1928 in Bled, der Sommerresidenz der königlichen Familie, sein Beglaubigungsschreiben König Alexander von Jugoslawien überreichen. Die Reise von der Ostsee an die Adria war nicht nur eine Reise in ein anderes Land mit anderen geographischen und klimatischen Bedingungen, es war gleichzeitig eine Reise in ein anderes politisches Klima. Gegenüber dem noch intakten demokratischen Regierungssystem der baltischen Staaten betrat Köster ein Land, dessen Parteiensystem durch den unüberbrückbaren Gegensatz der drei stärksten Volksgruppen, der Serben, der Kroaten und Slowenen im Parlament, der Skupština, zu zerbrechen drohte. Jugoslawien befand sich auf dem Wege zur Diktatur.

Wahrscheinlich war es nicht ungünstig für den deutschen Gesandten, daß er sein Beglaubigungsschreiben erst verspätet überreichen konnte. Am 20. Juni 1928 hatte sich in der Skrupština ein bis dahin unerhörtes Geschehen ereignet. Stefan Radić, der Führer der Kroatischen Bauernpartei, der in Jugoslawien »für den Föderalismus mit Beibehalt einer weitgehenden Autonomie für die von den Kroaten bewohnten Länder innerhalb ihrer historischen Grenzen« kämpfte[246], wurde im Parlament durch den Abgeordneten Rašić, Mitglied der Radikalen Partei (großserbische Partei) erschossen. Račić war bekannt als vorzüglicher Pistolenschütze. Durch mehrere gegen die Bank der Kroaten abgegebenen Schüsse tötete der Mörder zwei

245 Köster an AA – Villach, 13. 7. 1928. AA – Jugoslawien Pol 10, Bd. 1.
246 Kiszling, R.: Die Kroaten, der Schicksalsweg eines Südslawenvolkes. Köln 1956, S. 136.

Abgeordnete, darunter den Neffen des kroatischen Parteiführers, auf der Stelle. Er traf außerdem Stefan Radić so schwer, daß dieser am 8. August seinen Verletzungen erlag. Die Kroatische Volkspartei verließ das Parlament und tagte in Agram. In den kroatischen Landesteilen kam es zu schweren Unruhen, die von der Polizei mit Gewalt unterdrückt wurden. »Der Attentäter Račić war wohl zu zwanzig Jahren Kerker verurteilt worden, aber man wußte, daß es eine milde Haft sei[247].« In diesem Wirrwarr des innenpolitischen Kampfes, der nicht ein sozialer, sondern ein Volkstumskampf war, schien das letzte einigende Glied des auseinanderzufallen drohenden Staates der König zu sein. In dem Augenblick, in dem Köster in Jugoslawien sein Amt antrat, waren die Weichen schon in die Richtung der Königsdiktatur gestellt, die dann am 6. I. 1929 Wirklichkeit werden sollte.

### *Die außenpolitischen Probleme Jugoslawiens – Verhältnis Jugoslawiens zu Italien und zu Frankreich – Das Bündnissystem der Kleinen Entente*

Ähnlich unklar wie die inneren Verhältnisse war auch die außenpolitische Situation des Landes. Am schlechtesten gestalteten sich die Beziehungen zu Italien. Es war gelungen, die wichtigsten territorialen Streitfragen in Dalmatien und an der Adria (Fiume) zu regeln und durch den am 27. I. 1924 auf fünf Jahre abgeschlossenen »Adria-Pakt«, der die Neutralität beider Staaten bei Angriffen von dritter Seite garantieren sollte, ein gewisses Maß der Entspannung zu schaffen. Inzwischen waren aber die Aktivitäten Italiens in Albanien immer stärker in Erscheinung getreten. Der am 22. November 1927 mit Albanien abgeschlossene sogenannte »Zweite Tirana-Pakt« war »nur« ein Defensivbündnis zwischen Italien und Albanien für 20 Jahre, wurde aber von der jugoslawischen Regierung und großen Teilen der Bevölkerung mit Recht als gefährliche Bedrohung des eigenen Landes angesehen, da Italiens Einflußbereich an der adriatischen Westküste erheblich erweitert wurde[248].

Der »Adria-Pakt« konnte nach Ablauf der ersten Periode von fünf Jahren nicht verlängert werden, weil die Interessengegensätze zwischen Italien und Jugoslawien zu groß waren. Es erfolgte aber auch von keiner Seite eine Kündigung, so daß man stillschweigend einen vertragslosen Zustand akzeptierte, ohne an die Dinge selbst zu rühren. Die wachsende

248 Vgl. hierfür und für das folgende: Osteuropa-Handbuch Jugoslawien, hsg. von Werner Markert, Köln/Graz, S. 80 ff.

247 Kiszling, R., a.a.O., S. 139.

Feindschaft Italiens gegenüber Jugoslawien ist zum Teil auch durch die Anlehnung Jugoslawiens an Frankreich zu erklären. Als Belgrad am 11. November 1927 ein Bündnis mit Frankreich schloß, antwortete 11 Tage später Rom mit dem oben angegebenen Defensivbündnis mit Albanien. Die französischen und italienischen Interessen um den Einfluß im Donau- und im Gesamtbalkanraum trafen in Belgrad zu Lasten Jugoslawiens empfindlich aufeinander.

Belgrad war seit 1920 in das Bündnissystem der Kleinen Entente, einer lockeren Vereinigung der Tschecho-Slowakei, Rumänien und Jugoslawien, eingebunden. Dieses Bündnissystem war antirevisionistisch, gegen etwaige Gebietsansprüche Österreichs, Ungarns und Bulgariens gerichtet.

Es war entstanden aus den territorialen Konsequenzen, welche sich aus den Pariser Vorortsverträgen ergeben hatten. Es war versehen mit einer militärpolitischen Hinwendung nach Frankreich. Ein Bündnisvertrag zwischen der Tschecho-Slowakei und Frankreich vom 25. Januar 1924 hatte im gewissen Sinne die politische Ausrichtung dieses Dreier-Bündnisses bestimmt.

Gegenüber dieser von Frankreich mitgestalteten antirevisionistischen Balkanpolitik gab sich die Politik Mussolinis flexibler, aber sie war auch gefährlicher. Italien besaß im Gegensatz zu Frankreich, vor allem auf Jugoslawien bezogen, handfeste territoriale Interessen. Italien war weder für sich noch für die durch die Kleine Entente zu bändigenden Staaten Oesterreich, Ungarn und Bulgarien auf den status quo festgelegt. Die ungarnfreundliche Politik Mussolinis (Abschluß eines Freundschafts- und Schiedsgerichtsvertrags zwischen Italien und Ungarn vom 5. April 1927) mußte in Belgrad die berechtigte Furcht aufkommen lassen, daß in einem jugoslawisch-italienischen Konflikt eventuelle ungarische Revisionsforderungen durch Italien unterstützt würden. Ähnliche Befürchtungen galten auch gegenüber der Haltung Bulgariens und Griechenlands. Hier war es die Mazedonienfrage, dort die ungelösten Probleme der Freihandelszone in Saloniki und des Transitweges von Saloniki nach Jugoslawien.

Als der deutsche Gesandte Dr. Adolf Köster im August 1928 seine Tätigkeit in Belgrad aufnahm, vier Monate vor Beginn der Königsdiktatur, war die innen- und die außenpolitische Lage verworrener als in den vorausgegangenen ersten zehn Jahren des jungen Staates. Die Skupština war nur noch ein Rumpfparlament, das 218 statt 315 Abgeordnete zählte. »Die Stimmung gegenüber Italien entsprach jener Serbiens 1909 gegenüber Oesterreich-Ungarn nach der Annexionskrise[249].« Der Ruf nach einer Militärdiktatur wurde lauter. Selbst der am 20. Juni 1928 ermordete Radić hatte kurz vor seinem Tode dem König die Parole zugerufen: »Ma-

249 Markert, W., a.a.O., S. 83.

jestät, nur der Säbel ist ehrlich[250]!« Das Land, das Köster betrat, war in der Gefahr, innenpolitisch die Volkstumsfragen nicht mehr bewältigen zu können und darüber als Gesamtstaat zu scheitern. Außenpolitisch aber herrschte »gegenüber Italien Kriegsstimmung. Die Nachbarn Albanien, Ungarn, Griechenland und Bulgarien blickten nach Rom, der SHS-Staat [Staat der Serben, Kroaten und Slowenen] mit der Kleinen Entente auf Frankreich. Südosteuropa war in zwei Lager gespalten[251]«.

### *Die wirtschaftliche Situation des Landes*

Trotz dieser nach außen hin turbulent wirkenden politischen Situation hatte die wirtschaftliche Lage des jungen Staates in der zweiten Hälfte der zwanziger Jahre eine nicht ungünstige Entwicklung genommen[252]. Nach Überwindung der ersten Aufbauschwierigkeiten und der Stabilisierung der Währung im Jahre 1922 hatte Jugoslawien eine nicht ungeschickte expansive Finanzpolitik getrieben. Eine Anleihe von 100 Millionen Dollar, in New York aufgelegt, war zum größten Teil für den Ausbau des Eisenbahnnetzes und der Verkehrswege verwendet worden. So wurde u.a. 1925 die neue Eisenbahnlinie Zagreb – Split in Betrieb genommen. Damit war die Adriaküste mit dem Hinterland verbunden. Die Handelsmarine wurde ausgebaut und die Kriegsschulden langsam zurückgezahlt. Im August 1927 konnte hierüber mit England ein abschließendes Abkommen unterzeichnet werden. Mit den USA war diese Frage ebenfalls geregelt worden. Die Handelsbilanz war seit 1925 ausgeglichen, und der Fremdenverkehr an der Adriatischen Küste florierte in steigendem Maße und brachte zusätzlich Devisen in das Land. Die junge Textilindustrie entwikkelte sich sprungartig. Sie wurde mit deutschen Maschinen aufgebaut, die über das Reparationskonto an Jugoslawien geliefert wurden.

Zu Beginn der Weltwirtschaftskrise erschien Jugoslawien als ein glückliches Land, als »an island of the blessed, still enjoying the material welfare of the nineteen-twenties[253]«. Auch in England war der Kapitalmarkt bereit, sich für Jugoslawien zu öffnen. Die vorsichtige »Times« stellte eine nicht ungünstige, wenn auch mit einigen »aber« behaftete Pro-

250 Markert, W., a.a.O., S. 81.
251 Markert, W., a.a.O., S. 83.
252 Für das folgende vgl. In der Maur, G.: Die Jugoslawen einst und jetzt, 2.Bd. Jugoslawiens Außenpolitik, Leipzig und Wien 1936, S. 159 ff.
Clissold, St. u. a.: A short Story of Yugoslawie from early times to 1966, London 1967, S. 173 ff. Becker, M. L.: England und der Donauraum, Stuttgart 1976.
253 Clissold, St., a.a.O., S. 173.

gnose: »Die Regelung der Kriegsschuld hat das letzte Hindernis zur wirtschaftlichen Entwicklung Jugoslawiens beseitigt. Wenn Jugoslawiens politischer Verstand seiner militärischen Kraft und Tapferkeit, die auf vielen Schlachtfeldern bewiesen wurden, gleichen wird, dann ist seine Zukunft gesichert[254].«

## *Das Verhältnis zu Deutschland*

Die politischen Beziehungen zwischen Deutschland und Jugoslawien hatten sich in den ersten zehn Nachkriegsjahren verhältnismäßig problemlos entwickelt. Es gab weder Reibungsflächen großen Formats, und wo es solche gegeben hatte wie in Kärnten, stand Österreich in der ersten Linie der Gegnerschaft und nicht das Deutsche Reich. Die Politik des Reiches hatte sich bislang auf den status einer freundlichen Zurückhaltung Jugoslawien und seinen Problemen gegenüber eingestellt. »Mit dem Deutschen Reich war ein Handelsvertrag abgeschlossen worden. Die Aufhebung des Sequesters über reichsdeutsche Güter in Jugoslawien stand bevor. Mit Befriedigung stellte Jugoslawien fest, daß die Reichspolitik unvoreingenommen, begierdelos und unparteiisch die höchst unruhigen Ereignisse der letzten acht Monate des Jahres 1927 (Auseinandersetzung mit Italien) verfolgt hatte. Die Zurückhaltung der Reichspolitik zerstörte auf diese Weise die Fabel vom »pangermanischen Drang nach dem Südosten ... Doch für Jugoslawien bedeutete diese Zurückhaltung der Reichsregierung auch keine Unterstützung. Unterstützung aber brauchte Jugoslawien, um das Gefühl der Vereinsamung zu bannen[255].«

## *Die politischen Aufgaben des Gesandten Köster*

Wenn man unter diesen Aspekten die Aufgaben des deutschen Gesandten in Belgrad betrachtet, so ergibt sich die Frage: Sollte der Posten in Belgrad weiter ein Beobachtungsposten für die Probleme des südosteuropäischen Raumes bleiben, oder bedeutete der Wechsel des Gesandten auch einen Wechsel zu größerer politischer Aktivität. Der Vorgänger Kösters in Belgrad, Gesandter Olshausen, hatte diesen Posten von 1924 bis 1928 innegehabt. Der Berufsdiplomat war eigentlich eine Südamerika-Experte, die als erster deutscher Nachkriegsgeschäftsträger die Interessen des Reiches in

254 Zitiert bei In der Maur, a.a.O., S. 159.
255 In der Maur, a.a.O., S. 159.

Argentinien vertreten hatte. Er ging jetzt als Gesandter wieder in den südamerikanischen Raum, nach Chile. Die Versetzung Kösters von Riga nach Belgrad konnte in Jugoslawien durchaus als ein Signal verstanden werden, daß Deutschland seine Beziehungen zu Jugolsawien intensivieren wollte. Die Entsendung eines ehemaligen Reichsministers bedeutete für den Posten in Belgrad genau so eine Rangerhöhung, wie es dies für Riga gewesen war. Außerdem war der jugoslawischen Regierung als auch der Presse genau bekannt, welche bedeutende und aktive Persönlichkeit das Deutsche Reich nach Belgrad schickte.

Die Aufgaben, die Köster in Belgrad erwarteten, waren vielfältig und zum Teil schwieriger als in Riga. In einem Punkte allerdings hatte es hier der Gesandte leichter. Die Beziehungen beider Staaten mußten nicht erst normalisiert werden – sie waren normal. Das deutsche Volkstumsproblem gab es auch hier, aber die deutsche Volksgruppe hatte nicht die gesellschaftliche und politische Bedeutung wie in Lettland. Wenn sich Köster trotzdem für die Verbesserung der Schulgesetzgebung der deutschen Minderheit einsetzte, so wurde hiermit keineswegs ein für die Existenz des Staates bedeutendes Problem angeschnitten wie in Lettland.

Zum einen blieb Belgrad, was es für die deutsche Außenpolitik schon gewesen war: der wichtigste Beobachtungsort im Südosten Europas, wo zwei Großmächte, Italien und Frankreich, in einem heftigen Vormachtskampf miteinander standen. Zum anderen aber wurde Belgrad immer mehr der interessante Ausgangspunkt für eine deutsche wirtschaftliche Expansion, die der deutschen Industrie und dem deutschen Handel neue Absatzmärkte verschaffen konnte. Daß dieses nur in einem harten Wettbewerbskampf mit den ehemaligen deutschen Gegnern Frankreich, England und Italien möglich sein würde, wußte man auch im AA. In einem kürzlich erschienen Aufsatz vom Holm Sundhaußen wird diese Politik des AA mit überzeugenden Argumenten nachgewiesen. Die Wiedergewinnung der deutschen Großmachtstellung setze »eine Politik mit neuen Mitteln und Methoden« voraus, »die nach Lage der Dinge nur im ökonomischen Bereich gefunden werden konnte. Die Transformation wachsender wirtschaftlicher Macht in politisches Kapital wurde seither zum Leitgedanken der Südosteuropa-Politik des AA[256]«. Sundhaußens Untersuchung setzt mit dem Jahre 1930 ein. Die hier zitierten Äußerungen aber sind Teile von Vorstellungen einer »neuen Politik« im AA, die seit der Schülerschen Reform[257] zum Bestand außenpolitischer Überlegungen der

256 Vgl. hierzu die jüngste Veröffentlichung – Sundhaußen, H.: Die Weltwirtschaftskrise im Donau-Balkan-Raum ... in: »Aspekte deutscher Außenpolitik im 20. Jahrhundert ...« Stuttgart 1976 – S. 127 –.

257 Vgl. Doß, K.: Das deutsche Auswärtige Amt im Übergang vom Kaiserreich zur Weimarer Republik, Düsseldorf 1977.

deutschen Diplomatie gehörten. Unter diesem Gesichtspunkt ist *auch* die Berufung Kösters nach Belgrad zu verstehen.

Kösters im internationalen Verkehr bewiesenes Ansehen, seine menschengewinnende Art im Umgang mit Vertretern verschiedenster Gesellschaftsklassen, seine handlungs- und entschlußfreudige Fähigkeit, auch schwierige Probleme anzugehen, seine behutsame Fähigkeit, Dinge reifen zu lassen oder Verhandlungen unter neuen Aspekten wieder aufzunehmen: dies alles hatte Stresemann offensichtlich bewogen, Köster nach Belgrad zu senden und bei diesem Entschluß trotz aller »nationaler« Gegenvorstöße zu beharren[258]. Vielleicht war Köster gerade deshalb für Stresemann der richtige deutsche Vertreter im »Königreich der Serben, Kroaten und Slowenen«, wie der Titel dieses Landes bei Kösters Ankunft in Belgrad nach lautete, weil er kein Monarchist und kein »konservativer« Mann war wie noch so viele seiner damaligen Amtsgenossen. Die Sphäre des Hofes und die spätere Königs- und Generalsdiktatur konnten ihm den Blick nicht verstellen für das, was sich hinter den Kulissen abspielte, auch nicht für die Schwächen des so hochgelobten starken Mannes, des Königs Alexanders I.

Köster stand diesem König von Anfang an mit Skepsis gegenüber. Er traute ihm die Führungsrolle, die er spielen sollte, ohne sie letztlich aus eigenem Antrieb spielen zu wollen, nicht zu. Sein Urteil über Alexander ist aber – wie stets bei politischen Urteilen Kösters – differenziert. Er erkennt an, daß die innenpolitische Lage nur noch durch die Person des Königs entspannt werden könne, *wenn* dieser sich von »den Belgrader Cliquen unabhängig machen und die Rolle eines führenden Volkskönigs« erringen würde[259]. Daß dieses Alexander wohl nicht gelingen werde, führte der Gesandte einmal auf das fehlende politische Format und auf seine weiche Persönlichkeit zurück, zum anderen aber auch auf die Selbsteinsicht des Königs, der so klug war, daß er seine Grenzen und die unsichere historische Tradition seines Hauses richtig einzuschätzen wußte. Es »scheinen ihn auch die Spuren seiner Vorgänger auf dem serbischen Thron zu schrecken«. Er sieht in dem König mehr einen klugen Opportunisten, der, gewarnt durch die bewegte Geschichte des eigenen Hauses, die Kunst zu überleben betreibt, als einen harten Machtmenschen, der dem Lande seinen eigenen Willen durch die Diktatur aufzwingen möchte. »Er rechnet offenbar damit, daß sein Thron nicht unbedingt sicher steht und daß er seine Vorherrschaft am besten erhält, wenn er zwischen den mächtigen militärischen und politischen Cliquen Belgrads so laviert, daß er es mit keiner definitiv verdirbt.«

258 Vgl. Anm. 221.
259 Hierfür und für das folgende: Köster an AA – Belgrad, 31. 8. 1928. AA Jugoslawien Pol 10, Bd. 1.

Kösters politische Strategie verlief auf zwei Ebenen:

1. auf der staatlich offiziellen Ebene mit dem Bemühen, die amtlichen Kontakte zu erweitern und die Verbesserung der Beziehungen zu Regierung und Parlament in Jugoslawien zu erreichen,
2. auf dem gesellsachftlichen Sektor im weitesten Sinne mit dem Bestreben, breiten Kreisen des Volkes ein Bild des »neuen Deutschen« (nicht zuletzt in der Person Kösters) zu vermitteln und ihnen ein positives Bild des neuen Deutschland zu geben.

Zugleich aber kam es ihm darauf an, der Zentrale eine nüchterne Information von der sich wandelnden politischen Szene, veranlaßt durch die Königsdiktatur in Jugoslawien, zuzuleiten. Hierdurch war es ihm möglich, die Aufmerksamkeit Stresemanns in erhöhtem Maße zu gewinnen[260].

### *Das Verhältnis Köster – Stresemann*

Der Außenminister hatte zwar auch früher die Fähigkeiten Kösters – wie schon erwähnt – geschätzt, aber über ein vertrauteres Verhältnis, wie Stresemann es zu Rauscher in Warschau oder zu Adolf Müller in Bern, jenen beiden anderen »Außenseitern«, die aus der sozialdemokratischen Partei gekommen waren, unterhielt, ist nichts bekannt. Kösters Werben um Stresemann war bisher nicht sehr erfolgreich gewesen. Als Köster Ende 1924 dem Außenminister seinen Aufsatz über den Artikel 231 des Versailler Vertrages schickte[261], war dessen Reaktion darauf eher ablehnend als zustimmend. Diese dinstanzierte Einstellung des Pragmatikers Stresemann gegen den Theoretiker Köster muß sich, bedingt durch die erfolgreiche diplomatische Tätigkeit Kösters in Riga, geändert haben. Vielleicht aber war der Politiker Stresemann in seinen letzten Lebensjahren nach seinen Enttäuschungen über die deutschen Rechtsparteien und deren Angriffe auf seine Außenpolitik in ein anderes Verhältnis zu jenen Männern getreten, deren Ansichten eine Stütze für den Bestand der Republik und für die von Stresemann vertretene Außenpolitik zu sein schienen. Hier sind vor allem zu nennen: Rauscher in Warschau, den Stresemann zum Staatssekretär ausersehen hatte, der ehemalige Botschafter Graf Bernstorff, Mitglied der deutschen Völkerbundskommission, und Adolf Köster, dem Stresemann nun auch jene »halboffiziellen« Privatbriefe schrieb, in denen er Vorschläge und Anregungen des Gesandten sehr ernst

260 Immanuel Birnbaum wies in einem Gespräch mit dem Verfasser (vgl. Anm. 26) darauf hin, daß Kösters politische Berichte im AA. bis zum Minister hinauf gern gelesen wurden. Sie waren eine Mischung von exakter Analyse der Lage und oft amüsanter Zustandsschilderung.

261 Vgl. Anm. 98 und S. 68 ff.

nahm (z. B. verstärkte deutsche Propaganda und verstärkte deutsche Wirtschaftstätigkeit in Jugoslawien).

In einem gewinnenden Ton erkennt er die Arbeit des Gesandten an: »Dieser Brief erreicht Sie in einer für Sie sehr bewegten und arbeitsreichen Zeit. Ich verfolge Ihre Berichte über die Entwicklung in Südslawien mit großer Aufmerksamkeit und wünsche Ihrer Arbeit beste Erfolge[262].« In einem letzten Brief an Köster – »vier Tage vor Stresemanns Tod geschrieben« hatte der Empfänger am Rande vermerkt – entschuldigte sich der Außenminister, daß er erst nach zwei Monaten Kösters Schreiben aus Bled vom 24. Juli 1929 beantworte[263]. Köster hatte im Interesse der von ihm vorangetriebenen verstärkten wirtschaftlichen Beziehungen mit Jugoslawien um die für die damalige Zeit noch keineswegs selbstverständliche Entsendung eines »wirtschaftlichen Sachverständigen« an die Gesandtschaft in Belgrad gebeten und dazu eine ausführliche Begründung gegeben. Stresemann zeigte hierfür lebhaftes Interesse und gab eine halbe Zusage.

Der persönliche Kontakt der beiden Männer war enger geworden. Köster bediente sich jetzt auch des »Privatbriefes« an den Minister – ähnlich wie Rauscher in Warschau –, wenn er hoffte, Entscheidungen des Amtes über diesen »kurzen Weg« beschleunigen zu können. Besonders bewegend an dem oben angegebenen Brief Stresemanns ist die Tatsache, daß er für seine Antwortverzögerung eine detaillierte Entschuldigung gibt, die zugleich die aufreibenden Stationen seiner letzten Lebenswochen aufleuchten läßt: »Ihre freundlichen Zeilen ... gingen während meines Kuraufenthaltes in Bühlerhöhe hier (Berlin) ein. Nach meiner Rückkehr blieben mir nur wenige Tage vor dem Beginn der Haager Konferenz, die mit Vorarbeiten gänzlich ausgefüllt waren. Auf den Haag folgte Genf, und so kommt es, daß ich meine Absicht, Ihnen zu schreiben, erst heute ausführen kann[264].« Daß Stresemann sich nach diesen für die Gesamtpolitik so wichtigen Verhandlungen im Haag und Genf noch die Zeit nimmt, eine unter diesen Aspekten nur als Größe zweiten Ranges zu bezeichnende Entscheidung zu überdenken, zeigt einmal, daß alle Fragen der wirtschaftlichen Expansionsmöglichkeiten Deutschlands nach dem Südosten für den Minister von politischer Bedeutung sind und deshalb – auch wenn es sich wie hier nicht unbedingt um eine »Minister-Angelegenheit« handelt – von ihm nicht ad acta gelegt werden. Zum anderen aber zeigen Ton und Form des Briefes, daß Köster jetzt unbedingt zum »inneren Kreis« *der* Diplomaten gezählt werden kann, die das Vertrauen Strese-

262 Stresemann an Köster – Berlin, 9. 1. 1929, drei Tage nach der Proklamation der Königsdiktatur. Nachlaß Köster IV 3.
263 Stresemann an Köster – Berlin 29. 9. 1929. Nachlaß Köster IV 3.
264 Siehe Anmerkung 263.

manns besaßen. Hypothetisch darf angenommen werden, daß der Außenminister Stresemann dem Gesandten in Belgrad den Weg nach London nicht versperrt hätte.

### *Versuch einer Lösung von handelspolitischen Problemen*

Wenn man Kösters Verdienste auf dem Gebite der Verbesserung der Handelsbeziehungen zwischen Deutschland und Jugoslawien würdigen will, so darf nicht vergessen werden, daß Kösters Tod im Februar 1930 alles in einem ersten Stadium der Entwicklung stehen ließ. Allerdings waren wichtige Voraussetzungen für die Zukunft geschaffen worden. Omer Kajmakowitsch, der Presseattaché der jugoslawischen Gesandtschaft in Berlin, hat in einem großen Gedenkartikel über Köster[265] gerade dessen Blick für die wirtschaftliche Zukunft Jugoslawiens und die sich daraus ergebenden Möglichkeiten für Deutschland herausgestellt. Köster hatte sich kurz vor seinem Tode dafür eingesetzt, daß in Belgrad eine »südslawisch-deutsche Handelskammer« gegründet wurde. Der Jugoslawe führt diese Gründung auf die persönliche Initiative Kösters zurück. Er habe richtig erkannt, daß sich Südslawien »noch für einen längeren Zeitabschnitt im Stadium der Entwicklung und des Aufbaus« befinde. »Mit Sicherheit kann damit gerechnet werden, daß auf unseren Märkten der Wettbewerb ausländischer Waren so lange anhalten wird, bis ein oder zwei Staaten dort ihre wirtschaftliche Vormachtstellung stabilisiert haben. Alle Umstände geben hierbei deutscher Arbeit und deutschem Unternehmergeist die größten Möglichkeiten und die besten Aussichten[266].«

Im übrigen aber entsprach es nicht der Kösterschen Art, Politik zu betreiben, die sich auf die Gründung von Institutionen beschränkte. Wichtiger war es ihm, Menschen für seine Ansichten zu gewinnen. So war er zwar an der Gründung der oben erwähnten Handelskammer beteiligt, aber er unternahm im Herbst 1929 mit dem jugoslawischen Wirtschaftsminister Korschetz auch eine Studienreise durch Teile Deutschlands, um diesem die wirtschaftlichen Möglichkeiten der deutschen Industrie zu demonstrieren[267]. Die Wirkungen persönlicher Einflußnahme eines einzelnen auf wirtschaftlichem Gebiet lassen sich schlecht real feststellen. Im Spiegel der Wirtschaftsstatistik allerdings ist klar abzulesen, daß der deutsche Warenexport während der Kösterschen Epoche in Belgrad um mehr als ein Drittel gewachsen ist. Der Wert der deutschen Ausfuhren stagnierte

265 »Kölnische Zeitung« 23. 2. 1930.
266 Siehe Anmerkung 265.
267 »Frankfurter Zeitung« 19. 2. 1930.

noch 1927 und 1928 bei 116,1 Mill. RM bzw. 117,1 Mill. RM. Er stieg 1929 auf 152,6 Mill. RM und 1930 auf 172,1 Mill. RM[268].

Neben den Bemühungen, auf wirtschaftlichem Gebiet den Einfluß Deutschlands in Jugoslawien zu verstärken, wurde Köster aber auch der anderen großen Aufgabe gerecht, die politische Situation Jugoslawiens im Spiel der Großmächte zu beobachten und zu analysieren. Exemplarisch für Kösters Arbeitsweise ist ein »Politischer Bericht« mit der Inhaltbezeichnung: »Der englische und der französische Gesandte über den italienisch-jugoslawischen Gegensatz. Herr Kennard (englischer Gesandter) befürchtet wachsenden politischen Einfluß Deutschlands in Belgrad[269].«

### *Köster als Analytiker der politischen Lage in Süd-Ost-Europa*

Köster hielt engen Kontakt mit dem schwedischen Gesandten Undén, den er aus Riga her kannte und der kurz nach ihm in Belgrad akkreditiert worden war. Durch Undén wieder war er in der Lage, die englische und französische Beurteilung der internationalen Stellung Jugoslawiens aus westlicher Sicht und deren Meinung über die Rolle, die Deutschland hierbei spielte, zu erfahren. Ausgangspunkt der Überlegungen war das ungeklärte italienisch-jugoslawische Verhältnis, das nach Ansicht nicht nur der Belgrader Kreise, sondern auch der fremder Beobachter um die Wende 1928/29 sich kurz vor dem Kriegszustand befand, wobei Jugoslawien aus seiner schwächeren Position heraus bemüht war, weitere Spannungen zu vermeiden.

Wichtig für den deutschen Empfänger der Informationen aber war die Kenntnis von der Furcht Englands und Frankreichs, daß die kurzsichtige Politik Italiens » . . . Südslawien mehr und mehr in die Arme Deutschlands getrieben habe. Schon heute könne man hier in Belgrad sehen, wie der politische Einfluß Deutschlands von Monat zu Monat wachse«. Der englische Gesandte war sogar der Ansicht, daß Südslawien unter Umständen einen Anschluß Oesterreichs an Deutschland hinnehmen werde, wenn es sich dadurch der deutschen Hilfe versichern könnte. Auf der anderen Seite habe der französische Gesandte Dard eindringlich Herrn Undén gegenüber »von der selbstverständlichen ersten Rolle gesprochen, die Frankreich hier in Belgrad traditionsgemäß spiele«.

Kösters großer Bericht und seine Analyse der Lage lassen deutlich er-

268 Vgl. Sundhaußen, a.a.O., S. 164.
269 Hierfür und für das folgende: Köster an AA – Belgrad, 1. 12. 1928. AA Jugoslawien Pol 2, Bd. 1.

kennen, daß er die Gefahren sah, die auch dann entstehen, wenn man sich »nur« auf Wirtschafts- und Kulturpolitik beschränken möchte.

Er versichert noch einmal der Zentrale, daß er »in Einklang mit den in Berlin stattgefundenen Unterredungen vor seiner Abreise nach Belgrad hier alles tue, um nicht den Eindruck aufkommen zu lassen, wir hätten in Belgrad irgendwelche speziellen politischen Interessen«. Gerade in Belgrad zeigte sich die Fähigkeit Kösters, eine Politik der Balance zwischen den divergierenden Interessen der Großmächte zu treiben. Er betonte in dem oben angezogenen Bericht sein erfolgreiches Bemühen, gerade auch mit dem italienischen und mit dem ungarischen Gesandten enge Fühlung zu halten, um eine einseitige Bevorzugung der streitenden Parteien zu vermeiden.

Die Zeit einer politischen Abstinenz Jugoslawien gegenüber war allerdings in der Ära Köster beendet. Man wußte nicht nur in Belgrad, sondern auch in Budapest und in Rom, daß der neue Gesandte »eine ausgesprochen jugoslawienfreundliche Politik treibe«. Köster bekennt sich dazu auch in seinem Bericht an das AA. »Letzteres ist mit gewissen Einschränkungen richtig und hat mir bereits ein gewisses Maß von Vertrauen auf jugoslawischer Seite eingebracht.« Unter anderem führte Köster erste Erfolge in seinen Gesprächen mit dem jugoslawischen Außenminister über mögliche Abmilderungen des »minderheitenfeindlichen Schulgesetzes« auf dieses Verharren in Balance mit vorsichtigen Zeichen einer deutschen Freundschaft für Jugoslawien zurück.

Gewisse Schwierigkeiten, die sich in den Beziehungen auf Regierungsebene ergaben, waren allerdings doch nicht so einfach zu beheben, wie es Köster sich vielleicht am Anfang seiner Tätigkeit in Belgrad gedacht hatte. Knapp drei Wochen vor seinem Tode – am 30. I. 1930 – zog Köster eine Teilbilanz über Erfolge und Mißerfolge seiner bisherigen Tätigkeit in Belgrad. Die Tonart dieses Berichtes ist ernst und nachdenklich, ohne allerdings – und das wäre auch ganz gegen Kösters menschliches und politisches Temperament – pessimistisch zu sein. Anlaß zu diesen Ausführungen war: »Die frankophile Einstellung des Belgrader Außenministeriums[270]«. Die Politik des good-will, die Gewinnung von Menschen anderer Nationen durch Menschlichkeit, diese Politik, die Köster meisterlich beherrschte, hatte dort ihre Grenzen, wo die außenpolitische Bindung des anderen Landes an eine dritte Macht in Konflikt geriet mit den politischen Interessen des eigenen Landes dieser Drittmacht gegenüber.

Das politisch ungetrübte Verhältnis Deutschland – Jugsolawien wurde belastet durch die Anlehnung Jugoslawiens an Frankreich. Das ambivalente deutsch – französische Verhältnis war eine Hypothek, die die deut-

270 Köster an AA – Belgrad, 30. 1. 1930. AA Jugoslawien Pol 2, Bd. 2.

sche Außenpolitik als Last in ihren Beziehungen zu allen jenen Staaten tragen mußte, die sich mit Frankreich gefühlsmäßig, kulturell sowie außen- und militärpolitisch verbunden fühlten. Zu diesen Staaten gehörte Jugoslawien – und zwar nicht nur gefühlsmäßig, sondern auch aus einer realen außenpolitischen Notwendigkeit heraus, die letztlich in seiner staatlichen Isolation begründet lag.

Es war eine fast unmögliche Aufgabe, die Köster sich in größerem Maße selbst gestellt hatte: eine politisch, wirtschaftlich und kulturell erfolgreiche Arbeit in einem Lande zu leisten, das zugleich nicht nur freundschaftliche, sondern auch paktmäßig abgesicherte Beziehungen zu Frankreich unterhielt. Erschwerend kam hinzu, daß nach dem Tode Stresemanns die deutsche Außenpolitik unter dem Außenminister Curtius nicht immer die notwendige Behutsamkeit Frankreich gegenüber zeigte. Das Scheitern der deutsch-oesterreichischen Zollunion wird kurze Zeit später hierfür ein warnendes Beispiel sein. Kösters Posten in Belgrad war zu einflußlos, als daß er hier ein entscheidendes Wort hätte mitsprechen können. Es ist aber für den Politiker Köster bezeichnend, daß die letzten Aktionen in seiner außenpolitischen Laufbahn Warnungen und Mahnungen waren, vorsichtig in der französischen Frage zu taktieren – im Interesse der Balkanpolitik.

## *Köster, ein Politiker des »Ausgleichs« in Jugoslawien*

Am 24. 11. 1929 war Clemenceau gestorben. Die Gedächtnisfeiern aus Anlaß seines Todes ließen noch einmal alle nationalen französischen Emotionen gegen Deutschland, die sich während und auch nach Beendigung des Weltkrieges angestaut hatten, aufflammen. Dies galt nicht nur für innerfranzösische Feiern, sondern auch für manche Rede, die außerhalb der Grenzen Frankreichs gehalten wurde. In Belgrad hatte der französische Gesandte Dard in seiner Ansprache geäußert, »daß fremde Horden in das geliebte Frankreich eingedrungen seien«. Der stellvertretende jugoslawische Außenminister war zwar bei dieser Gelegenheit eine Nuance vorsichtiger, aber in der Tendenz deutlich genug: »Jugoslawien wird aus tiefstem Herzen seine unvergängliche Dankbarkeit dem Manne bewahren, der es verstanden hat, in dem gefährlichsten Augenblick nicht zu wanken, und durch seinen unbezähmbaren Mut die Zivilisation und den Kontinent gerettet hat.«

Das Auswärtige Amt veranlaßte hierauf nicht nur eine Demarche durch seinen Botschafter in Paris bei der französischen Regierung[271], sondern

271 Telegramm AA an deutsche Botschaft Paris, 17. 1. 1930 (Abschrift). AA Jugoslawien Pol 2, Bd. 3.

ebenfalls einen Protestschritt Kösters im jugoslawischen Außenministerium: »Wir verstehen durchaus dortige Mentalität, müssen aber auch auf die deutsche Öffentlichkeit Rücksicht nehmen[272].« Köster konnte zwar beschwichtigend nach Berlin melden, daß das böse Wort von den »fremden Horden«, das der französische Gesandte benutzt hatte, von dem offiziösen jugoslawischen Nachrichtenbüro Avala bei der Weitergabe der Rede als »invasion étrangère« übersetzt und damit abgeschwächt worden sei. Der Protestschritt im jugoslawischen Außenministerium blieb ihm trotzdem nicht erspart[273].

Kösters diplomatische Arbeit in diesen letzten Wochen, ja bis in die letzten Tage vor seiner tödlichen Erkrankung war ganz auf Ausgleich der deutsch-jugoslawischen Differenzen eingestellt. Sehr vorsichtig, aber doch die Dinge beim Namen nennend, machte er dem AA klar, daß eine scharfe Protestpolitik gegen Frankreich auf jugoslawischem Boden etwa vorhandene Risse in dem deutsch-jugoslawischen Verhältnis nur vertiefen könne. Der oben angegebene Bericht vom 30. Januar 1930 trägt wie erwähnt die bezeichnende Inhaltsangabe: »Frankophile Einstellung des Belgrader Außenministeriums«. Diese frankophile Einstellung des Außenministeriums sei eine Konstante, mit der man rechnen müsse. Sie sei schon vor der Errichtung der Diktatur vorhanden gewesen, und es habe sich auch seit der Errichtung der Diktatur daran nichts geändert. »Alles, was sich an deutschfreundlichen Regungen, sei es innerhalb der Regierung, sei es in der sogenannten öffentlichen Meinung, innerhalb der letzten Jahre hier gezeigt hat, ist darum am hiesigen Außenministerium teilweise spurlos vorübergegangen, teilweise hat es dort im Gegenteil Wirkungen im Sinne noch stärkerer Betonung der französischen Bindung erzeugt.«

Als Köster den Bericht schrieb, konnte er nicht ahnen, daß er drei Wochen später sterben würde. Der Bericht entstand aus den gerade verstärkt aufgetretenen politischen Schwierigkeiten. Im Nachhinein aber kann man feststellen, daß seine Ausführungen nicht etwa ein »außenpolitisches Testament« sind, aber doch ein exemplum darstellen, wie Köster eine politische Lage analysiert und versucht, mit ihr fertig zu werden. In diesem Falle handelt es sich um eine Analyse, aus der die Ursache einiger eigener Mißerfolge verdeutlicht wird – nach Kösters Ansicht verquickt mit einer falschen Prestige-Politik des AA, die nicht vorsichtig genug arbeitet. Dazu gehört auch der nur halbe Erfolg der Reise mit dem jugoslawischen Minister Koroschetz nach Deutschland, die »in den Kreisen des Außenministeriums ... eher das Gegenteil erzeugt hat«. Offensichtlich

272 Telegramm AA an Köster – 13. 1. 1930. AA Jugoslawien Pol 2, Bd. 3.
273 Hierfür und für das folgende: Köster an AA – Belgrad, 30. 1. 1930. AA Jugoslawien Pol 2, Bd. 2.

sah man im jugoslawischen Außenministerium in der Reise ein zu sichtbares Abhängigkeitsverhältnis des Landes Deutschland gegenüber.

Köster klagt nicht, und er klagt nicht an – weder das jugoslawische Außenministerium wegen seiner einseitig französisch orientierten Haltung noch das eigene Amt wegen der Nichtberücksichtigung dieser Haltung. Köster stellt nur fest, was geschah und welche Konsequenzen aus diesem Geschehen zu ziehen sind, welche Folgerungen auch seine Demarche im jugoslawischen Außenministerium ausgelöst hatte. Das Ergebnis sei drei Tage später eine groß angelegte offiziöse Presseveröffentlichung gewesen, in der zu lesen stand, daß Herr Dard sich noch einmal persönlich im Namen der französischen Regierung »für die großartige Gedächtnisfeier zu Ehren des verstorbenen Clemenceau« bedankt habe. In obiger amtlichen Verlautbarung wurde »Herr Clemenceau zwar nicht noch einmal als Retter von Freiheit und Zivilisation, aber doch ausdrücklich und gänzlich überflüssiger Weise noch einmal als »Vater des Sieges« bezeichnet«.

Köster berichtete noch über weitere Tatsachen, die auf den verstärkten Einfluß Frankreichs in Jugoslawien schließen lassen. Deshalb, so vermerkt er – mehr in die Form der Mahnung als in die der Anklage gekleidet – »hätte ich gern die dort [im AA] für notwendig gehaltene Demarche . . . vom Standpunkte meiner hiesigen sehr vorsichtig disponierten Arbeit vermieden«. Köster resignierte wegen dieser Tatsachen keineswegs. Er wird seine Aktivitäten auf jeden Fall den wirtschaftlichen und kulturpolitischen Aktivitäten Frankreichs gegenüberstellen. Das bedeutet aber nicht nur größere Arbeit, sondern auch ganz realistisch gesehen »ernsthafte finanzielle Unterstützung«. Sehr geschickt drückt Köster die sich hieraus ergebende Konsequenz aus. Sie gilt vordergründig für den deutschen Gesandten in Belgrad. Wer in der Zentrale richtig zu lesen verstand, mußte es jedoch auch als einen wichtigen Rat auffassen, den der ehemalige Außenminister Köster mit fast zehnjähriger diplomatischer Praxis seinem jetzigen Nachfolger im Außenamt, der nicht mehr Stresemann, sondern der Neuling Curtius war, gab: »Es bedarf auch einer sehr behutsamen Behandlung der hiesigen Regierung und der hiesigen öffentlichen Meinung, um zu verhüten, daß wir hier gewonnenes oder demnächst zu gewinnendes Terrain wieder verlieren.«

Die gefühlsbetonte Seite, die an Köster im Umgang mit Menschen immer wieder von Zeitgenossen gerühmt wurde, blieb nie ohne Kontrolle durch die ratio. Vorsichtig zu taktieren, ohne schwach zu sein, zu reflektieren, ohne darüber das Handeln zu vergessen – das waren Eigenschaften, die den Philosophen und den Diplomaten Köster auszeichneten. Das letzte Telegramm Kösters an das Auswärtige Amt, elf Tage vor seinem Tode, liefert für diese Eigenschaft noch ein beredtes Zeugnis[274]: Die »unver-

274 Köster an AA – Belgrad, 7. 2. 1930. AA Jugoslawien Pol 2, Bd. 2.

änderte Bedrückung deutscher Minderheiten« und die »Taktlosigkeiten gegenüber Deutschland« scheinen sich zu mildern. Er habe die Jugoslawen in ihrer Unsicherheit, daß Deutschland nach den letzten Ereignissen nun eine italienfreundliche Politik einschlagen werde, in Ungewißheit gelassen. Die ersten Folgen seien, daß der Zensor, der einen deutschfeindlichen Artikel anläßlich der Enthüllung der Gedenktafel für Prinzip (Mörder des oesterreichischen Thronfolgerehepaares in Sarajewo am 28. 6. 1914) durchgelassen hatte, aus dem Amt entfernt worden sei. Außerdem hätten der jugoslawische Justizminister und der Unterrichtsminister mit dem Führer der deutschen Minderheit Grasl Verhandlungen über eine besondere Schulverordnung für die deutschen Minderheiten in Jugoslawien aufgenommen.

### *Neue Hoffnungen auf ein großes Amt – Die Aussicht auf den Botschafterposten in London*

Mit dieser Meldung über eine Verbesserung des politischen »Klimas« in Jugoslawien Deutschland gegenüber endete Kösters Tätigkeit gegen seinen eigenen Willen. Aber auch ein lebender Köster hätte wahrscheinlich in den nächsten Monaten das Ziel, das er sich gesetzt hatte, nicht mehr erreichen können. Köster betrieb seine Kandidatur für den Londoner Botschafterposten energisch seit dem Sommer 1929. Die Chancen schienen für ihn so günstig zu stehen wie selten. Der deutsche Botschafter Sthamer war weit über die Altersgrenze im Amt geblieben und drängte auf seine Pensionierung.

In England hatte die Labour Party im Jahre 1929 unter MacDonald die Regierung übernommen. In Deutschland war seit 1928 eine Koalitionsregierung unter Führung des sozialdemokratischen Reichskanzlers Müller im Amt. Daß unter diesen Umständen das Deutsche Reich in London durch einen Sozialdemokraten gut vertreten wäre, erschien auch der hohen Ministerialbürokratie nicht unopportun zu sein. Die Initiative hierfür ging sogar vom AA aus, wie Breitscheid Köster berichtet hatte[275]. Er führte aus, Ministerialdirektor Köpke im AA habe mit ihm über den Londoner Posten gesprochen. Die beiden anderen noch möglichen Bewerber, Müller in Bern und Rauscher in Warschau, kämen nach Auffassung des AA nicht in Frage: »Müller, Bern »zu schweizerisch eingelebt und nicht mehr beweglich genug« – Rauscher zu »snobistisch und nicht englisch genug« – so ungefähr.«

275 Vgl. hierzu: Privatbrief Kösters an Reichskanzler Müller im Juli 1929 (genaues Datum fehlt) aus dem Schweizer Ferienort Marcote. Friedrich-Ebert-Stiftung, Nachlaß Müller-Franken I/54.

Nachdem Köster zusätzlich aus einem Gespräch mit Breitscheid[276] erfahren hatte, daß dieser als außenpolitischer Sprecher seiner Partei keine Ambitionen auf London hatte, trug er dem Reichskanzler und Parteifreund Müller-Franken sein eigenes Interesse an dem Londoner Posten vor.

Der Brief an den Reichskanzler[277] ist ein kleines Meisterwerk psychologischer Menschenbehandlung. Die »Eideshelfer« für sein Begehren sind einmal die Stimmen des AA, zum zweiten die Fürsprache zweier bedeutender Parteigenossen. Neben Breitscheid sei es weiter Hilferding, der ihm gesagt hatte: »So sehr ich dagegen war, daß Sie nach Moskau gingen – so sehr bin ich für London«, – und zum dritten ganz kurz die eigene Qualifikation für diesen Posten. Von vorneherein wendet er sich gegen das odium einer schnellen Parteilaufbahn: »Ich bin jetzt acht Jahre in der Karriere, so daß es keine reine Parteibeamtenmission wäre.« Zum Schluß fällt noch eine Bemerkung auf, die zeigt, daß Köster in seinem Beruf als Diplomat von jeder doktrinären Parteigesinnung entfernt ist: »Ich habe auch unter der Diktatur in SHS (Jugoslawien) eine gute Position (bei Hofe und bei den Ministern). Aber natürlich ist es innerlich keine reine Freude für mich, bei der Offiziersdiktatur akkreditiert zu sein.« Diesem inneren persönlichen Gefühl aber ist übergeordnet die Forderung des Amtes, das er auszufüllen hat: »Da ich der Meinung bin, wer diese Karriere anfaßt, muß auch als Links-Mann bei Diktatur und konservativen Kabinetten seine Arbeit verrichten.«

Die Angelegenheit zog sich bis in den Winter hinein hin. Breitscheid blieb der verläßliche Freund. Aus London berichtete er über Kontakte mit der englischen Labour Party, aber auch über die Immobilität des Reichskanzlers, die einmal zu erklären sei aus »seiner Einstellung gegenüber anderen Ressorts«, zum anderen aber auch durch wachsende innenpolitische und innerparteiliche Schwierigkeiten[278]. Breitscheid hatte Köster geraten, noch den Parteivorsitzenden Wels einzuschalten. Aus einem Brief Kösters an Wels vom 29. I. 1930 – und dieses ist die letzte Verlautbarung Kösters über den Londoner Posten – geht hervor, daß die Versetzungsfrage sich scheinbar doch günstig entwickelt hatte[279]. In London war offenbar die Versetzung Kösters mit den einflußreichsten Männern der Labour Party abgesprochen worden.

Entscheidend waren nun das Placet des AA und die Notwendigkeit, den Kanzler »in Schwung zu bringen«, wie es Köster ausdrückte. Mit steigendem Optimismus sah jetzt Köster seine Chance. »Ich bin fest überzeugt,

276 Vgl. Anmerkung 275.
277 Vgl. Anmerkung 275.
278 Breitscheid aus London an Köster in Belgrad (Datum aus dem Brief herausgerissen). Nachlaß Köster IV 3.
279 Hierfür und für das folgende: Köster an Wels – Belgrad 29. 1. 1930. Nachlaß Köster IV 3.

daß ein Parteimann, der nicht nur England, sondern auch MacDonald und Henderson seit Jahren persönlich kennt, für die von uns vertretene Außenpolitik in den nächsten Jahren in London Positives erreichen kann, zumal wenn man diesem Manne zugestehen muß ...«. Hier bricht das Schreiben ab, denn das letzte Blatt des Briefes ist nicht mehr vorhanden[280]. Unvollendet wie dieser Brief bleibt die ganze Aktion.

280 Siehe Anmerkung 279.

# Das plötzliche Ende einer politischen Karriere durch den Tod

*Die innenpolitische Wende des Jahres 1930*

Köster wurde gut zwei Wochen später in Belgrad von einer eitrigen Blinddarmentzündung befallen. Man holte eine Kapazität aus Wien herbei. Köster mußte zweimal operiert werden. Der »Vorwärts« meldete am 19. Febrauar 1930: »Dr. Köster hatte auch die zweite Operation gut überstanden. Am Dienstag (18. Februar) ließ sein Herz jedoch immer mehr zu wünschen übrig. Den Tag über schlief der Patient. Abends gegen 6 Uhr wachte er auf und zeigte sich nochmals bei vollem Bewußtsein. Bald darauf ist Dr. Köster sanft entschlafen. Um $7^{20}$ Uhr stellten die Ärzte den Tod fest. Dr. Köster wird auf seinen Wunsch in seiner Vaterstadt Blankenese bei Hamburg beigesetzt werden.«

Eine Bemerkung in dem Gedenkartikel vom 19. Februar im »Vorwärts«, » . . . daß man vielfach in ihm den kommenden Vertreter der Republik bei der Arbeiterregierung in London erblickte, . . .« läßt vermuten, daß auch Köster mit dieser Hoffnung gestorben ist, obgleich gerade in den letzten Wochen seines Lebens der politische Wind sich erheblich gedreht hatte. Er erlebte gerade noch die harten Flügelkämpfe innerhalb der Koalition[281] und innerhalb der Partei, die durch die rapide sich verschlechternde wirtschaftliche Lage im Jahre 1929, besonders aber im Winter 1929/30, hervorgerufen wurden. Er erlebte noch den Rücktritt des sozialdemokratischen Finanzministers Hilferding und seines Staatssekretärs Popitz, die über die verzweifelten Versuche, ohne Wissen der Regierung neue Anleihen in den USA zu erhalten, gestrauchelt waren. Er erlebte auch die Auftritte des Reichsbankpräsidenten Schacht, der versuchte – ebenfalls ohne Wissen der Reichsregierung – die Beteiligung der Reichsbank an der als Folge des Young-Plans neu errichteten »Bank für Internationale Zahlungen« herauszuhalten, indem er für die Partner unannehmbare Bedingungen stellte. Für Schacht war dieser »Skandal« die gute Kulisse für seinen spektakulären

281 Vgl. für das folgende: Heiber, H.: Die Republik von Weimar, München 1966, Seite 207 ff.

Rücktritt vom Amt des Reichsbankpräsidenten, den er kurz nach Kösters Tod im März 1930 vollzog.

Das Auseinanderbrechen der großen Koalition bereitete sich im Herbst 1929 vor. Es war sicherlich nicht nur der Streit um ein viertel Prozent in der Erhöhung der Beiträge zur Arbeitslosenversicherung für jeden Partner, der letztlich das Kabinett Müller scheitern ließ. Die Bereitschaft der SPD, besonders der Gewerkschaften, war nicht mehr vorhanden, eine nationalistisch gefärbte, kapitalfreundliche Politik mitzutragen. Über diese Schwierigkeiten innerhalb der Partei hatte Breitscheid Köster noch unterrichtet. »Die Affaire Schacht trägt dazu bei, die Krisenzeichen zu vermehren, besonders da sich auch wieder ein Gegensatz zwischen Partei und der Regierung herausstellt. Wie Sie gesehen haben werden, ist auch der ›Vorwärts‹ sehr rebellisch, und auf die Dauer können unsere Freunde nicht gegen den ›Vorwärts‹ regieren[282].« Auf der anderen Seite wollten weder die Volkspartei, noch die Industrie, noch die Reichswehr, noch der Reichspräsident weiter mit der SPD liiert sein. »Sie alle fanden es als nahezu widernatürlich, mit Sozialisten verbündet zu sein, während die Freunde von der DNVP in unfruchtbarer Opposition standen[283].«

Am 27. März 1930 trat das in sich zerstrittene Kabinett zurück. Sechs Wochen nach Kösters Tod verlor die Weimarer Republik ihre letzte parlamentarische Regierung. Der Nachfolger Müllers, der rechte Zentrumsabgeordnete Heinrich Brüning, fand zwar keine feste parlamentarische Mehrheit, aber er brauchte sie auch nicht. Das dem Parlament verantwortliche Regierungssystem wurde abgelöst durch einen Reichskanzler, der sich nur dem Reichspräsidenten verantwortlich fühlte. Unter dem Schutze des mißbrauchten Artikels 48 der Weimarer Reichsverfassung begann das Schlußkapitel der Weimarer Republik, die Präsidialdiktatur. Unter diesem sich so plötzlich veränderten innenpolitischen System wäre die Besetzung des Botschafterpostens in London durch den Sozialdemokraten Köster unmöglich gewesen, obgleich in London die Labour Party den Regierungschef stellte. Weder Rauscher in Warschau noch Müller in Bern, die beiden anderen prominenten sozialdemokratischen Diplomaten, wurden in Erwägung gezogen. Botschafter in London wurde der zwar hochqualifizierte, aber auch hochkonservative bisherige deutsche Botschafter in Rom, Konstantin Freiherr von Neurath.

282 Siehe Anmerkung 278.
283 Heiber, H., a.a.O., S. 217.

Der Tod Kösters hatte ein weites Echo in Deutschland, in Jugoslawien und in Lettland ausgelöst. Es schien so, als ob die selbst schon zum Tode verurteilte Republik an dem Totenzug dieses Republikaners von Belgrad über Dresden und Berlin nach Altona und von dort zum Blankeneser Waldfriedhof sich noch einmal selbst darstellte. Besonders die Berliner und die Hamburger Zeitungen geben detaillierte Schilderungen über die Ehrungen, die dem Toten durch Abordnungen und Ehrenwachen des Reichsbanners, der Gewerkschaften und der Schutzpolizei erwiesen wurden, wie sein Weg von den schwarz-rot-goldenen Fahnen der Republik begleitet war, wie der Reichskanzler und Mitglieder des Reichskabinetts, die Vertreter der preußischen Regierung und die fremden Diplomaten die Witwe am Anhalter Bahnhof empfangen haben und wie schließlich die Trauerfeier in Blankenese durch die Ansprachen des damaligen Reichsinnenministers Severing, des Reichstagsabgeordneten Wels, des Ersten Vorsitzenden der Sozialdemokratischen Partei Deutschlands, des Oberbürgermeisters von Altona Brauer und des Bürgermeisters von Hamburg Roß zu einem großen und tiefen Bekenntnis zur deutschen Republik wurde. Unter den Klängen eines Chorals und des Deutschlandliedes wurde der Sarg in die Erde versenkt. Severing hatte in seiner Ansprache darauf hingewiesen, daß Köster es gewesen war, der den Reichspräsidenten Ebert veranlaßt habe, das Deutschlandlied für Deutschland zurückzugewinnen[284].

Ungewöhnlich war auch die Anteilnahme am Tode Kösters in Belgrad. Sie ging weit über das hinaus, was diplomatische Form in einem solchen Falle erforderte. Der Oberbürgermeister von Belgrad telegrafierte dem Hamburger Bürgermeister: »Um die dankbare Erinnerung an unseren unvergeßlichen Freund Dr. Köster zu wahren, wurde am 21. Februar der Vorschlag der Gemeindeverwaltung in der Sitzung der Stadtverordneten einstimmig angenommen, der an der Deutschen Gesandtschaft entlangführenden Straße den Namen Dr.-Adolf-Köster-Straße zu geben[285].« Über alle weltpolitischen Wirrungen der letzten 50 Jahre hinweg trägt die Straße auch heute noch diesen Namen[286].

In einem Bericht aus Riga meldete die »Kölnische Zeitung«, daß auch hier Menschen aller Parteien um Köster trauern. Mit Staunen und Achtung stellte der Korrespondent fest: »Daß ein ganzes Land so tief und so aufrichtig um den Vertreter des Deutschen Reiches trauert, der in diesem

284 Siehe Berichte im »Hamburger Fremdenblatt« 29. 2. 1930 und im »Hamburger Correspondent« 22. 2. 1930.
285 »Hamburger Echo« 23. 2. 1930.
286 Nach freundlicher Auskunft von Herrn Immanuel Birnbaum. Vgl. Anmerkung 26.

Lande beglaubigt war, ist zweifellos in der Geschichte der deutschen Auslandsvertretung in der Nachkriegszeit ein einzig darstehender Fall. Die Liebe und Verehrung wurde Dr. Köster bezeichnenderweise keineswegs hauptsächlich vom Deutschtum Lettlands zuteil, sondern ebenso sehr von dem Mehrheitsvolk der Letten[287].« Wer heute, fast fünfzig Jahre nach Kösters Tod, an sein Grab in Blankenese tritt, der findet – halb von Efeu verborgen – am Fuße des großen Findlings, der hier als Gedenkstein steht, eine kleine Marmortafel liegen mit der Inschrift »Gruß aus Riga«.

In Belgrad und in Riga hatte sich der Politiker Köster, der es verstanden hatte, menschliche Politik zu treiben, ein Denkmal der Menschlichkeit gesetzt. Daß diese Politik der Menschlichkeit keineswegs mit sentimentaler Schwäche gepaart sein muß, sondern auch beim Gegner höchste Anerkennung erreichen kann, dafür legte der französische Gesandte Dard, Kösters Kontrahent im Kampf um den Einfluß in Jugoslawien, ein schönes Zeugnis ab: »Dr. Adolf Köster wird mir in Erinnerung bleiben als ein Mann von seltener Intelligenz und überaus edlem Herzen. Dabei war er durchdrungen von Liebe zu seinem Vaterlande und zum Frieden Europas. Mit Hilfe von Männern, wie er einer war, könnten sich sein und mein Vaterland einigen in gegenseitigem Verstehen und Hochachten und in den Gefühlen menschlicher Brüderlichkeit[288].«

Auch die deutsche Presse, die in ungewöhnlicher Breite über Sterben und Tod, aber auch über Leben und Wirken dieses Mannes berichtete, war sich jetzt seltsam einig darüber, daß eine ungewöhnliche Gestalt die politische Bühne verlassen hatte. »Deutschland verliert in ihm einen seiner fähigsten Diplomaten«, so und ähnlich lauten die Überschriften gerade in den bürgerlichen Blättern. Die rechts gerichtete Presse wie die »Deutsche Allgemeine Zeitung«, die jahrelang im Kampf mit Köster gelegen hatte, muß jetzt trotz »wenn und aber« einige Verdienste einräumen, vor allem Kösters vaterländische und erfolgreiche Arbeit als Abstimmungskommissar in Schleswig[289].

Ohne viel »wenn und aber« erkannten die deutschnationalen »Hamburger Nachrichten[290]« seine Verdienste als Außenpolitiker an. Man attestierte ihm »ein natürliches Gefühl für Machtpolitik« – und daß er sich schon zu einer Zeit, »als das Auswärtige Amt noch nicht einmal davon träumte, mit politischen Kombinationen im Osten und in Mitteleuropa« beschäftigt habe. Naiv klingt allerdings die Behauptung, »daß er ein Politiker von Format hätte werden können, wenn er von Jugend an auf der anderen Seite der Barrikaden gestanden hätte«. Fassungslos stellte der

287 Nachdruck im »Hamburger Correspondent« – 25. 2. 1930.
288 Siehe Anmerkung 287.
289 »Deutsche Allgemeine Zeitung« – 19. 2. 1930.
290 »Hamburger Nachrichten« – 19. 2. 1930.

»nationale« Journalist die Frage: »Wie konnte dieser Mann Sozialdemokrat sein?«

Wenn der Schreiber des Artikels Köster mit dem französischen Sozialisten Paul-Boncour vergleicht, so hätte wohl auch der so Porträtierte keinen oder wenig Widerspruch dagegen erhoben. Auch Köster fühlte sich als ein Politiker, der sein Vaterland über alles liebte, allerdings in anderen Begriffen als die sogenannten nationalen Vertreter des Landes. Er war ein Mann wie Paul-Boncour, der das Glück der Menschen nicht von einer neuen auf Umsturz bedachten Heilslehre abhängig machte, sondern von einer evolutionären gesellschaftlichen Veränderung, bei der vom Alten das abzufallen hatte, was dieser neuen Ordnung widersprach.

Die Nachricht vom Tode des kurz vor Vollendung des 46. Lebensjahres stehenden Gesandten Dr. Adolf Köster löste nicht nur in weiten Kreisen Deutschlands, sondern auch im Auslande Trauer und Bestürzung aus. Für die Familie allerdings, für die Frau und die fünf Söhne im Alter zwischen 19 und 5 Jahren, drückte nicht nur der Schmerz um den verlorenen Lebensgefährten und um den Vater auf diesem kleinen privaten Kreise, es war auch – schlicht gesagt – die Sorge um die weitere materielle Existenz der Familie mit den heranwachsenden Kindern, eine Sorge, die von »heute auf morgen« das Leben völlig veränderte.

Hierfür findet sich ein bezeichnendes Dokument im Nachlaß Köster, das in seiner knapp sachlichen Diktion mehr aussagt als eine große lamentatio. An der Urkunde des Vertrages »zwischen der Reichsregierung und Herrn Dr. Köster«, die am 28. Februar 1919 in Weimar ausgestellt war, ist ein Zettel in Maschinenschrift, von der Witwe verfaßt, angeklammert: »Da Adolf Köster 10 (zehn) Tage vor Ablauf der zehn notwendigen Dienstjahre gestorben ist, erhielt ich meine Versorgungsgebührnisse auf dem Gnadenwege und eine Ministerpension wurde mir nicht bewilligt, so daß meine finanzielle Lage sofort schwierig wurde[291].« Daß die Witwe Kösters die materiellen Schwierigkeiten meisterte, daß alle fünf Söhne eine gute Ausbildung erhielten und geachtete Stellungen im Leben erreichten, spricht für die Klugheit und die Lebenstüchtigkeit dieser Frau, die ihrem Manne schon eine gleichberechtigte Gefährtin in der Erfüllung seiner diplomatischen Aufgaben gewesen war. Die Tatsache dieser Lebenshaltung klingt aus allen zeitgenössischen Berichten heraus, die sich mit dem Hause Köster und seiner Geselligkeit befassen.

Daß der politische Wind sich in Deutschland gedreht hatte, sollte Frau Köster kurz nach dem Tode ihres Gatten erfahren. Die Bitte um eine Abschiedsaudienz beim Reichspräsidenten v. Hindenburg wurde durch Staatssekretär Meißner höflich, aber kühl verweigert: es sei leider nicht

291 Nachlaß Köster IV 3.

möglich »wegen der großen Arbeitsbelastung des Herrn Reichspräsidenten[292]«.

Der Posten des deutschen Gesandten in Belgrad war – und das dürfte das letzte Verdienst Kösters in seiner Karriere gewesen sein – so aufgewertet, daß Belgrad nun wirklich zur Durchgangsstation für eine der großen deutschen Botschaften aufrückte. Nachfolger Kösters in Jugoslawien wurde Ulrich von Hassell, der Schwiegersohn des Großadmirals von Tirpitz, bis dahin Gesandter in Kopenhagen. Zwei Jahre später war Hassell deutscher Botschafter in Rom.

Die zeitgenössische Würdigung, die Köster in der Presse fand, jedenfalls soweit diese ein positives oder auch nur ein neutrales Verhältnis zur bestehenden Staatsform hatte, war im Grunde auf *einen* Ton abgestimmt: dieser Mann hat in der Geschichte der deutschen Republik Bedeutendes geleistet, Größeres aber hätte man noch von ihm erwarten dürfen[293]. Am eindeutigsten drückt dieses Gefühl der »Vorwärts« aus: »Der erst 47 Jahre alte Reichsminister a. D. Dr. Adolf Köster war für alle, die seine glänzenden Eigenschaften kannten, eigentlich immer noch ein kommender Mann. Seine diplomatische Laufbahn, die ihn über Riga nach Belgrad geführt hat, schien nur ein Zwischenspiel, Lernzeit des ewig Lernbegierigen, Vorbereitung für spätere große Aufgaben. Dem allen hat ein sinnlos zerstörendes Schicksal ein jähes Ende gesetzt[294].«

Was dem Zeitgenossen menschlich und politisch als »ein sinnlos zerstörendes Schicksal« erschien, kann für den Historiker, der fast 50 Jahre nach Kösters Tod versucht, dieses Leben nachzuzeichnen, nur noch im menschlich persönlichen Bereich als eine Tragödie angesehen werden. Im politischen Bereich hatte Köster im Jahre 1930 keine Zukunft mehr vor sich. Mit dem Aufgeben des Kampfes um die Macht, wenige Wochen nach Kösters Tod, war die letzte große Chance der Sozialdemokratie verspielt. Der »Tatenmensch« Köster hatte schon sehr frühzeitig Bedenken hinsichtlich der Entschlußfreudigkeit seiner Partei bei einer eventuellen Regierungsübernahme geäußert[295]. In einem Brief an die »Schleswig-Holsteinische Volkszeitung« in Kiel, die ihn um einen Artikel über »Ostpolitik unter Berücksichtigung der russischen Frage« gebeten hatte, lehnte er dieses Angebot wegen seiner offiziellen Stellung in Riga ab. Ironisch fügte er hinzu: »Aber wenn sich die Dinge bei uns so weiter entwickeln, werden wir ja den Beamtenapparat der Republik so herrlich gesäubert sehen, daß

292 Siehe Anmerkung 291.

293 Vgl. u. a. »Berliner Morgenpost« – 19. 2. 1930, »Berliner Tageblatt« – 19. 2. 1930, »Frankfurter Zeitung« – 19. 2. 1930, »Kölnische Zeitung« – 19. 2. 1930, »Vorwärts« – 19. 2. 1930.

294 »Vorwärts«, a.a.O. (s. Anm. 293).

295 Vgl. auch den schon zitierten Brief an Hilferding aus Riga vom 8. 1. 1927 (Anm. 235). Nachlaß Köster IV 4.

auch wir wenigen, die noch in ihm drinstecken, wieder reichlich Gelegenheit finden werden, Reden zu halten und Artikel zu schreiben[296].«

Solche pessimistischen Stimmungen verflogen allerdings schnell wieder, und gerade in der Zeit kurz vor seinem Tode, als doch die Zeichen einer ungewissen politischen Zukunft sich mehrten, wird die Chance für die eigene Laufbahn im Lichte eines gefestigten Optimismus gesehen. Das Schicksal hat dem Politiker Köster den demütigenden Weg in das politische Nichts erspart. Es ist wohl nicht daran zu zweifeln, daß der prominente Sozialdemokrat und »Außenseiter« im diplomatischen Dienst im Jahre 1933 eines der ersten Opfer des »Gesetzes zur Wiederherstellung des Berufsbeamtentums« geworden wäre. Was aber wäre dann gekommen?

Der Verfasser stellte diese Frage vor einiger Zeit in dem Kösterschen Haus in Blankenese an Dr. Peter Köster, den zweitjüngsten Sohn und jetzigen Besitzer des Hauses. Die Antwort lautete: »Meine Mutter war davon überzeugt, daß mein Vater sich der Gewaltherrschaft des Nationalsozialismus nicht widerspruchslos unterworfen hätte. Er wäre im KZ umgekommen.«

296 Köster an die Redaktion der »Schleswig-Holsteinischen Volkszeitung« – Riga, 4. IV. 1927. Nachlaß IV 4.

# Kurze abschließende Charakteristik des Politikers Köster

Mit Köster verlor die Weimarer Republik in dem Augenblick, als das letzte Kapitel dieser Republik aufgeschlagen wurde, einen ihrer fähigsten und brillantesten Verteidiger. Köster war Sozialdemokrat, und er war es aus Überzeugung. Der Philosoph Köster war kein Marxist in dem Sinne, daß er ein utopisches Lehrgebäude in die Wirklichkeit umsetzen wollte. Es sind keine Zeugnisse bei dem Philosophen Köster zu finden, die sich wissenschaftlich-theoretisch mit dem Marxismus auseinandersetzen. Der ehemalige Theologe hatte seinen Weg in die Partei über die soziale Frage gefunden. Die sozialen Verhältnisse der Heimarbeiter im Gebiet des Vogelsbergs und die sozialen Verhältnisse in Südamerika waren Themen, die den jungen Studenten bewegten. Soziale Probleme studierte auch der junge Doktor der Philosophie später auf seinen ausgedehnten Reisen. »Er war gewaltig links eingestellt bei endlosen Kaffeehausdebatten im letzten Vorkriegsjahr in München – nein, aber ein wissenschaftlich geschulter Marxist, das war er eigentlich nicht[297].« So urteilt noch heute ein Zeitgenosse, der Köster als Privatdozenten in München und als Innenminister in Berlin persönlich gut gekannt hat.

Das Nationale war Köster genau so selbstverständlich wie das Soziale. Daß Köster dabei nie ein Nationalist war, beweisen schon seine Kriegsberichte. Sie sind vielleicht das beste Zeugnis für seine reife Menschlichkeit aus einer Zeit, da die Versuchung für einen Kriegsberichterstatter sehr groß war, der »gewünschten Stimmung« aus dem Großen Hauptquartier nachzugeben. Köster besaß eine instinktive Sicherheit dafür, am richtigen Ort zu richtiger Zeit das Richtige zu sagen und zu tun. Den ersten Beweis dieses instinktsicheren politischen Handelns zeigte er eben gerade in diesem Verhältnis zu dem einflußreichen Chef der Nachrichtenabteilung im Großen Hauptquartier[298]. Es gelang ihm, sich die Achtung dieses Mannes zu erwerben und zu erhalten, ohne den eigenen Standpunkt preiszugeben.

297 Nach freundlicher Mitteilung von Herrn Immanuel Birnbaum im April 1977.

298 Vgl. Seite 32 ff.

Das Geschick, Menschen verschiedenster Gesellschaftsklassen zu behandeln, zu gewinnen und für sich bewegen zu lassen, war ein Geheimnis seiner Erfolge. Niemals wirkte Köster als ein »Angepaßter«, der um eines bestimmten Zieles willen ein Stück seiner selbst opferte. Er versteckt sein »Bohèmetum«, seine ungestüme Art leben zu können, keineswegs. Die Mahnung des als so vorsichtig im Handeln und in der Aussage bekannten Staatssekretärs im AA von Schubert, er möge ein bißchen das Bohèmetum zurückstecken, war durchaus nicht ganz unberechtigt. Allerdings konnten sich die Regierung, das Auswärtige Amt und die Partei darauf verlassen, daß dieses große menschliche und politische Temperament im rechten Augenblick gezügelt und gelenkt wurde von einem scharfen, analytischen Verstand, der mit Takt und Ausdauer das für richtig erkannte Ziel verfolgte.

Köster war ein deutscher Patriot und gleichzeitig ein bedingungsloser Anhänger der neuen deutschen Republik in ihrer demokratischen Form. Die Dreiheit von Vaterlandsliebe, sozialer Verpflichtung und republikanisch-demokratischer Staatsgesinnung mußte von Köster nicht erst mühselig erlernt werden. Er brachte sie als die wesentlichen Formen seiner politischen Persönlichkeit mit. Die Fahne Schwarz-Rot-Gold, die am Flaggenmast seines Hauses weithin sichtbar den aufkommenden Schiffen auf der Unterelbe entgegenleuchtete[299], war für ihn genau so selbstverständlicher politischer Besitz wie das Deutschlandlied, das er durch seinen Einfluß den Rechtsparteien entzog, indem er dafür sorgte, daß die Republik dieses Lied als Nationalhymne erhielt. Die Sorge um den Bestand der Republik ließ ihn zum Mitverfasser des »Republikschutzgesetzes« werden, wobei noch nach seinem Tode das »Berliner Tageblatt« mit Bedauern feststellte, daß nicht auch noch ein »Reichskriminalpolizeigesetz« und ein Gesetz über das »Reichsoberverwaltungsgericht«, das der »überzeugte Unitarier« Köster damals vorgelegt hatte, »leider bis heute noch nicht realisiert worden sind[300].«

Auf seinen Auslandsposten hatte Köster für das Ansehen Deutschlands mehr geleistet, als für gewöhnlich von einem Karrierebeamten erwartet werden kann. Er hatte es nicht nur verstanden, eigene politische Initiativen zu entwickeln und Handels- und Wirtschaftsbeziehungen herzustellen, sondern auch Zuneigung und Vertrauen für die junge deutsche Republik zu gewinnen.

Daß ein linker Republikaner ein solch erfolgreicher Minister und Diplomat sein konnte, war das eigentliche Ärgernis für jene Parteien und Gesellschaftskreise in Deutschland, die einer vergangenen Zeit nachtrauerten und die Tatsache einer bestehenden deutschen Republik am liebsten

299 »Hamburger Echo« – 23. 2. 1930.
300 »Berliner Tageblatt« – 19. 2. 1930.

eliminiert hätten. Aus dieser Einstellung ist die halb verwunderte, halb empörte Frage der »Hamburger Nachrichten« in ihrem Gedenkartikel vom 19. Februar 1930 zu verstehen: »Wie konnte dieser Mann Sozialdemokrat sein?«

Hier liegt aber auch die eigentliche Tragik des nationalen und sozialen Republikaners Köster. Ein in der Geschichte seines Landes um eine Generation zu früh Gekommener konnte zwar für die nächste Generation Zeichen setzen, ihm selbst aber blieb das Ziel, das er erreichen wollte, versagt.

In diesem Sinne sind Leben und Werk Kösters ein Torso geblieben. Ohne in ein falsches Pathos verfallen zu wollen, könnte man diesem Republikaner das Königswort aus Shakespears Hamlet zusprechen:

»Denn er hätte, wär' er hinaufgelangt, unfehlbar sich höchst königlich bewährt.«

# Quellen- und Literaturverzeichnis

## I. Quellen

*1. Politisches Archiv des Auswärtigen Amtes in Bonn (AA)*
a) Politische Abteilung
Deutsche Friedensdelegation Versailles Schleswig Bd. 1
Delegation Köster, Schleswig-Holstein Telegrammwechsel
Hamburg 1 – Innenpolitische Zustände
Büro Staatssekretär – Politische Beziehungen zu den Randstaaten
Lettland Pol 2 Politische Beziehungen zu Deutschland Bd. 2
Lettland Pol 10 Deutsche diplomatische und konsularische Vertretungen in Lettland Bd. 1
Lettland Pol 25 Deutschtum im Ausland Bd. 1
Verträge mit Lettland
Gesandtschaft Riga Verein reichsdeutscher Republikaner Gg 16 – 2 Bd. 1
Jugoslawien Pol 2 Politische Beziehungen zu Deutschland Bd. 2, 3
Jugoslawien Pol 10 Deutsche diplomatische und konsularische Vertretungen in Jugoslawien
b) Presse Abteilung P 49 Auslandsdeutsche und Grenzdeutsche Bd. 1

*2. Staatsarchiv Hamburg*
Auswärtige Angelegenheiten I B 1. g. 1. Erweiterung des hamburgischen Staatsgebiets
Familienarchiv Sthamer – 7 Friedrich Sthamer Berufung zum deutschen Botschafter in London und Tätigkeit als solcher (1919-1921)

*3. Friedrich-Ebert-Stiftung, Bonn-Bad Godesberg*
*Archiv der sozialen Demokratie*
Nachlaß Köster, Adolf
II 5, IV-, IV 3, IV 4
Der Nachlaß ist erst im Januar 1977 durch Frau Marie-Elisabeth Köster, der Witwe des ältesten Sohnes von Adolf Köster, Botschafter a.D. Kajus Köster, dem Archiv zur Verfügung gestellt worden. Die einzelnen Kästen mit den noch ungeordneten Archivalien sind mit lateinischen Ziffern versehen. Die arabischen Ziffern weisen auf die Klappumschläge innerhalb der Kästen hin. Eine lateinische Ziffer ohne Verbindung mit einer arabischen Ziffer zeigt an, daß die Archivalie ohne Klappdeckel im Kasten liegt. Eine Dokumentation des Nachlasses bereitet Dr. Karl-Heinz Grundmann, Berlin, vor.
Nachlaß Müller-Franken, Hermann Abt. I 54

*B. Gedruckte Quellen*

*1. Editionen*
Akten zur deutschen auswärtigen Politik 1918-1945 Serie B 1925–1933 Bd. II,1 Göttingen 1967

Akten der Reichskanzlei – Weimarer Republik
a) Das Kabinett Müller I 27. März bis 21. Juni 1920 bearbeitet von Martin Vogt Boppard Rh. 1971
b) Die Kabinette Wirth I und II 10. Mai 1921 bis 26. Oktober 1921, 26. Oktober 1921 bis 22. November 1922 bearbeitet von Ingrid Schulze-Bidlingmaier Boppard Rh. 1973
Verhandlungen der verfassungsgebenden Deutschen Nationalversammlung Stenographische Berichte Bd. 333
Verhandlungen des Reichstags – Stenographische Berichte, Bd. 351, 356, 393
Ursachen und Folgen
Vom deutschen Zusammenbruch 1918 und 1945 bis zur staatlichen Neuordnung Deutschlands in der Gegenwart – Eine Urkunden- und Dokumentensammlung zur Zeitgeschichte Bd. 6 Berlin o.J [1961]

*2. Memoiren und zeitgenössische Literatur*

Brecht, A., Aus nächster Nähe. Lebenserinnerungen eines beteiligten Beobachters 1884-1927, Stuttgart 1966
Geßler, O., Reichswehrpolitik in der Weimarer Zeit hsg. von Kurt Sendtner, Stuttgart 1958
Glockner, H., Heidelberger Bilderbuch, Bonn 1969
Kähler-Apenrade, D., Der deutsche Ausschuß und Dr. Köster, Apenrade o.J.
Köster, A., Die Ethik Pascals, Tübingen 1907
Die zehn Schornsteine, Erzählungen, München 1909
Der junge Kant im Kampf mit der Geschichte, Tübingen 1914
Der Tod in Flandern, München 1914
Der Kampf um Schleswig, Berlin 1921
Wilhelm als Diplomat – Ein außenpolitischer Rückblick von Dr. Adolf Köster, ehemaliger Reichsminister des Auswärtigen, Berlin 1921
Konnten wir im Herbst 1918 weiterkämpfen? Berlin 1921
Unser Recht, Berlin 1922
Köster, Dr. A. und G. Noske, Kriegsfahrten durch Belgien und Nordfrankreich Berlin o. J.
Kuhl, H. v., Die Kriegslage im Herbst 1918. Warum konnnten wir weiterkämpfen? Von General der Inf.v.Kuhl. Eine Entgegnung auf die Schrift von Adolf Köster »Konnten wir im Herbst 1918 weiterkämpfen?« Berlin 1920
Nadolny, R., Mein Beitrag, Wiesbaden 1955
Nicolai, W., Nachrichtendienst, Presse und Volksstimmung im Weltkrieg, Berlin 1920
Radbruch, G., Der innere Weg. Aufriß meines Lebens, Stuttgart 1951
Riesser, H.E., Von Versailles zur UNO. Aus den Erinnerungen eines Diplomaten, Bonn 1962
Rüdiger, W. v., Aus dem letzten Kapitel deutsch-baltischer Geschichte in Lettland, 2. Teil, Hannover 1955
Severing, C., Mein Lebensweg, Bd. 1, Köln 1950
Stockhausen, M.v., Sechs Jahre Reichskanzlei. Von Rapallo bis Locarno. Erinnerungen und Tagebuchnotizen 1922-1927, Bonn 1954
Wachtsmuth, W., Wege, Umwege, Weggenossen. Lebenserinnerungen eines Balten, 1876-1950, München 1954

*3. Handbücher*

Deutsches Biographisches Jahrbuch 1929, Stuttgart/Berlin 1932
Handbuch der Politik, Hrsg. Gerhard Anschütz u.a., 5. Band, Berlin 1922
Gebhardt, Handbuch der deutschen Geschichte, 9. Auflage, Bd. 4, 1. Teilband, bearb. v. K. D. Erdmann, Stuttgart 1973
Osteuropa-Handbuch. Jugoslawien. Hrsg. Werner Markert, Köln-Graz 1954
Reichstagshandbuch 1920, 1. Wahlperiode 1920, Berlin 1920
Schultheß' Europäischer Geschichtskalender, 68. Bd. 1922, München 1927

Wer ist's? Unsere Zeitgenossen, Hrsg. Herrmann A. L. Degener, III. Ausgabe Leipzig 1908; VII. Ausgabe, Leipzig 1922

*4. Darstellungen*

Aspekte deutscher Außenpolitik im 20. Jahrhundert. Aufsätze Hans Rothfels zum Gedächtnis, hrsgeg. von Wolfgang Benz und Hermann Graml, Stuttgart 1976

Clissold, St. u. a., A short Story of Yugoslavia from early times zu 1966, London 1967

Doß, K., Das deutsche Auswärtige Amt im Übergang vom Kaiserreich zur Weimarer Republik. Die Schülersche Reform, Düsseldorf 1977

Geiger, H.L., Es war um die Jahrhundertwende – Gestalten im Banne der Bücher, München 1953

Grundmann, K.H., Deutschtumspolitik zur Zeit der Weimarer Republik – Eine Studie am Beispiel der deutsch-baltischen Minderheiten in Estland und Lettland, Hannover 1977

Heiber, H., Die Republik von Weimar – dtv Weltgeschichte des 20. Jahrhunderts, Bd. 3, München 1966

Jasper, G., Der Schutz der Republik. Studien zur staatlichen Sicherung der Demokratie in der Weimarer Republik 1922-1933, Tübingen 1963

Kiszling, R., Die Kroaten, der Schicksalsweg eines Südslawenvolkes, Graz-Köln 1956

Krekeler, N., Revisionsanspruch und geheime Ostpolitik der Weimarer Republik, Tübingen 1973

Laubach, E., Die Politik der Kabinette Wirth 1921/22 Lübeck – Hamburg 1968

Lehmann, H.D., »Der Deutsche Ausschuß« und die Abstimmung in Schleswig 1920, Neumünster 1969

Maur, G. in der, Die Jugoslawen einst und jetzt, 2. Bd.: Jugoslawiens Außenpolitik, Leipzig und Wien 1936

Michels, R., Zur Soziologie des Parteiwesens in der modernen Demokratie. Untersuchungen über die oligarchischen Tendenzen des Gruppenlebens. Neudruck der 2. Auflage, hrsg. u. mit einem Nachwort versehen von Werner Conze, Stuttgart 1957

Rauch, G. von, Geschichte der baltischen Staaten, Stuttgart 1970

Recker, M.-L., England und der Donauraum 1919-1929. Probleme einer europäischen Nachkriegsordnung, Stuttgart 1976

Rothfels, H., Zeitgeschichtliche Betrachtungen, Göttingen 1959

Schulze, H., Otto Braun oder Preußens demokratische Sendung – Eine Biographie – Frankfurt/M. – Berlin – Wien 1977

Stampfer, F., Die ersten 14 Jahre der deutschen Republik, 2. Auflage, Offenbach/Main 1947

Treitschke, H. von, Deutsche Geschichte im neunzehnten Jahrhundert, 6. Auflage – Erster Teil –, Leipzig 1897

Wachtsmuth, W., Von deutscher Arbeit in Lettland 1918-1934, Bd. 3; Das politische Gesicht der deutschen Volksgruppe in Lettland in der parlamentarischen Periode 1918-1934, Köln 1953

Walsdorff, M., Westorientierung und Ostpolitik. Stresemanns Rußlandpolitik in der Locarno-Ära, Bremen 1971

Lamey, B., Der Katzenkönig von Riga, Hannover 1977

Der Erinnerungsband von Lamey wurde dem Verfasser der vorliegenden Studie erst kurz vor der Drucklegung der Arbeit bekannt. L. war zur Zeit Kösters der Vertreter der »Vossischen Zeitung« in Riga und eines der Gründungsmitglieder des dortigen Vereins reichsdeutscher Republikaner. Das Bild, das L. auf Grund seiner persönlichen Bekanntschaft mit Köster zeichnet, die positiven Urteile über die Persönlichkeit, über die politischen Aktivitäten und über das private Leben des Gesandten (vgl. dort besonders S. 46/54) entsprechen völlig den Einsichten, die der Verfasser dieser Biographie aus anderen Quellen gewonnen hat.

# Personenregister

Die kursiv gedruckten Zahlen verweisen auf Namen, die sich in einer Anmerkung der angegebenen Seite finden. Der Name Adolf Köster ist im Personenregister nicht aufgeführt worden.

Dieter Riesenberger

**Die katholische Friedensbewegung in der Weimarer Republik**

Mit einem Vorwort von Walter Dirks
278 und X Seiten, ISBN 3 7700 0426 4

Klaus-Jürgen Müller/Eckardt Opitz (Hrsg.)

**Militär und Militarismus in der Weimarer Republik**

Beiträge eines internationalen Symposiums an der Hochschule der Bundeswehr Hamburg am 5. und 6. Mai 1977
288 Seiten, ISBN 3 7700 0519 8

Karl Dietrich Bracher

**Schlüsselwörter in der Geschichte**

Mit einer Betrachtung zum Totalitarismusproblem
124 Seiten, ISBN 3 7700 0483 3

---

# Beiträge zur Geschichte des Parlamentarismus und der politischen Parteien

Band 40
Reinhard Schiffers

**Elemente direkter Demokratie im Weimarer Regierungssystem**

324 Seite, ISBN 3 7700 5061 4

Band 45
Lothar Albertin

**Liberalismus und Demokratie am Anfang der Weimarer Republik**

Eine vergleichende Analyse der Deutschen Demokratischen Partei und der Deutschen Volkspartei
468 Seiten, ISBN 3 7700 5070 3

Band 61
Klaus Schaap

**Die Endphase der Weimarer Republik im Freistaat Oldenburg 1928–1933**

314 Seiten, ISBN 3 7700 5094 0

Droste Verlag Düsseldorf

# Athenäum/Droste Taschenbücher Geschichte

Karl Dietrich Bracher

**Die Auflösung der Weimarer Republik**

Eine Studie zum Problem des Machtverfalls in der Demokratie
Mit einem Vorwort des Verfassers zur Taschenbuchausgabe
720 Seiten
Athenäum/Droste Taschenbücher Geschichte
ISBN 3 7610 7216 3

Hans Mommsen, Dietmar Petzina, Bernd Weisbrod (Hrsg.)

**Industrielles System und politische Entwicklung in der Weimarer Republik**

Nachdruck der Ausgabe 1974. Mit einem Vorwort 1977.
2 Bände zusammen 1020 Seiten
Athenäum/Droste Taschenbücher Geschichte
ISBN 3 7610 7206 6 (Bd. 1), ISBN 3 7610 7207 4 ((Bd. 2)

Ludwig Preller

**Sozialpolitik in der Weimarer Republik**

Mit einem Nachwort und einer Auswahlbibliographie von Prof. Florian Tennstedt
570 Seiten
Athenäum/Droste Taschenbücher Geschichte
ISBN 3 7610 7210 4

Fritz Fischer

**Krieg der Illusionen**

Die deutsche Politik von 1911 bis 1914
Nachdruck der 2. Aufl. 1970
807 Seiten, 8 Übersichtskarten
Athenäum/Droste Taschenbücher Geschichte
ISBN 3 7610 7208 2

Fritz Fischer

**Griff nach der Weltmacht**

Die Kriegszielpolitik des kaiserlichen Deutschland 1914/18
Nachdruck der Sonderausgabe 1967. Mit einem Begleitwort des Verfassers 1977.
576 Seiten
Athenäum/Droste Taschenbücher Geschichte
ISBN 3 7610 7203 1

## Droste Verlag Düsseldorf